世界一やさしい 日経225 オプション取引の教科書1年生

岩田 亮

ソーテック社

ご利用前に必ずお読みください

本書に掲載されている説明を運用して得られた結果について、筆者および株式会社ソーテック社は一切責任を負いません。個人の責任の範囲内にて実行してください。

本書の内容によって生じた損害および本書の内容に基づく運用の結果生じた損害について、筆者および株式会社ソーテック社は一切責任を負いませんので、あらかじめご了承ください。

本書の制作にあたり、正確な記述に努めておりますが、内容に誤りや不正確な記述がある場合も、筆者および株式会社ソーテック社は一切責任を負いません。

本書の内容は執筆時点においての情報であり、予告なく内容が変更されることがあります。また、環境によっては本書どおりに動作および実施できない場合がありますので、ご了承ください。

※ 本文中で紹介している会社名、製品名は各メーカーが権利を有する商標登録または商標です。なお、本書では、©、®、TMマークは割愛しています。

Cover Design & Illustration…Yutaka Uetake

はじめに

おめでとうございます！

この本を手に取られたあなたに祝福を申し上げます。あなたは大きなチャンスの扉を、今まさに少し開け、その向こう側をのぞこうとしているところです。

オプショントレードの世界は、魅力に満ち溢れている

オプショントレードを私なりに表現すると〝ファンタスティック！〟……このひと言に尽きます。

オプショントレードと出会ったことによって、私の人生は大きく変わりました。株式投資では意外と苦戦を強いられてきた私ですが、日経２２５オプションと出会ってから、まず何よりもトレードが楽しくなりました。

もちろん！　安定して利益が得られるから楽しいわけですが、それだけではなく、このちょっと知的でマニアックな世界の中に自分の居場所を見つけられたことが、人生に対するモチベーションをも高めてくれたのです。

私の投資顧問としての長年のキャリアを通じて、はっきりといえることがあります。それは、**「株式投資よりも日経225オプションのほうが利益をあげやすく、しかもそれが非常に安定している」**ということです。

株式投資やＦＸでは、ねらって買った銘柄が上がらないと勝てません。要するに、上がるか下がるかを当てなければならないという宿命を背負っています。

一方、**「オプション取引では、（トレード戦略によっては）日経平均株価が上がっても下がっても利益で終われる」**……そういうミラクルが日常的に起こります。上がっても下がっても勝てるわけですから、勝率は飛躍的に上がります。

扱っているトレード戦略がものすごくシンプルでわかりやすい

さて、この本のタイトルでは「世界一やさしい」とうたっています。書店では、「日本一やさしい○○○」とか「○○○でもわかる」などというタイトルの本がたくさん目につきますが、読んでみると「あまりやさしくない」本が少なくありません。

私は、どういう本を書けば、初心者に**「挫折せずに最後まで読んでもらえるのか」**だけでなく、**「実際のトレードで利益をあげるところまで引っ張っていけるのか」**について深く追求しました。

その結果、オプション取引を扱う本としては、かなり異例なコンテンツで構成することになりました。

この本の「世界一やさしい」というのは、「説明がわかりやすくてやさしい」という意味ではないのです。もちろん説明もわかりやすくなるよう力を注ぎましたが、もしかしたら、そのあたりはほかの本と大差ないかもしれません。

この本の「やさしい」の意味はこういうことです。**「扱っているトレード戦略がものすごくシンプルでわかりやすい」**のです。

従来の本では、トレード戦略を扱ったページの大半が「スプレッド取引」……すなわち複数のオプションを組みあわせた「合成ポジション」だったはずです。専門用語尽くしの解説がはじまると急に気が散って、トイレに行ったり、小腹を満たしにキッチンに移動したりする人が増えるのではないでしょうか?

確かにこれらの合成ポジションは、オプショントレードの醍醐味ではあります。私が運用するヘッジファンドでも、スプレッド取引を行っていますし、それに関する運用結果も良好です。しかし、**「完全なる初心者が最初からスプレッドを組んでいくとなると、やはりそのハードルは高すぎる」**といわざるを得ません。

そこで私は決心をしました。オプション取引の本であるのに、なんと「合成ポジションを封印」することにしたのです。

私はそんな本を今まで見たことがないので、おそらくこの本は驚きをもって迎えられることでしょう。私としても、そう決心するまでに長い時間を要しましたが、今は確信をしています。オプション取引のファンを増やすためには、こういうスタイルの本が必要だったはずだと。

逆にオプションの経験者はこう思うかもしれません。「合成ポジションを使いもせずに、日経225先物みたいにオプションを売ったり買ったりしても勝ち目が薄いんじゃないの?」

では申し上げます。

私のファンドのトレード戦略の柱となっているのは、単純な「コール売り戦略」です。ファンドはこの直近の1年間で25%の利益をあげてきましたが、その利益の大半が、シンプルな「コール売り戦略」からもたらされたのです。

要は戦略次第なのです。戦略次第では、株やFX、日経225先物のように、**「日経225オプションのひとつの銘柄を買ったり売ったりするシンプルトレードでも、いくらでも勝てる」**のです。いや、ここではむしろ「シンプルなトレードのほうが利益を残しやすい」と申しあげておきましょう。私のファンドが実際にそれを証明しているのですから、そう言い放っても誰からも怒られることはないでしょう。

というわけで、「世界一やさしい本」らしく、難解なスプレッド取引の解説は次の機会に譲ることにしました。シンプルなトレードは**「胸に落ちるトレード」**です。どうして儲かったのか、どうして損したのか、その理由も容易に把握できます。初心者に最初の一歩を踏み出してもらうためには、そのシンプルさがカギになってくると判断したのです。

あなたがパイオニアのひとりになるかもしれない

日本におけるオプション人口は極めて少数で、株式投資の人口と比較すると、おそらく40分の1以下にとどまっています。

証券業協会の取り決めで、証券マン自身がデリバティブ取引を行うことが規制されていることも理由のひとつかもしれません。禁止されていればその面白さを知ることもないので、顧客に勧めることもありません。オプション取引は、ごく一部の個人投資家がこっそり楽しんでいるのが現状なのです。

たとえば米国には取引所が30カ所もあって、広く国民に浸透し、オプション取引だけで生計を立てている専業トレーダーも少なくありません。でも「米国追随」は日本のお家芸。米国で流行っているものは、必ず日本にも浸透していきます。きっと早晩、FXの世界に爆発的なブームが起こったときのように、たくさんのオプショントレードの成功者が輩出される時代が来るのではないかと思っています。

そして、幸運にもこの本を手に取ったあなたも、そのパイオニアのひとりというわけです。

「**最初の一歩は、本書を連れて帰ることからはじまります**」。

岩田　亮

目次

1時限目 オプション取引に必須の知識を身につけよう

2時限目 高い勝率を誇るコール売り戦略

3時限目 お小遣いからはじめられるニアプット買い戦略

4時限目 株の大暴落でひと財産つくるファープット買い戦略

5時限目 成功への道しるべ

0時限目

そもそもオプション取引って何？

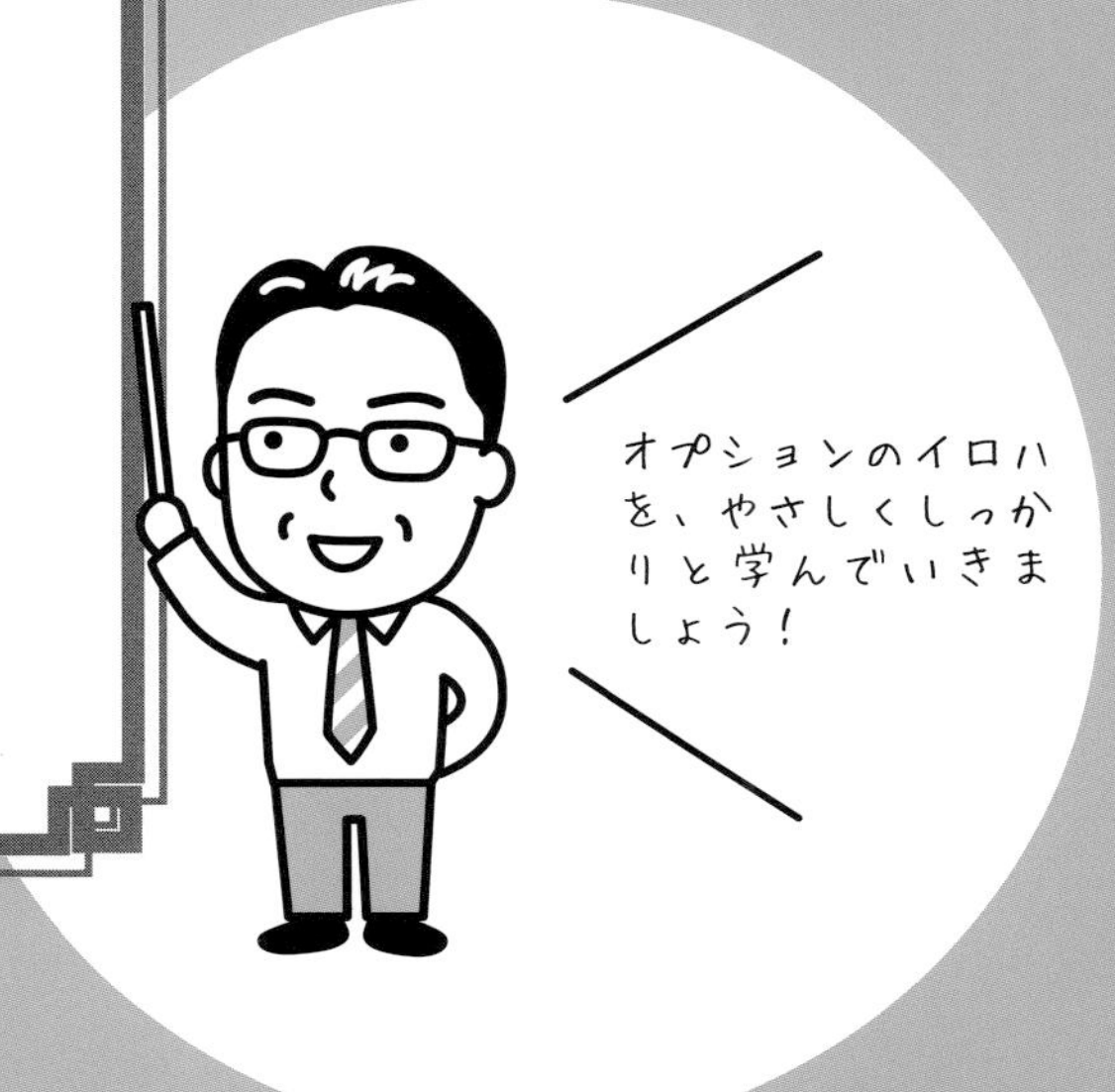
オプションのイロハを、やさしくしっかりと学んでいきましょう！

01 「オプション」のことをちゃんと知ろう

1 オプションってどんな商品なの？

突然ですが、あなたが「ブドウが大好きで、仕事でもブドウに関わっている」とします。あなたは3カ月後に、地元の高級ブドウを広く県外にPRするための大きなイベントを企画しています。あなたはその実行委員長で、失敗は許されません。そして予算はかぎられていて、あなたは胃が痛くなるほどブドウの仕入れコストに気を遣っています。

イベントの当日には、大量の立派なブドウを用意しなくてはなりません。これから旬に向かっているその品種のブドウの値段は、例年だとキロあたり1000円くらいします。高いブドウですが地元では飛ぶように売れた実績があり、農家の人たちも県外へのPRに大きな期待をかけています。

準備に余念がないある日、あなたはテレビの天気予報（長期予報）を見て、がぜん心配になってきました。長期予報では「今年は台風の当たり年」だとか。ただでさえ人気があるこの高級ブドウ、品薄になったとなれば、値段が倍増することだって十分予想されます。

何でも金融商品にしてしまうご時世です。証券マンが次のような金融商品を案内してきたら、あなたは家の中に引っ張り込んでじっくり話を聞きたくなるのではないでしょうか？

3カ月後に、高級ブドウをキロあたり1000円で買う権利

こういう権利が5万円という安値で売られていたら、ほしくないですか？

これさえあれば、もうあなたは「仕入れ値高騰」の悪夢にうなされることもなくなるでしょう。仮に台風が来て、3カ月後の市場価格がキロあたり2000円したとしても、あなたはキロあたり1000円で高級ブドウを買えることになるのです。

その代わり、天気に恵まれて大豊作となり、3カ月後の市場価格がキロあたり500円になってしまっても、あなたはキロあたり1000円でブドウを買う羽目になりますが、そこは潔く振る

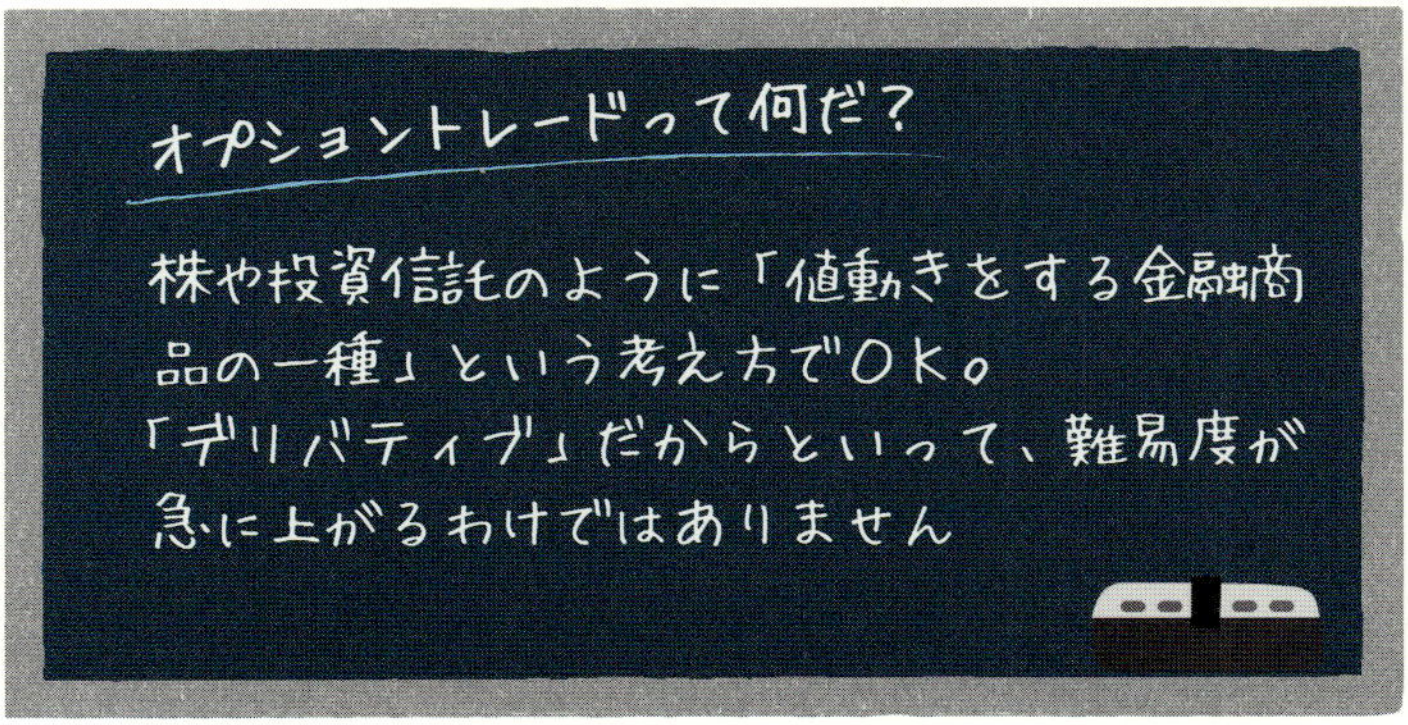
オプショントレードって何だ？
株や投資信託のように「値動きをする金融商品の一種」という考え方でOK。
「デリバティブ」だからといって、難易度が急に上がるわけではありません

舞いましょう。

さて高級ブドウの話は、まだオプションのことをまったく知らないあなたに「オプションという金融商品のイメージ」をつかんでもらうためのものでした。ここから、「高級ブドウ」の話を「オプション取引」の話に置き換えていきましょう。

株は銘柄を、ＦＸは通貨を、オプションは何を売買するの？

たとえば、イベント時にあなたが仕入れなければならないブドウは、1トンだとします。キロあたり1000円だとすると100万円ですね。ところで、あなたは先ほどの証券マンから「1000円で買う権利」をちゃんと買いましたか？　それとも5万円の支出を惜しんで、また毎日天気予報ばかり見てすごしていますか？　いや、賢明なあなたならすでにその権利を保有しているでしょう。そして案の定、長期予報どおりにいくつかの台風がやってきました。ブドウの仕入れ値は、これも予想したとおりに「キロ2000円」まで高騰してしまいました。

1トンのブドウを仕入れるのには200万円が必要になります。でもあなたは、キロあたり1000円で買う権利を持っているのです。堂々とキロあたり1000円で1トンのブドウを仕入れて、イベント会場に持ち込むことができます。

当初支払った「権利代の5万円」は返ってきませんが、あなたは、本来200万円で買う高級ブドウを105万円（ブドウ代100万円＋権利代5万円）で買うことができたのです。結果的に95万円の持ち出しを防ぐことに成功しました。これは大手柄ですね。

こういう「**〝権利〟を売買するのが〝オプション取引〟**」なのです。この5万円がそのときのオプションの価格で、その価格のことを「**プレミアム**」と呼びます。なぜプレミアムというのか、考える必要はありません。単純にそう呼ぶだけの話です。プレミアムと呼びにくく感じる人も安心してください。オプション取引の世界では、プレミアムと呼んでいる人より、実際は普通に「**価格**」と言っている人のほうが多いような気もします。

この「買う権利」のプレミアムは、今後3カ月間、値上がりしたり値下がりしたりします。現在は5万円ですが、実際に台風が来て被害が出はじめると、きっと10万円、20万円、30万円と値が上がっていきます。

もしあなたがイベントの実行委員長をやっていなくて、5万円で買った権利が30万円になったとしたら、その権利を売却して25万円（30万円－5万円）の利益を得ることができます。

逆に長期予報が外れて良好な天候が続き、高級ブドウに「大豊作予想」が出てくると、プレミアムが1万円に値を下げることもあります。その場合には、4万円（5万円－1万円）の損失になってしまいます。

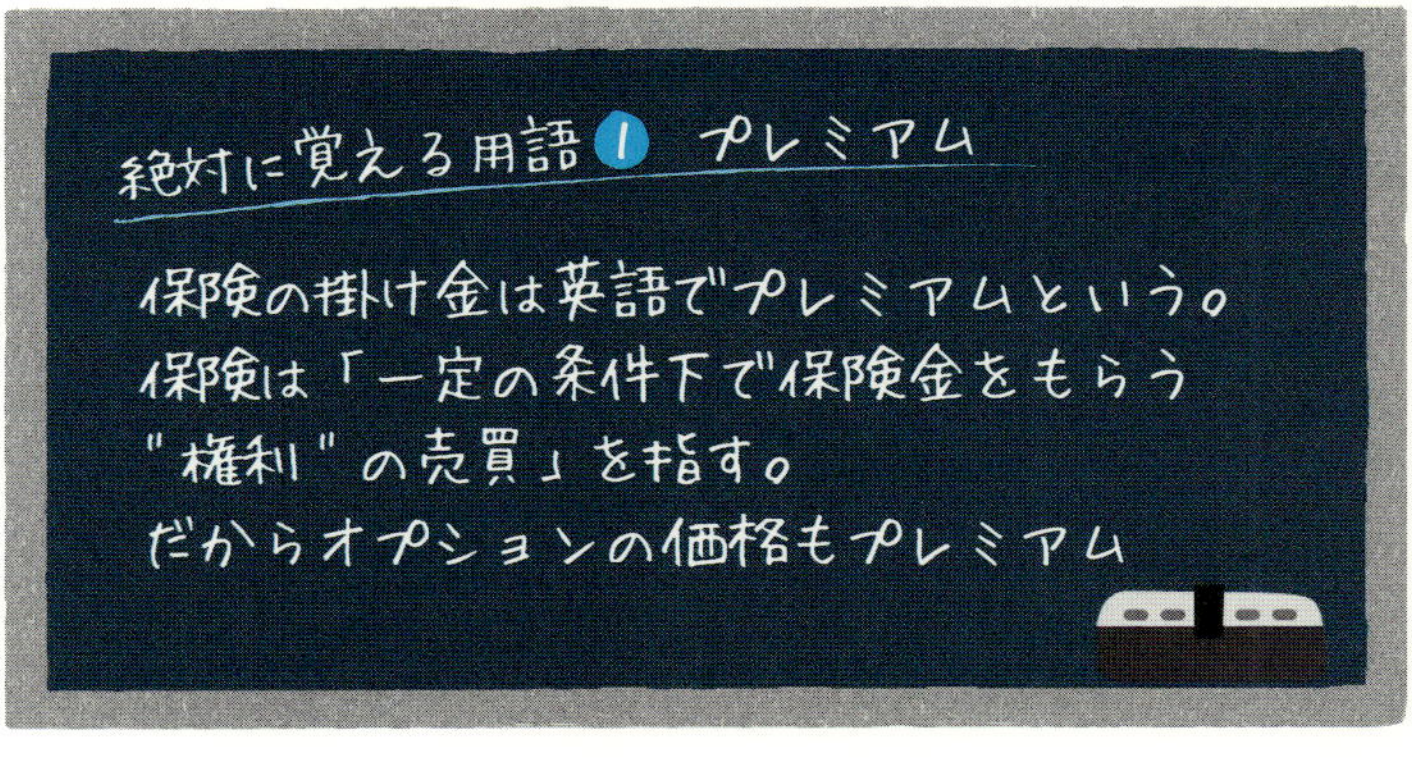
絶対に覚える用語 1 プレミアム
保険の掛け金は英語でプレミアムという。
保険は「一定の条件下で保険金をもらう
〝権利〟の売買」を指す。
だからオプションの価格もプレミアム

こういう権利を、市場で売ったり買ったりすることを「**オプション取引**」といいます。一見難しそうに聞こえるかもしれませんが、やることは株やFXとさして変わりません。「**上がったり下がったり値動きをする金融商品を、売ったり買ったりする意味では同じ**」だからです。

2 株は多くの個人投資家が負けている

オプション取引が「知的で楽しい」というのはどういうことでしょうか。株やFXのトレードと比較するとわかりやすくなるので、見ていきましょう。

株やFXの世界では、投資対象が上がるか下がるかを当てなければなりません。当たれば利益、外れれば損失になります。これはこれでシンプルでいいのですが、当てるのは意外と難しいものです。上がるか下がるかを当てなければならない世界では、物理的には「**〝勝率5割〟のはずでも、実際の勝率はもっと下がります**」。なぜかというと、トレーダーのマインド（射幸心や恐怖心）が邪魔をするので、実際は勝っている人よりも負けている人のほうがずっと多くなってしまうのです。

それが表れているひとつの例が、株トレードをしている個人投資家の「**信用評価損益率**」という指標です。これは「**信用取引で株を買っている個人投資家の損益額を、投下した額の残高で割ったもの**」で、儲かっていれば当然プラスの数値となり、含み損が出ていればマイナスの数値となります。この「**信用評価損益率は、いつ見てもだいたい大きなマイナスの数値**」（マイナス10

〜マイナス20％）を記録しています。ということは、やはり**「多くの個人投資家が負けている」**ということになります。

オプション取引の場合相場の上げ下げを当てなくてもいい？

上げ下げを当てなければならないのが、株やFXのトレードです。一方オプションは、戦略によっては**「上げ下げを当てなくてもほとんど勝つ」**ことが可能なのです。

現在の日経平均株価が1万8000円だとします。たとえば「日経平均株価に連動するETF」でトレードしようとしたら、日経平均株価が現在の1万8000円からどちらに動くかを当てなくては勝ちになりません。

しかし「日経平均連動型ETF」の代わりに「権利行使価格が2万円のコールオプション」を売れば、日経平均株価が2万円以上に値上がりしないかぎり、原則として勝ちになるのです。

これはすなわち、日経平均株価がSQ（取引最終日）までに2000円以上（2万円－1万8000円）急騰しなければ勝ちということです。

- **日経平均株価が1000円も上がっても勝てる**
- **ずっともみあって値動きがなくても勝てる**
- **日経平均株価が下落しても、または急落しても勝てる**

要するにこの場合は、大暴騰をしないかぎり利益確定で終えることができるというわけです。でも、どうして空売りをしたものが値上がりしてしまったのに勝ちになるのか？　まだあなたの頭の中は混乱しているはずです。まあ、慌てないでください。先を読み進むにしたがって、すべての疑問が解消されていくのでご安心を。

3 オプションの魅力って何？

オプション取引は、ＦＸや株トレードとはまったく異質の世界です。勝ちをつかみ取るときの感覚がまったく違うのです。

株やＦＸで利益を確保した場合には「やった！　当たった！」という感覚があると思います。しかしオプション取引、特に先ほどの「コール売り戦略」では、日経平均株価が上がっても下がっても安心して見ていられることが多いので、「やった！」という感覚ではなく、淡々と眺め、淡々と利益確定をしていく感じなのです。その冷静な感じが、なんとも自分がクレバーな投資をしているイメージとなり、ちょっぴり自尊心がくすぐられるわけです。

ただ、トレードですから勝ってばかりというわけにもいきません。戦略によっては負けたときに大きい損失を被ることもあるので、この先、負けのパターンもしっかりと学んでいただくことになります。でもまあ、負けのお勉強はあと回しにして、とりあえずここではオプション取引の魅力をお話しすることにしましょう。

上げても下げても利益。相場の上げ下げに一喜一憂しないクレバーなトレード

これが先ほど例に挙げた「コール売り戦略」の魅力です。しかし「コール売り戦略」というのは、数ある戦略の中のひとつにすぎません。上げ下げを当てるだけのトレードとは違い、オプション取引では戦略によってさまざまな勝ちパターンを楽しむことができます。いってみれば、それは「市場と対話する」感覚です。たとえば……

- **この先の相場が荒れると読んだら「相場が荒れたら利益を取れる戦略」を選択する**
- **逆にもみあい相場がしばらく続くと見れば「もみあい相場で利益が出る戦略」を選択する**
- **大暴落のリスクが高まってきたら「大暴落で大きな利益をねらう戦略」を選択する**

「市場の息遣いを感じ取り、市場と対話をしながら戦略を組んでいく」のです。そのあたりがオプション取引の醍醐味であり、楽しいところだと思います。

オプション取引の魅力は「市場の息遣いを感じ取り、市場と対話をしながら戦略を組んでいく」ことです。

02

株やＦＸと何が違うのか①

オプションのプレミアム（価格）はどうやって決まる？

1 「時間」がオプションのプレミアムを下げる!?

上がったり下がったり値動きのある「投資対象」を、売ったり買ったりして利益追求をするのがいわゆるトレードです。株でもＦＸでも、あるいは日経２２５の先物取引などもみんな該当しますが、「**オプション取引もまったく同じ**」です。

しかしオプションの値動きには、株やＦＸにはあり得ない大きな特徴があります。１番大きな違いは「**〝時間〟の概念がオプションのプレミアム（価格）に影響すること**」です。

日経２２５オプションのプレミアムは、まず次の２つの影響を受けて値動きします。

- **「日経平均株価の値動き」によってプレミアムは上下する**
- **「時間」の経過とともにプレミアムは安くなる**

実はこの「**時間による影響こそが、オプション取引の面白さを生み出す重要なファクター**」であり、また高い勝率の源泉なのです。

たとえばコールオプション（42頁参照）は、日経平均株価が上がれば値を上げやすく、日経平均株価が下がれば値を下げやすくなります。ところが不思議なことに、「**日経平均株価がまったく動かなくても、実はコールのプレミアムが勝手に変化する**」ことがあります。こういう場合は、たいてい時間のしわざなのです。

たとえばプレミアムが50円のオプションがあって、5日間日経平均株価がまったく動かなかったとします。そんな状況だと、プレミアムは49円、48円、46円、44円……というように、毎日少しずつ安くなっていくことが多いです。日経平均株価は変わっていないので、そこからはまったく影響を受けていません。つまりこのケースでは、「**時間がオプションのプレミアムを日々引き下げている**」のです。

これがオプションのひとつの特徴です。「**時間とともに下がっていくものを〝空売り〟できるなんて美味しい**」ですね。

● オプションのプレミアム（価格）に影響するファクター❶ 時間

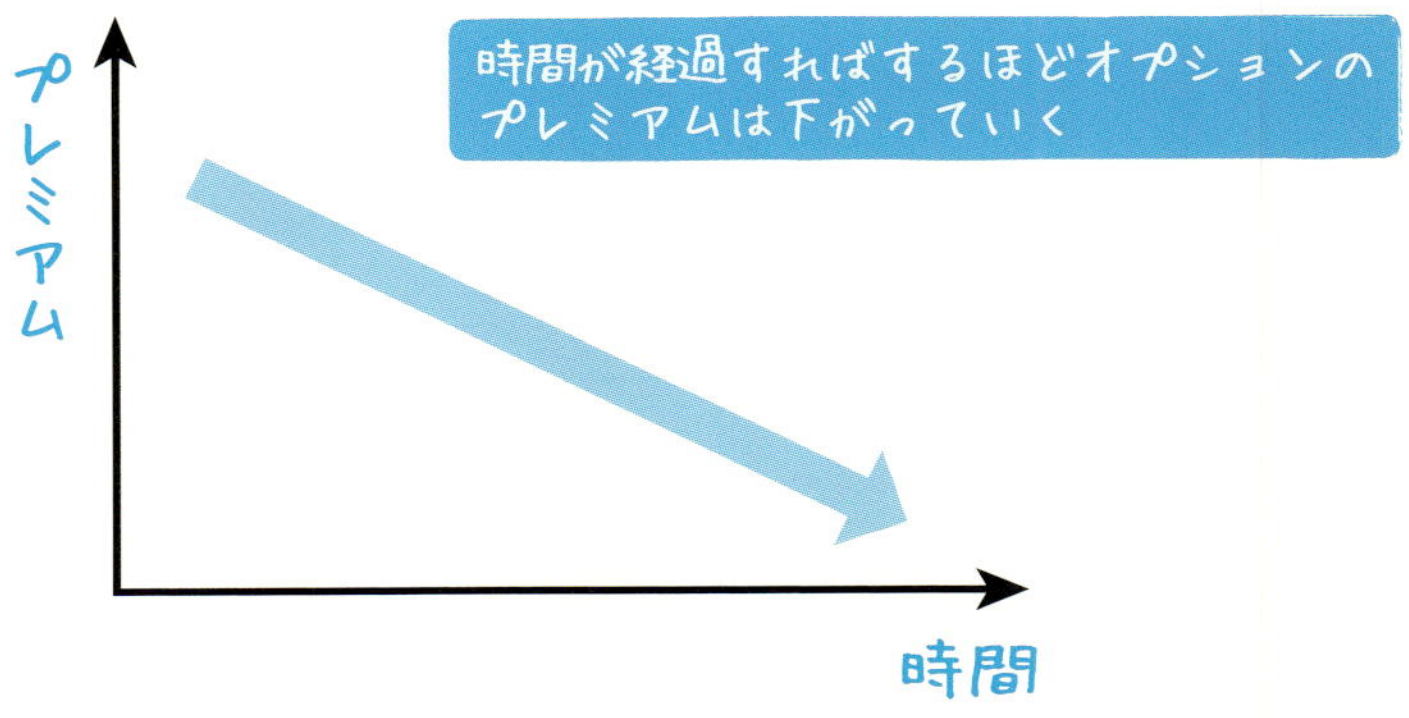
プレミアム
時間が経過すればするほどオプションのプレミアムは下がっていく
時間

2 「恐怖心」がプレミアムを上げる!?

そして実はもうひとつ、オプションのプレミアムに影響を与える非常に重要なファクターがあります。

● トレーダーの心理状態がプレミアムを激しく上下させる

特に「**トレーダーの〝恐怖心〟は、ときにプレミアムを大きく上昇させます**」。オプションのプレミアムは、「**ボラティリティ（下図黒板参照）**」と正比例して動く傾向があります。「**ボラティリティが上がるとオプションのプレミアムも同じように上がりやすく、ボラティリティが下がればオプションのプレミアムも下がりやすい**」のです。

ただし、ボラティリティの数値の変化を先行指標としてとらえることはできません。ボラティリティが先に動いて、その次にオプションの値段が追随するのなら、これほど楽なトレードはありませんが、オプションの値段が遅れて動くことはありません。

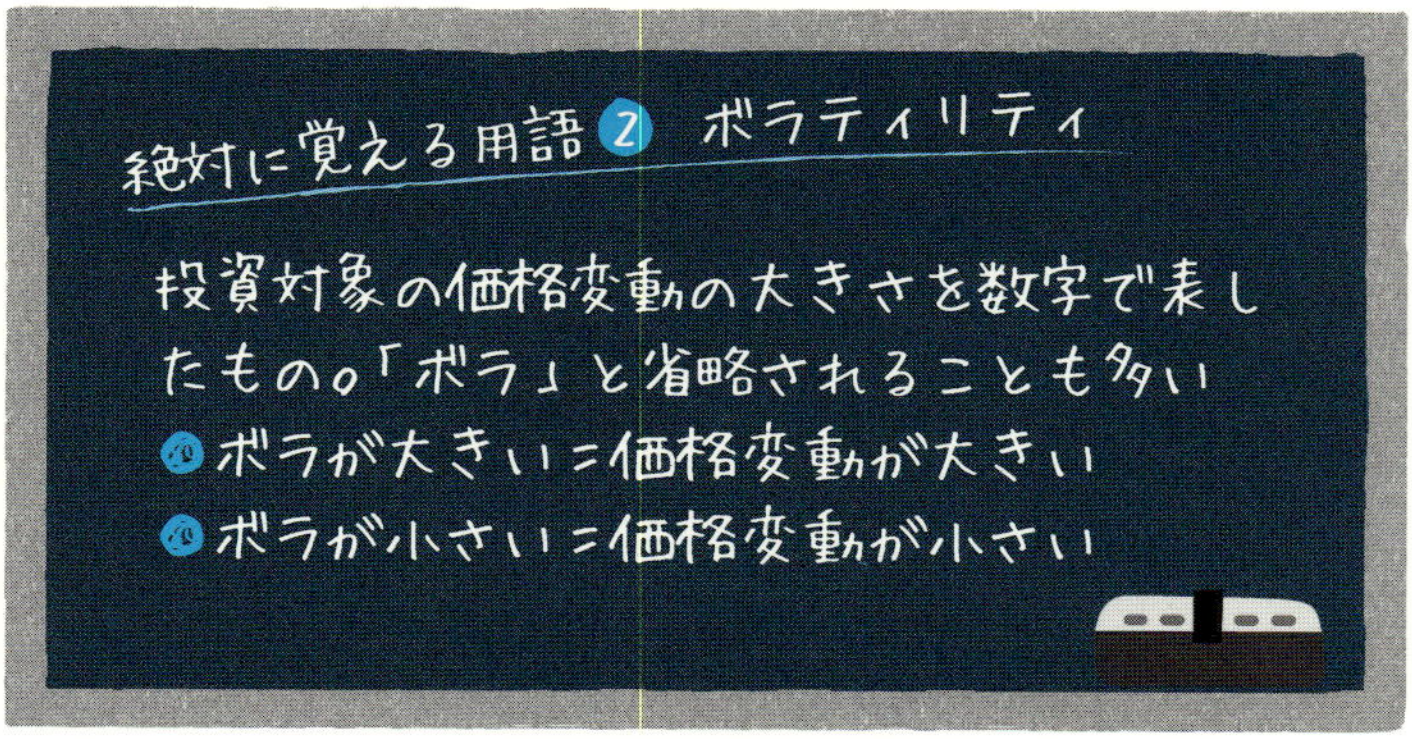
絶対に覚える用語 2 ボラティリティ
投資対象の価格変動の大きさを数字で表したもの。「ボラ」と省略されることも多い
例 ボラが大きい＝価格変動が大きい
例 ボラが小さい＝価格変動が小さい

なぜなら、ボラティリティはオプションの値動きから計算されるからです。オプションの世界で使うボラティリティは、**「IV（インプライド・ボラティリティ）」**といいますが、このIVは、いわば「トレーダーの血圧計」のようなものです。トレーダーが慌てて興奮すれば数値が上がり、のんびりと構えていれば数値が下がります。

IV急変によるスペクタクルもオプションの醍醐味

めったにないことではありますが、このIVが大暴騰をすることがあります。血圧が130から200に急上昇するような感じでしょうか。すなわちそれは、あまりの相場変動の激しさにトレーダーたちが恐怖におののいている場面なのですが、そんなシーンではオプションのプレミアムが何倍、何十倍に跳ね上がることがあります。このカラクリもあとでお話ししますが（220頁参照）、**「時折この大スペクタクルが起こることも、オプションの2つ目の大きな特徴」**なのです。

どうですか？ あなたがスペクタクルに遭遇したとき、自

● オプションのプレミアム（価格）に影響するファクター ② ボラティリティ

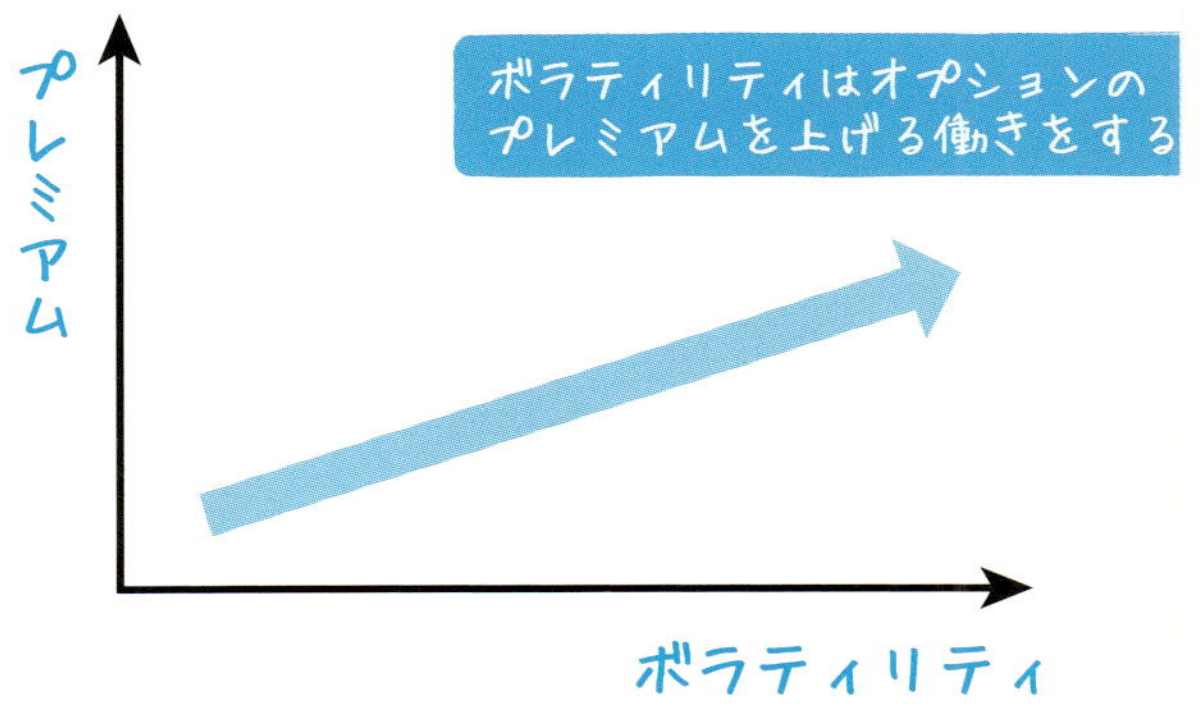
ボラティリティはオプションのプレミアムを上げる働きをする
プレミアム
ボラティリティ

分がどれくらいの利益をあげられるのか、本書を読みながらワクワクしてください。

3 総まとめ 株やFXと比較するとオプションの世界はこんなに面白い

株やFXトレードは、この先の上げ下げだけを当てるゲーム

株やFXの世界は、投資対象の値段が上がるか下がるかだけの世界です。単純に「この先の上げ下げ」を当てるゲームなのです。

- **買ったものが上がれば勝ち。買ったものが下がれば負け**
- **売ったものが下がれば勝ち。売ったものが上がれば負け**

そのシンプルな世界での勝率は、物理的に5割です。5割から大きく外れることはあり得ません。「私の株トレードの勝率は95%です」そんな人がいたら、つきあいたくもありませんし、そばに寄られるのも嫌です。なぜか？　その人は明らかに嘘つきだからです。

オプション取引の世界では、時間や恐怖心が助けてくれることがある

「買ったものが上がれば勝ちで、買ったものが下がれば負け」という原則は、オプション取引の

世界においても基本となります。ところがトレード戦略次第では、**「〝時間〟を使いこなして9割超えの勝率を実現」**したり、**「ほかのトレーダーの〝恐怖心〟を巧みに活用して、投下資金を短期間で何十倍にすることも可能」**なのです。

株やFXと比べて、オプションの世界は多彩で奥が深いものです。オプショントレーダーは「上がった！　下がった！」といって熱くなっているイメージではありません。この知的でクレバーなゲームを、あなたもぜひ楽しんでください。

オプションは難しくなんかない

しかし、どうでしょうか？　上げ下げを当てるだけでも大変なのに、時間や人様の心理状態まで予測しないといけないなんて、自分にはできっこない……ですか？　そうですね。ここまで読んだだけでは、まだ「高い壁」を感じてしまうかもしれません。でもそれは偏見です。株式投資からオプショントレードに切り替えることは、カローラからフェラーリに乗り換えるような大チャレンジとは違います。難易度はさして変わらず、いってみればカローラからプリウスに乗り換えるくらいのものですからご安心を。

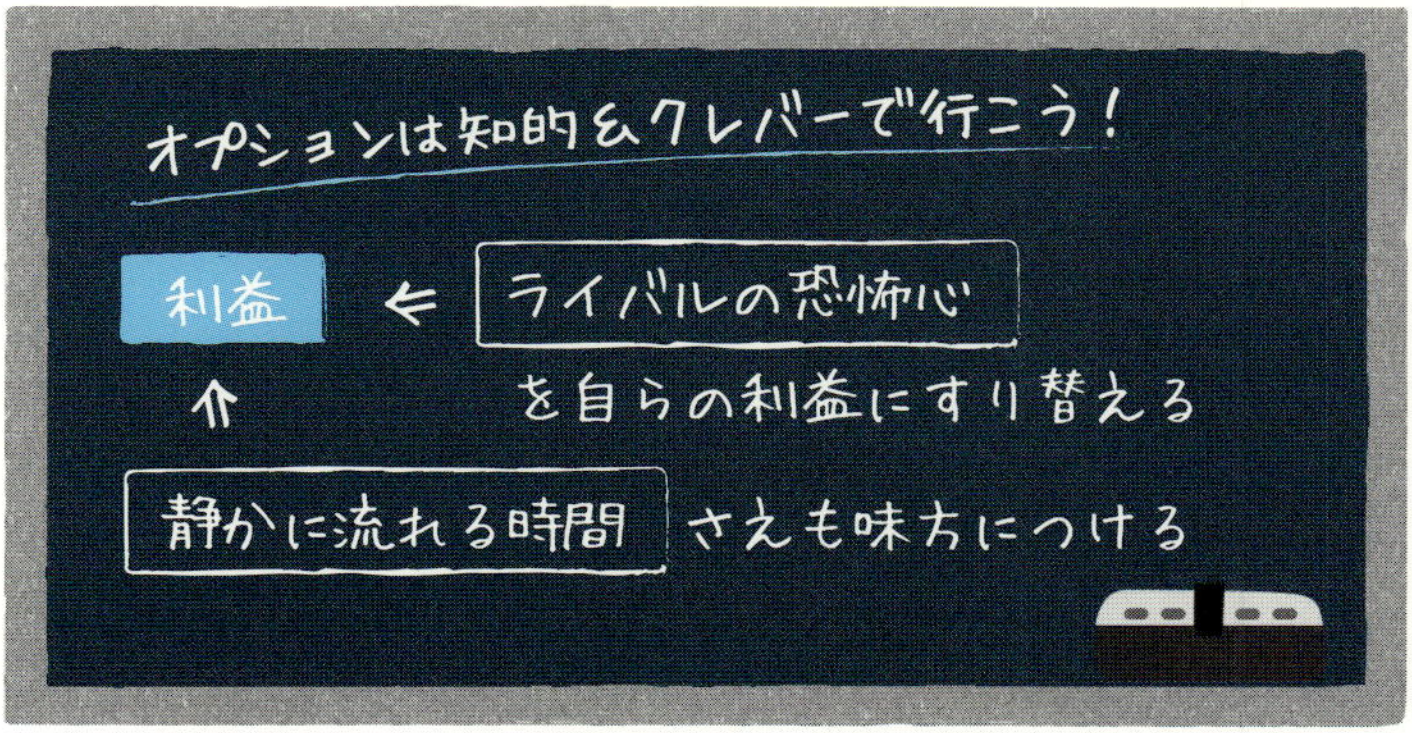

03 オプションの買いは損失限定・利益無限大

株やFXと何が違うのか②

1 損失限定だから、投資資金以上の損失はない

オプションを多少なりとも勉強した人は、こんなフレーズをよく聞いたかもしれません。

オプションの買いは損失限定・利益無限大
オプションの売りは利益限定・損失無限大

たとえば「**損失限定**」についてはこう説明されます。

オプションの買いで負けた場合、支払ったプレミアム（値段）分の金額をすべて失うことはあるが、そのプレミアム以上に損が膨らむことはない

だから「損失限定」ということなのです。そうはいっても「**投じた資金をすべて失う**」わけですから、限定といえども生やさしいものではありません。

株の世界で投資資金のすべてを失うことはある？

では、これと同じ概念を「株の買い」で大きく負けた場合に当てはめてみましょう。投下資金をすべて失うことは、株式投資では起きないのでしょうか？

そんなことはありません。山一証券やＪＡＬなど、過去に株券が紙屑と化した銘柄は枚挙にいとまがありませんが、これらの銘柄に投資していた株主は「**投下資金をすべて失った**」ではありませんか？　よって、「**投下資金を失うだけでそれ以上に損失が膨らまないという意味では、オプションも株も変わらない**」のです。

少々理屈をこねましたが、オプションと株の決定的な違いは、その「全損」の発生頻度の違いにあります。株式投資では、会社の倒産はしょっちゅう起こることではありません。よって、「**理屈では〝全損〟も起こるけれど、めったに起こることではないから、株は上がるか下がるかだけ**」ということになっているのです。

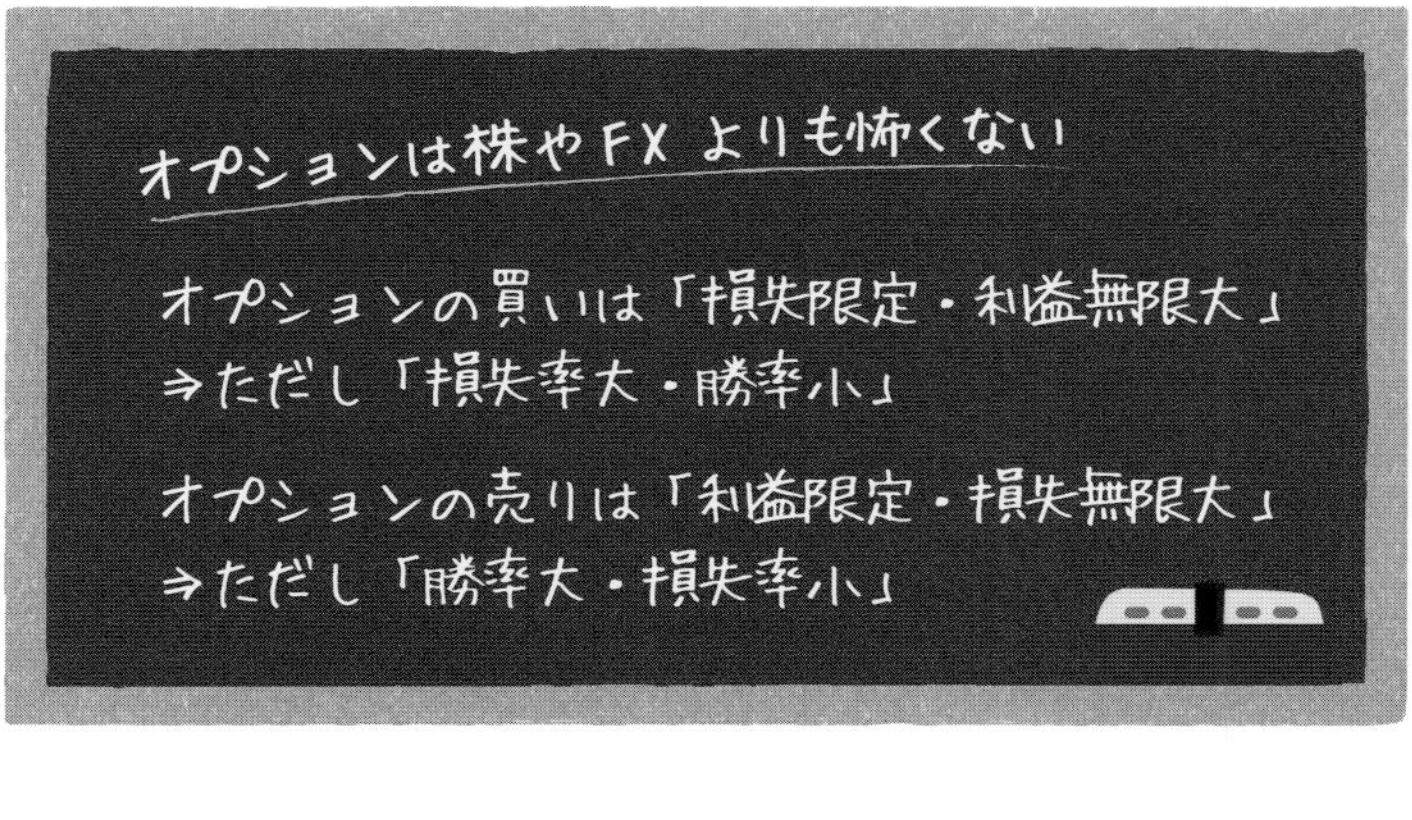
オプションは株やFXよりも怖くない
オプションの買いは「損失限定・利益無限大」
⇒ただし「損失率大・勝率小」
オプションの売りは「利益限定・損失無限大」
⇒ただし「勝率大・損失率小」

しかしオプションの場合は、非常に多くの銘柄がゼロ円になっていきます。というより、「**ほとんどのオプションがゼロ円になっていく**」のです。ここが、株式投資とオプションの最大の違いといってもいいでしょう。

もう一度いいます。

オプション取引は、非常に多くの銘柄がゼロ円になっていくというより、ほとんどのオプションがゼロ円になっていく

今、あなたは「**にやり**」としませんでしたか？ あなたが何も感じなかったとしたら、少しトレード根性が足らないかもしれません。

2 「損失無限大」という表現は誤解を招く

多くのオプションがゼロ円になっていくなら、あなたは買いから入るよりも売りから入ったほうが有利だと思ったのではないでしょうか？ ここで、話は冒頭の部分に戻ります。

オプションの買いは損失限定・利益無限大 ⇓ ローリスク・ハイリターン
オプションの売りは利益限定・損失無限大 ⇓ ハイリスク・ローリターン

ここには、「オプションの売りは利益が限定されているのに損失は無限大」と書いてあります。なんとなく話が違いますね。売りのほうが不利に感じます。実は、ここが初心者の多くの人が道を間違えて遭難してしまう難所なのです。そして最初にそこに迷い込んでしまうと、実際のトレードでどんどん負けが込んでいって、オプションの面白さを味わうことなく退場となってしまう危険な曲がり角なのです。

私はこの「オプションの売りは利益限定・損失無限大」という投げやりで不躾な文言が「＝オプション取引」というイメージとなってしまっていることこそが、オプション人口が増えない理由ではないかと疑っているくらいです。

普通に考えれば、「ハイリスク・ローリターン」より「ローリスク・ハイリターン」のほうがいいに決まっています。「ローリスク・ハイリターン」というフレーズを最初に目に焼きつけてしまったあなたは、当然のようにオプションの買い戦略にしか興味がなくなる」のです。しかしお話ししたとおり、ほとんどのオプションはゼロ円に向かって値段を下げていきます。そして最後はゼロ円になっておしまい。こういう値動きをするものを買って、

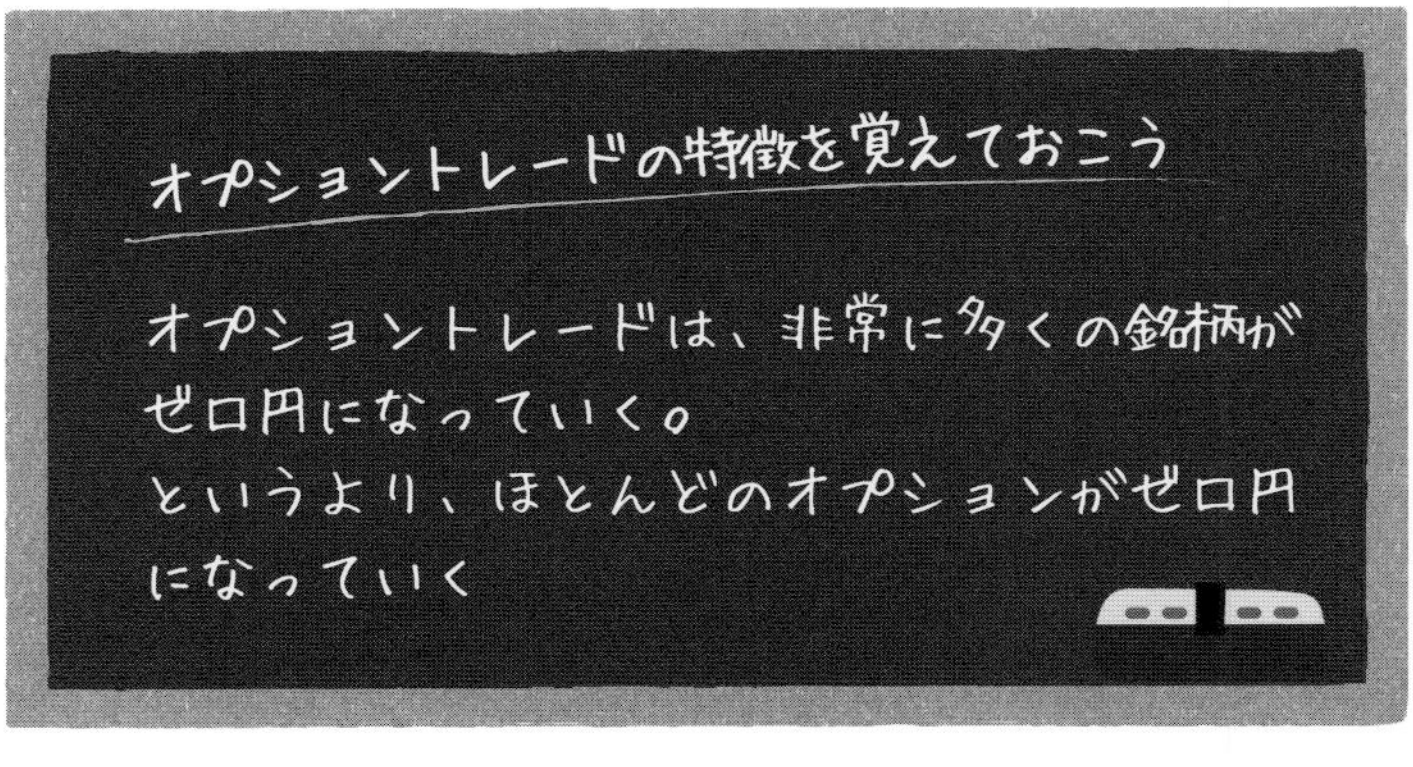
オプショントレードの特徴を覚えておこう
オプショントレードは、非常に多くの銘柄がゼロ円になっていく。
というより、ほとんどのオプションがゼロ円になっていく

じっと値上がりを待つなどというのはナンセンスです。これは学校の校庭で行う運動会の「綱引き」を、急な坂道で行うようなものです。もちろんあなたは、坂の上のほうで綱を握りしめ、坂の下の軍団の体重をも引き上げなければならない運命に立たされているのです。

そんなあなたが負ける確率は高いです。もちろん勝つチャンスがゼロとはいいませんが、あなたが勝つためには坂道が地殻変動で平坦に！　なるくらいのミラクルが必要なのです。

ミラクルというと大げさかもしれませんが、何も起こらずに時間がすぎるとジワジワ値を下げるオプションが逆に値上がりをするためには、株式市場にある程度のインパクト、大きな材料が必要なのです。具体的には日経平均株価の急騰や急落が必要ということですが、そんな「たまにしか起こらないこと」だけを心待ちにしてトレードを続けていても、次第に負けが込んでいってしまうでしょう。これは、**「ローリスク・ハイリターンの悪魔のささやきに、最初に魅了されてしまったことが敗因」**なのです。ひたすら買うことしか頭になくなっていたあなたは、負けが続いて資金が減少していくのにがっくり肩を落として、ほとんどオプション取引の楽しさを知ることがないまま、また別の投資手法を探す旅に出ることになってしまうのです。

3 売りから入れば負けることはない？

値のついたオプションの多くが0円になっていくのですから、**「売りから入ったほうが有利」**という発想になるのが普通です。

要するにこうです。坂道で綱引きをするのなら、上に引っ張り上げるチームに加わるのではなく、坂の下に陣取ったチームに参加するほうが有利だということ。しかし**「現実のトレードの世界では、〝売り方に有利〟とか〝買い方に有利〟というようなことがあってはなりません」**。売り方にも買い方にも公平にチャンスが与えられて然るべきです。ですから、ほとんど負けないはずの「売り方」にもきちんとそれなりのリスクが存在しています。それが**「負けたときは大負けする可能性がある」**ということです。

「損失無限大」というのはいかにも大袈裟ですが、下手をすると大きな損を出す可能性があるのも事実です。しかし、そのリスクをきちんとコントロールするノウハウがあれば、恐れるに足りません。私が考える**「投資における最も重要なことは、そのリスクを避けるための、あるいはコントロールするためのノウハウを持つこと」**なのです。

ここまでで、オプションの値動きの特徴をある程度理解できたのではないでしょうか？　株とオプションの値動きの違いは下図のようになります。一見じゃじゃ馬に見えるこれらの特徴は、味方につけてしまえば強力な武器に変わるのです。

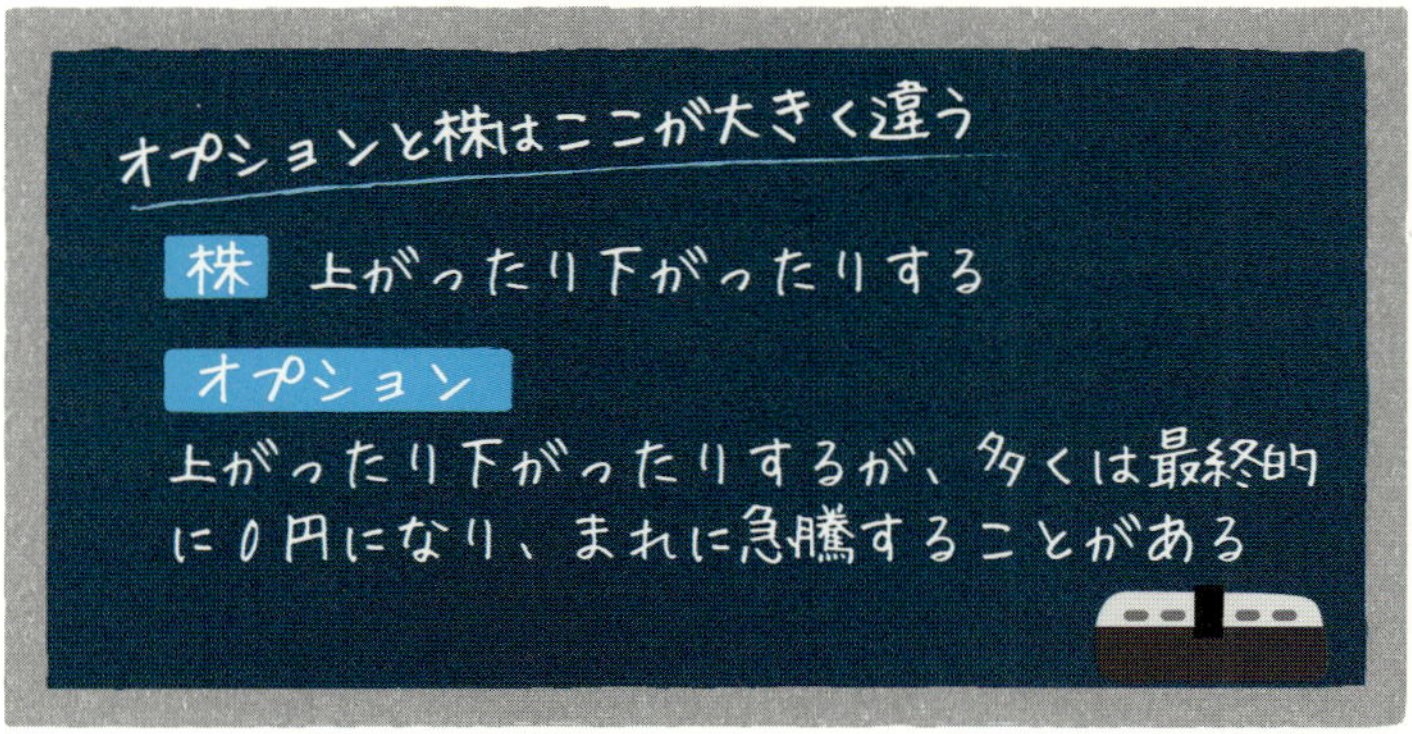

コラム

証券会社がオプションの売りを嫌うわけ

「オプションの売りは損失無限大なので初心者はやらないように」は本当か？

証券会社のホームページには、日経 225 オプションの初心者に向けたセミナー動画などが用意されています。最近はかなり充実してきたので活用しない手はないのですが、私の目から見ると若干問題点があるように感じます。

その最たるものが、先ほどの「オプションの買いは損失限定・利益無限大」「オプションの売りは利益限定・損失無限大」を強調している点です。特に多くの証券会社が「**オプションの売りは損失無限大なので初心者はやらないように**」と声高らかに口先介入しています。しかしやたらとオプションを買うばかりでは、売りの勝率が高いことの裏返しで勝ち目は薄いのです。

「**売りと買いを使いこなしてこそ、オプションの醍醐味を味わえる**」わけですから、「オプションの売りは損失無限大なので初心者はやらないように」という案内は完全に間違っていると思います。これではオプション取引のファンを増やすことなどできないでしょう。

証券会社の立場にたつと、売りを制限したがるのも多少理解できる

以前日経 225 オプションが少し流行ったころ、トレーダーたちはこぞって「売り」で勝負していました。当時多用されたのは「ショートストラングル」というトレード手法だったのですが、このころのトレーダーはまったくリスク管理ができていませんでした。すなわち、株式市場の大暴落が起こると瀕死の重傷を負ってしまうような、極めて危ういトレード方法を実践していたのです。

そして、リーマンショックが起こりました。当時のショートストラングル愛好家のトレーダーの多くは巨大な損失を抱えてしまい、追証を払い切れない人が続出し、バタバタと破産に追い込まれていったのです。

しかし、損失は誰かが払わなければなりません。そして彼らの借金を負担したのが、それぞれの証券会社だったというわけです。

それからだと思います。証券会社が初心者のオプショントレーダーに「初心者は絶対に売ってはいけません」と指導しはじめたのは……。

わかります。気持ちはわかるのですが、これではオプショントレーダーが誰も育ちません。お客さんを育てることができないような商売なら、最初からやらないほうがましだと思います。

証券会社がやらなければならないことは、売るなと叫ぶことではなく、「**リスク管理をちゃんと教えてあげること**」なのですけどね。

1時限目
オプション取引に必須の知識を身につけよう

難しい単語もたくさん出てきますが、必要なところだけ覚えれば大丈夫なので安心してください！

01 最初のハードルを越えるコツ

1 オプションよりも先物取引のほうがわかりやすい？

「オプション取引なんて敷居が高くて、とてもとても自分には……」

そういう言葉をよく耳にします。

思い起こせば、私も最初はそうでした。日経２２５先物とあわせて「先物《さきもの》ＯＰ《オプション》」とひとくくりにされるオプションですが、やはり先物よりオプションのほうがはるかに難しい印象を持っていました。

では逆に、なぜ先物のほうがやさしく感じるのでしょうか？

それは、「**日経２２５先物の場合、レバレッジこそ大きいものの、投資対象が日経平均株価を対象としているので、値動きやトレードのしくみが通常の株式投資とそれほど変わらない**」からです。

一方オプション取引はというと、初心者向けの教科書を読んでも、「権利行使価格」だの「プレミアム」だの、「買う権利を買う」だの「売る権利を売る」だの、おおよそ人生で聞いたことのない言葉で埋め尽くされています。目がチカチカしてきますね。

2 専門用語はズルして覚えなくても大丈夫

さあ、お勉強タイムのはじまりです。

この段階が「最初のハードル」だと思ってください。けっこう高いハードルかもしれません。でもそのハードルを飛び越えないと先へ行けないので、しっかりついてきてください。

ところが奥の手として、「**ハードルの下をくぐってしまう**」という方法があるのです。そんなズルをしても問題ない場面では、「**なめ読みしてもいいですよ**」とお伝えしていくので安心してください。もちろん、すべてのハードルの上を飛び越えていけるのなら、飛び越えてしまったほうがいい記録が出せるはずです。

専門用語を正確に理解してトレードに取り組めば、上達も早いのは間違いではありません。が、「買う権利を売る」「売る権利を

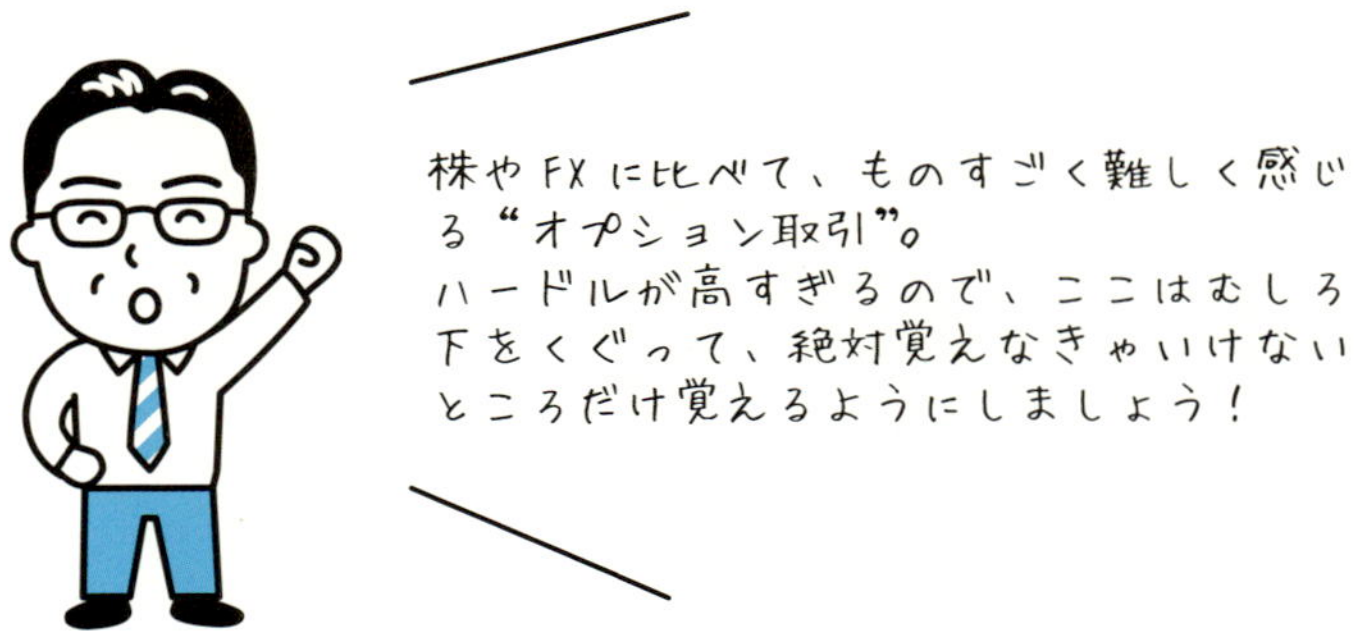
株やFXに比べて、ものすごく難しく感じる"オプション取引"。
ハードルが高すぎるので、ここはむしろ下をくぐって、絶対覚えなきゃいけないところだけ覚えるようにしましょう！

買う」という単語を聞いたときに理詰めで理解しようとして、最初の段階で迷路に迷い込んでしまうと、ほとんどの人がギブアップしてしまいます。「**〝買う権利を売る〟の意味がまったくわからなくても、オプション取引は普通にできます**」。このあたりはズルをしてもいいところなのです。

3 「コール」と「プット」という商品を売買すると覚えてしまえばカンタン！

「買う権利」と「売る権利」の意味を知らなくてもいいといわれると、ホッとするのと同時に一抹の不安が残りませんか？

ここでは、そのもやもやしたものを解消しましょう。

「権利」と聞くと意味を理解したくなりますが、「**コールとプットという商品を売買するのがオプション取引**」、そういうものだと覚えてしまえばカンタンです。

❶ 買う権利＝コール：〝買う権利〟のことを〝コール〟という
❷ 売る権利＝プット：〝売る権利〟のことを〝プット〟という

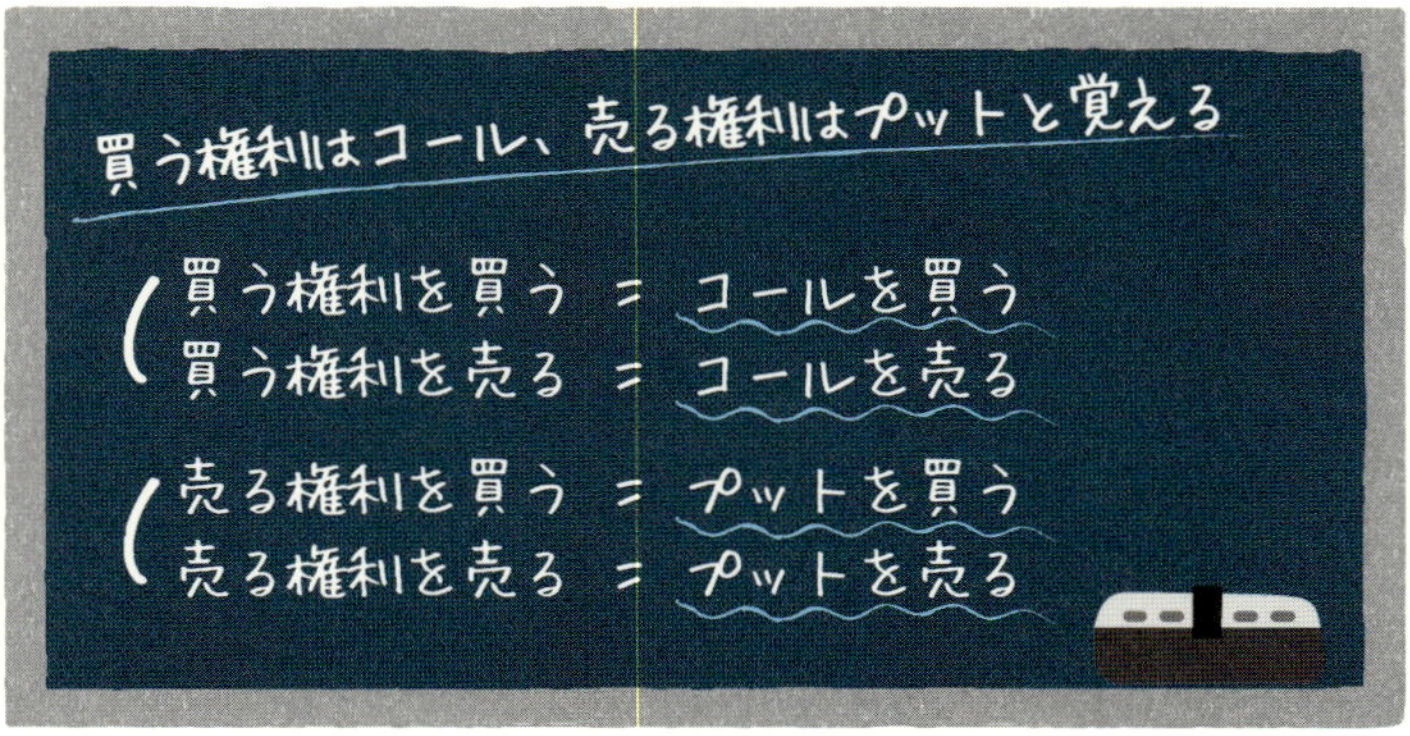

買う権利はコール、売る権利はプットと覚える
買う権利を買う ＝ コールを買う
買う権利を売る ＝ コールを売る
売る権利を買う ＝ プットを買う
売る権利を売る ＝ プットを売る

4 コールもプットも一商品にすぎない

では、確認してみましょう。「買う権利のプレミアムが50円」そう言われても何のことかさっぱりわかりませんよね。でも、「このコールは50円ですよ」と言われれば、腑に落ちるはずです。**「コールというのは商品群の総称」**です。たとえば、本屋さんでいう「コミック」とか「文庫本」のようなもので、コールにもたくさんの種類があります。ですから、50円だけではなく40円のものもありますし、20円のものも、100円のものもあります。

商品もしくは銘柄だと考えれば、「ドル円を買う」「ソニー（6758）の株を売る」と同じ感覚で理解できます。それで十分です。あなたは、**「コールという商品を売買する」**のです。権利を売買しなくても大丈夫なのです。実際のトレード現場では、誰も「権利」を売買しているなどと意識していません。

さあ、最初だけハードルの下をくぐっていただきましたが、ズルをするのはここまでです。あとのコンテンツは大事なことばかりなので、きちんとハードルの上を飛び越えてくださいね。

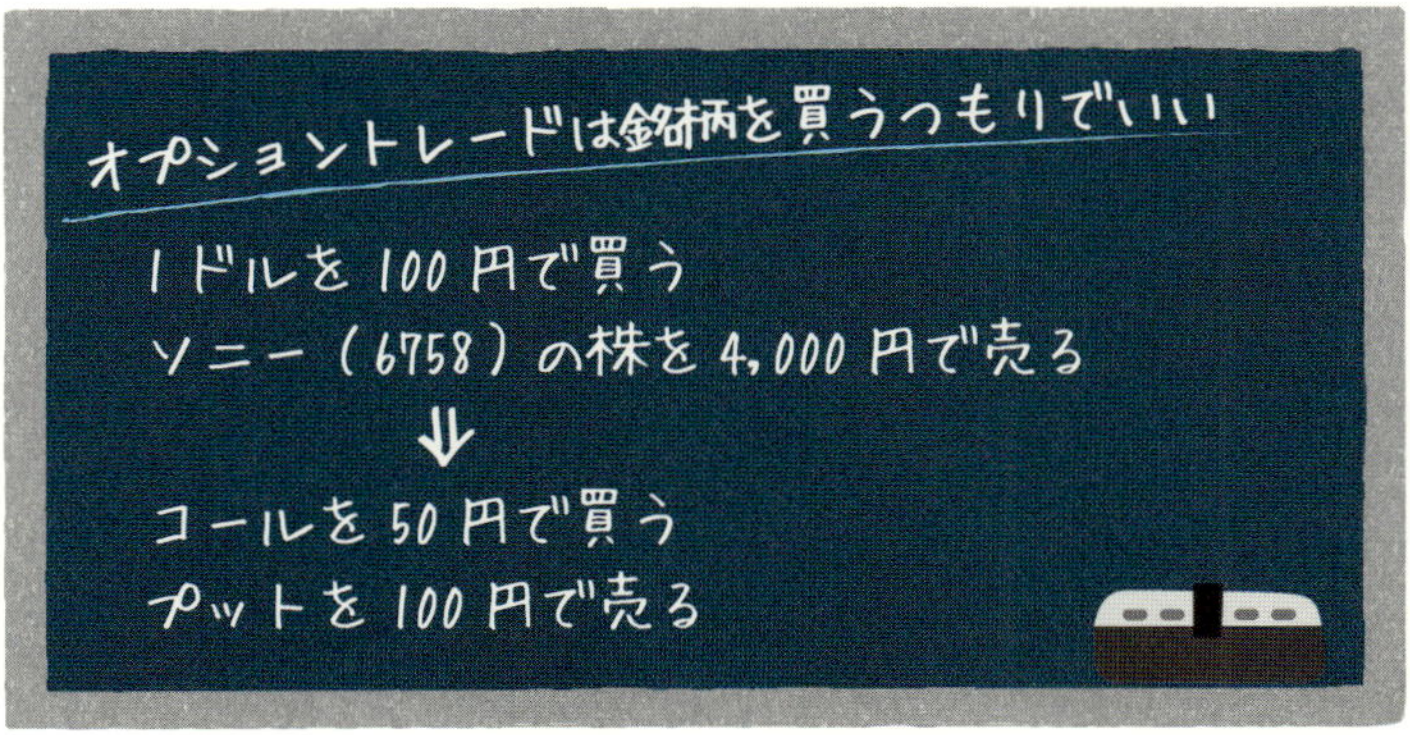
オプショントレードは銘柄を買うつもりでいい
1ドルを100円で買う
ソニー（6758）の株を4,000円で売る
⇓
コールを50円で買う
プットを100円で売る

02 日経225オプションってどんな商品？

1 オプション取引で売買する商品ってどんなもの？

日経225オプションで売買する対象は「日経平均株価」ですが、日経平均株価を直接売買することは残念ながらできません。証券会社に電話して、「すみません、日経平均株価をください」などと言ったら「はぁ？」と返されてしまいます。でも日経平均株価は日本人にとって1番馴染みがある投資対象ですから、売買したいという人は多かったはずです。そこで、日経平均株価を売買できるしくみがいろいろつくられました。

そして生まれたのが「日経225先物」と、「日経225オプション」です。これらは「**″デリバティブ″と呼ばれ、直接売買することが難しい投資対象を、売買するルールをつくって市場で取引できるようにしたもの**」です。

直接売買することが難しい投資対象を取引できるようにしたという意味では、昨今では「天候デリバティブ」などという金融商品もありますが、「天候を売買する」というよりは、「日経平均株価を売買する」ほうがなじみやすいのではないでしょうか。

また、デリバティブなどと聞くと、ニューヨークのウォールストリートあたりの金融工学エリートがつくった取引のしくみに思えるかもしれませんが、日本人はなんと、江戸時代から、デリバティブの代表格である「先物取引」に親しんでいたようです。

この章の最後のコラム（96頁）でデリバティブの歴史をひも解いてみました。きっとオプションの理解が深まるので、あとでじっくり読んでみてください。

2 オプションという商品の表記法

では、コールという商品はどのように表記されるのでしょうか。株やFXと比較しながら見ていきましょう。実際には「**商品というよりは銘柄**」だと思ってください。

株の銘柄名だとこんな具合ですね。

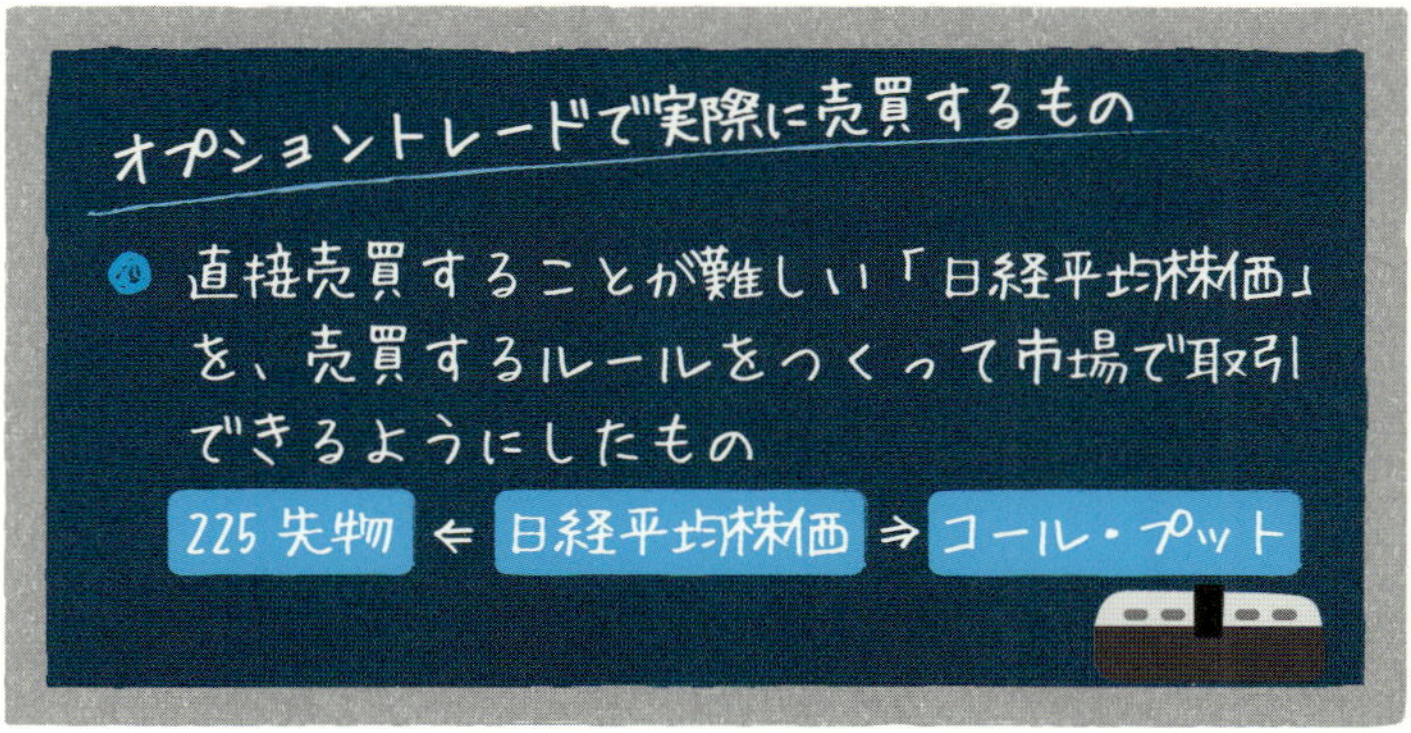
オプショントレードで実際に売買するもの
直接売買することが難しい「日経平均株価」を、売買するルールをつくって市場で取引できるようにしたもの
225先物
日経平均株価
コール・プット

「ソニー（6758）」「三井住友銀行（8316）」「トヨタ自動車（7203）」……

ＦＸならこんな具合です。

「USD/JPY」「AUD/JPY」「EUR/USD」……

日経２２５オプションの銘柄はこんな感じで表します。

「5C18000」「6P14000」「7C20000」……

一般的には「**5C18000**」を「**5C180**」と、１００の位までを省略して表記しますが、初心者の人へ向けてわかりやすいよう、省略せずに表記しています。これらは略号になっていますが、分解して説明をすると次のようになります。

「5C18000」＝「5」限月が5月 ＋「C」コール ＋「18000」
権利行使価格が1万8000円

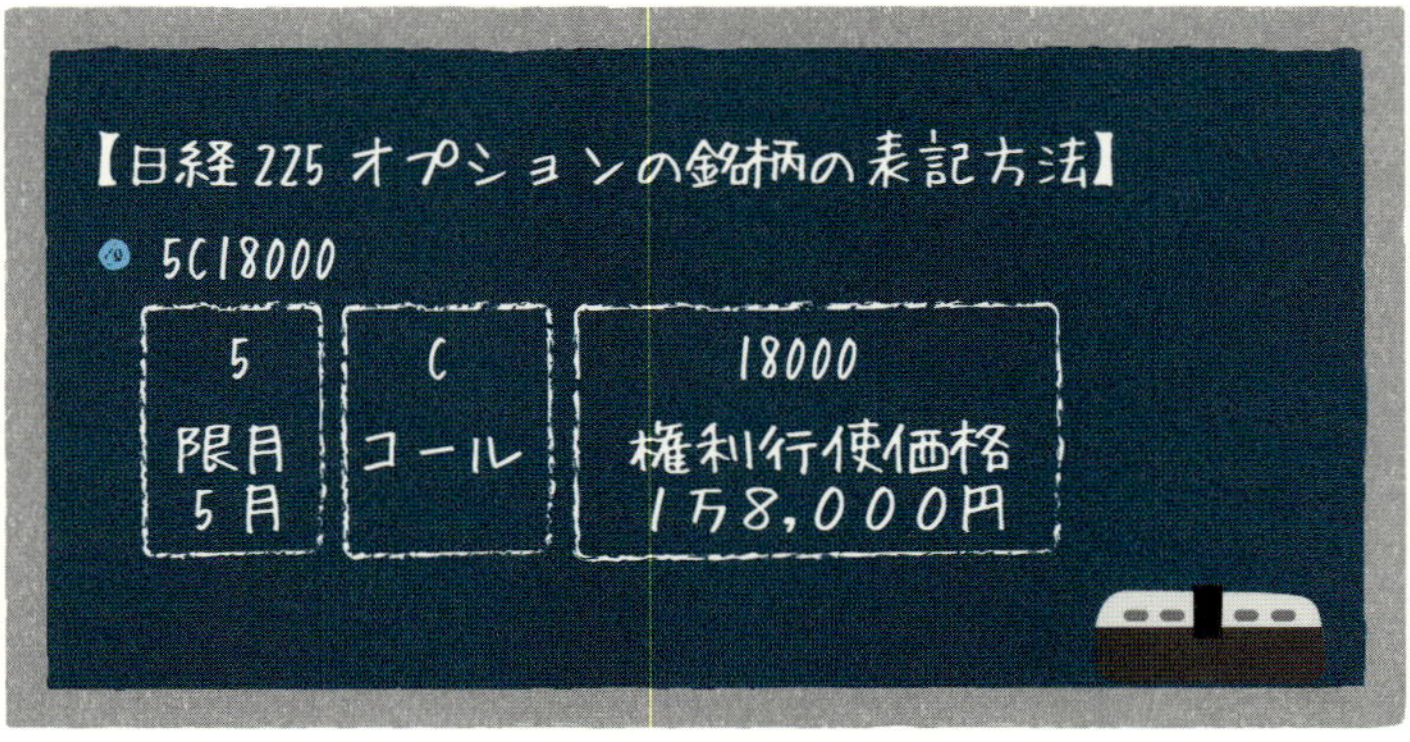

「6P14000」＝「6」限月が6月＋「P」プット＋「14000」権利行使価格が1万4000円
「7C20000」＝「7」限月が7月＋「C」コール＋「20000」権利行使価格が2万円

オプションでいう銘柄名は、次の3つの要素の組みあわせです。

❶限月《げんげつ》 ❷コール or プット ❸権利行使価格

「コール」や「プット」はすでに理解できているかと思います。新しく登場した「限月」と「権利行使価格」については52頁以降で詳しくお話しするので、今はさらっと流しておいてください。

3 オプションを買うにはどのくらいのお金が必要か

たとえば日本郵船（9101）の株を現物で買う場合は、こんな感じです（次頁下図参照）。最低取引単位（単元株数）が1000株、現在の株価が200円とします。

最低取引単位で買う場合、必要資金は20万円（200円×1000株）になります。株価が250円になって売却すれば5万円の利益。逆に150円になって損切りすれば5万円の損失で終わります（売買手数料は無視しています）。

一方、プレミアムが20円のコール（**5C18000**）を買う場合は次のようになります。最低取引単位は1枚。「**オプションの場合は、プレミアムの1000倍の資金が必要になる**」ので、1枚買うために必要な資金は2万円（20円×1枚×1000倍）です。20円のコールが30円になったときに売れば1万円の利益。逆に10円に下がったときに損切りすれば、1万円の損失です。少しも難しくありません。

違うのは「**1000倍の資金が必要**」ということだけですが、これとて「**最低取引単位が1000株**」のようなものですから、どうということもないですね。

株でもオプションでも、買いから入る場合は「**普通に買って、そしてそれを普通に売る**」だけの話なのです。株の現物買いと同じ感覚でかまいません。従来のオプションの解説本や情報商材では、ここもわざわざ難しく解説しています。たとえば、買ったオプションを売って手じまうことを「オプションの買い手が権利を行使する」などといったりしますが、実際の現場で「よし、権利を行使してやった」などと思っている人は皆無です。そのまま普通に「**オプションを売る**」で大丈夫です。

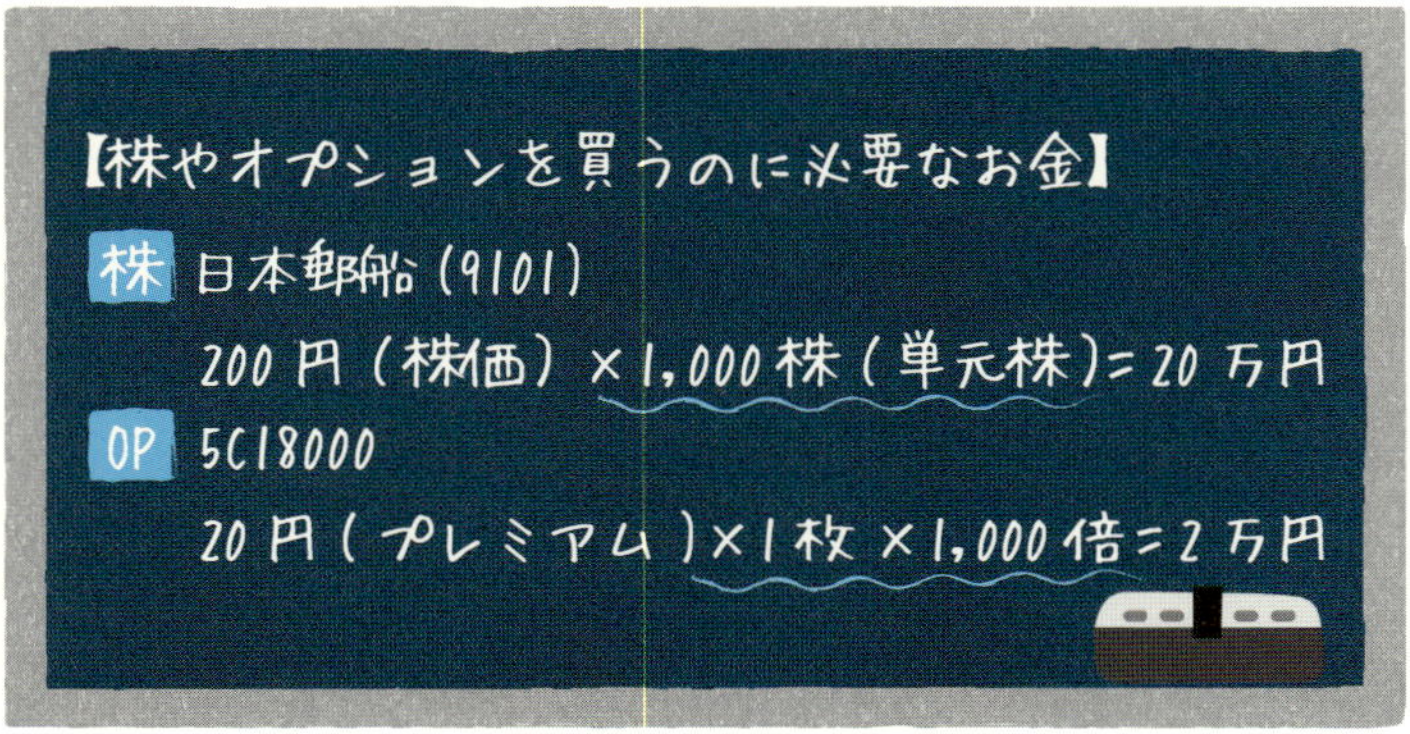

4 オプションを売るにはどのくらいのお金が必要か

オプションを「買いから入る」のは、株の現物を買うのと様子が変わらないとお話ししました。では「売りから入る」場合は？

「売りから入る場合は、まったく別のルールが適用」されます。資金管理の意味からもここは非常に大事なところなので、読み飛ばさずにきちんと理解をしてください。

売りから入る場合は、株ではなく「日経２２５先物」のトレードと様子が類似しています。この場合の最大の特徴は、「**〝証拠金〟を差し入れたうえで、売り建て（売りエントリー）をする**」ということです。このしくみは日経２２５先物だけでなく、ＦＸ（為替証拠金取引）とも共通ですが、先物とオプションは同じ口座内で取引できる仲間なので、やはり日経２２５先物との比較で覚えたほうがいいでしょう。

買いから入る場合には、特に「証拠金」は必要ありませんでしたが、「**売りから入る場合には一定の証拠金が必要**」になります。

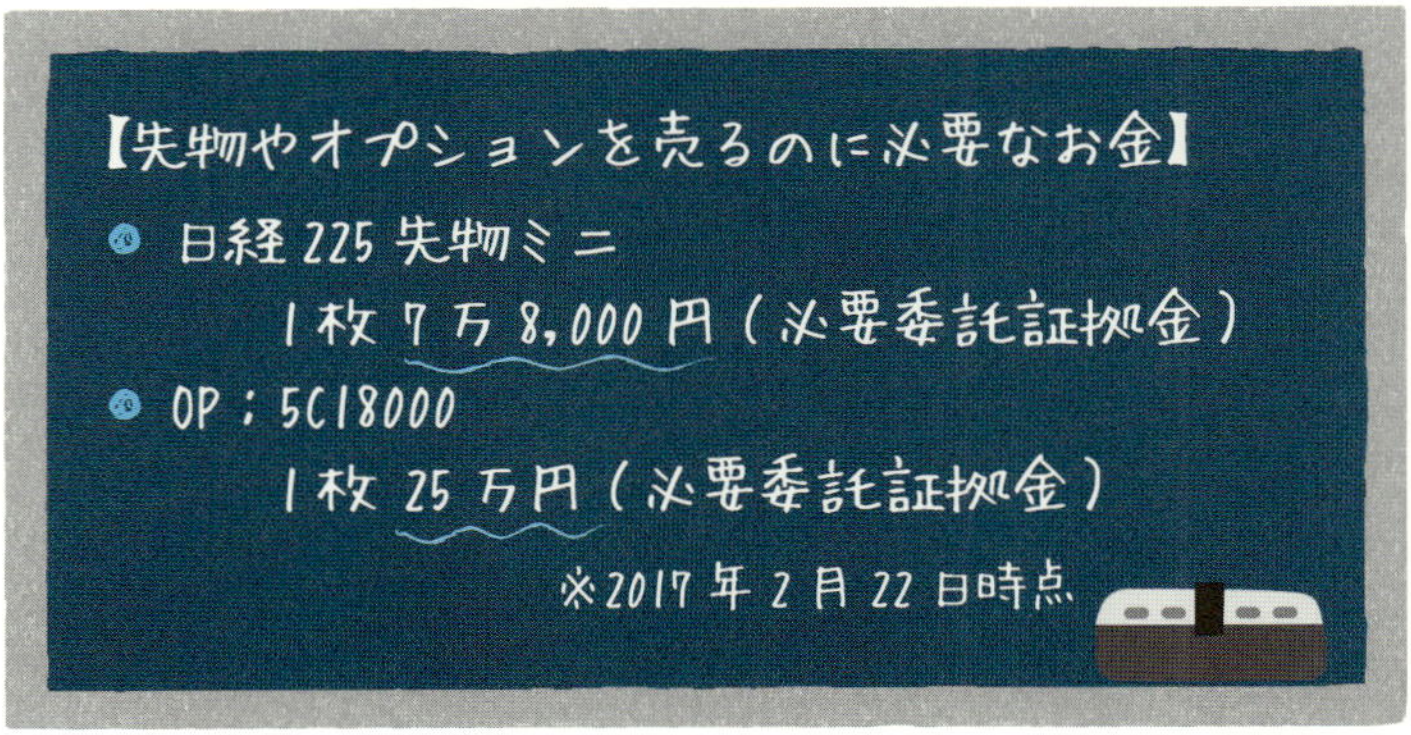
【先物やオプションを売るのに必要なお金】
日経225先物ミニ
1枚 7万8,000円（必要委託証拠金）
OP：5C18000
1枚 25万円（必要委託証拠金）
※2017年2月22日時点

早速、日経225先物ミニで売りから入る場合と比較をしてみましょう（前頁下図参照）。

たとえば、**「日経225先物ミニ」**（最低取引金額は日経平均株価の100倍）の売りで1万円稼ぐには、225が100円下げてくれればいいわけですが、**「そのために預ける証拠金は 7万8000円」**（2017年2月22日時点）です。この必要証拠金はSPAN証拠金（下図参照）で決まります。

では、**5C18000**のプレミアムが20円だとします。この**5C18000**のコールの売りで1万円稼ぐためには、コールが10円下げてくれればいいわけですが、**「そのために必要な証拠金は、なんと25万円」**（2017年2月22日時点）です。この場合の必要証拠金もSPAN証拠金で決まります。

資金効率が悪いように思えるかもしれませんが、オプションとはそういうものです。しかし証券会社から証拠金をたくさん要求されるのには、それなりの理由があります。その理由は、0時限目38頁のコラム「証券会社がオプション売りを嫌うわけ」を思い出していただければわかるはずです。

SPAN証拠金というのは、シカゴ・マーカンタイル取引所が開発した証拠金の計算方法のことです。日本ではこの手法を用いて、週に1回、日本クリアリング機構というところが算出をしています。各証券会社はこのSPAN証拠金の額を基準として、オプションの売りに必要な証拠金の金額を決めています。
このSPAN証拠金は、価格変動が激しくなると値上がりするので注意してくださいね。

5 取引の呼び名を覚えよう

通常の株式を売買する場合には「現物買い」「現物売り」となりますが、先物・オプションなどは、買値と売値の差額（損益）だけを受け渡す「差金決済取引」であり、取引そのものの呼び名に特徴があります。

新しく買いポジションを持つことを「**新規買い**」「**買いエントリー**」といいます。売りから入る場合は「**新規売り**」「**売りエントリー**」といいます。

手持ちポジションを（SQ清算ではなく）市場で売買して清算する場合、買いポジションを売って決済することを「**売り返済**」「**返済売り**」、もしくは「**反対売買**」といいます。逆に売りポジションを市場で清算する場合は「**買い返済**」「**返済買い**」、もしくは「**反対売買**」といいます。

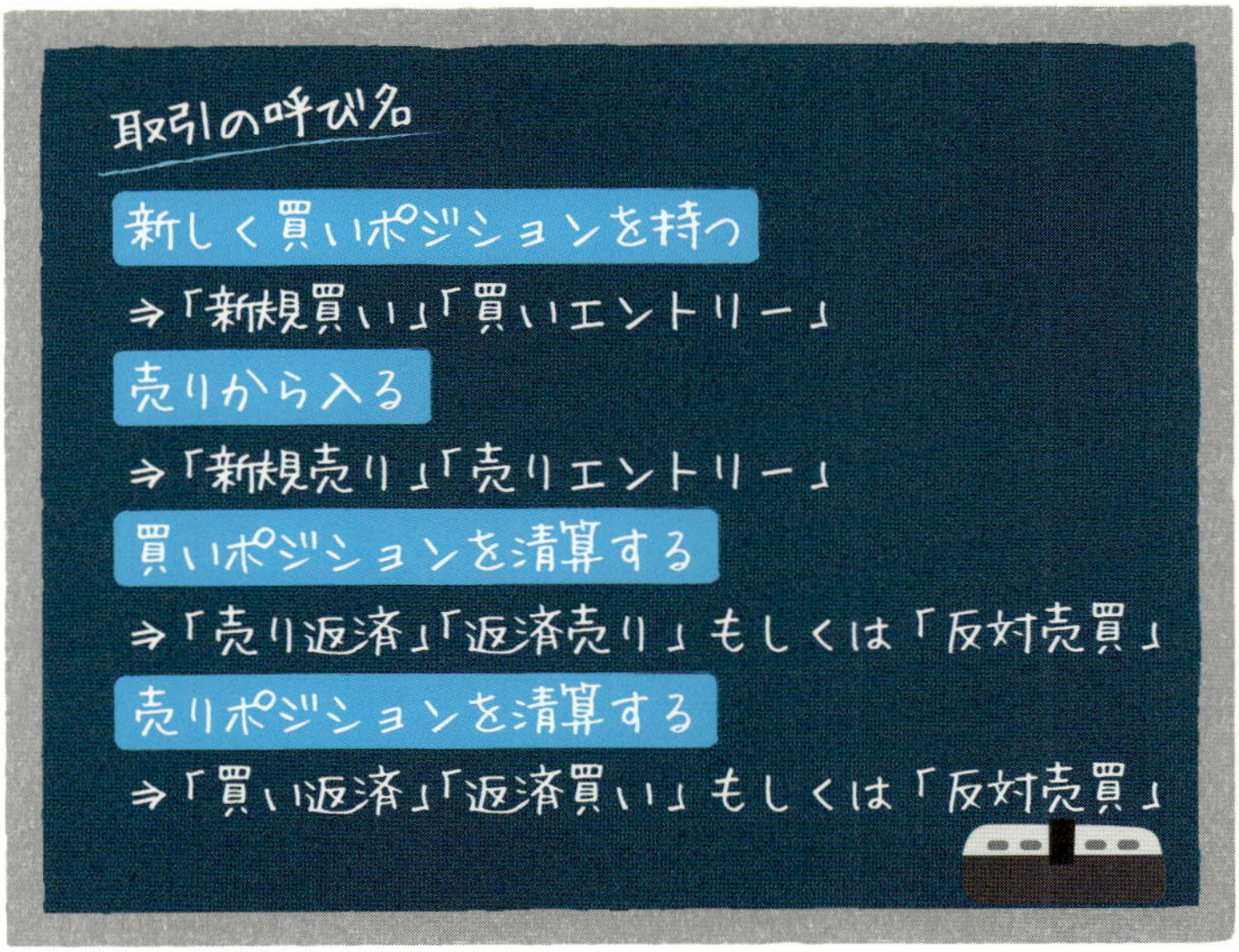
取引の呼び名
新しく買いポジションを持つ
⇒「新規買い」「買いエントリー」
売りから入る
⇒「新規売り」「売りエントリー」
買いポジションを清算する
⇒「売り返済」「返済売り」もしくは「反対売買」
売りポジションを清算する
⇒「買い返済」「返済買い」もしくは「反対売買」

03 限月《げんげつ》とは？　SQとは？

1 先物とオプションには満期がある

オプションの銘柄名が、３つの要素（**限月＋コールとプット＋権利行使価格**）の組みあわせだとお話ししました。ここではその「**限月**《げんげつ》」について学んでいきます。

たとえば株の場合、買った株をずっと長期で保有しておくことができます。トヨタでもソニーでも、株式であれば、保有することに期限（満期）は存在しません。

しかし、日経２２５先物の経験がある人なら、「**買った先物を保有できる期間がかぎられている**」ことをよく知っているはずです。そう、いわゆる「**SQ（スペシャル・クォーテーション）**」のことですが、日経２２５先物、日経２２５先物ミニの場合は、「**すべての銘柄に取引の終わり（満期）が用意されています**」。

2 「SQ」は何のためにある？

ＳＱは、「**特別清算指数**」と呼ばれますが、これが何のためにあるのかというと、実は「**大口投資家が損をしないため**」です。たとえば、ある大口投資家が日経225先物（取引金額は日経平均株価の1000倍）を1000枚買い持ちしていて、その平均買い単価が1万7000円だったとします。そのポジションの時価評価は170億円（1万7000円×1000倍×1000枚）になりますから、これこそまさに大口投資家です。そしてうまくことが運んで（日経平均株価が上昇して）日経225先物が1万8000円になったとしましょう。この投資家の含み益は10億円です。（170億円の時価が180億円に！）これ以上の株価上昇が見込めないと判断した大口投資家は、利益確定の返済売り注文を出すことにしました。

しかし、1000枚もの売り注文を出すと、日経225先物そのものがどんどん値下がりをしていってしまいます。100枚売っては下げ、また100枚売っては下げ……。そんなことをやっていると売りが売りを呼んで、きっと日経225先物は何百円も値を下げてしまうでしょう。胸算用では10億円儲けられるはずだったのに、このしくみでは大きく利益を減らしてしまうことになります。

彼らは考えました。「**先物に満期日を決めて、そのときの値段ですべて決済できるしくみ**」をつくってもらおう！　彼らは大口投資家です

から、取引市場に働きかける力は絶大です。彼らの要望はすんなり通り、この「限月」や「ＳＱ」のルールが導入されたというわけです。

3 ＳＱ清算する月のことを「限月《げんげつ》」という

３月のＳＱ日に清算される日経２２５先物を「３月限《さんがつぎり》」と呼びます。限月というのは、このＳＱ日が含まれる月のことを指すので、**「この銘柄の限月は３月」**ということになります。

ここでは日経２２５先物の詳しい説明は割愛しますが、日経２２５先物には先ほどから出てきている**「日経２２５先物ラージ」**と**「日経２２５先物ミニ」**の２種類が存在します。ラージのＳＱは３、６、９、12月の年４回。３カ月に１回です。一方ミニのほうは年12回。毎月ＳＱ日がやってきます。

では、オプションはというと、日経２２５オプションの銘柄名にも、限月が表示されていました。コールの銘柄**「5C18000」**でいうと、**「5C」**は「5月限のコール」を省略したものです。そうです。**「オプションにも必ず限月があり、強制決済となるＳＱ日**

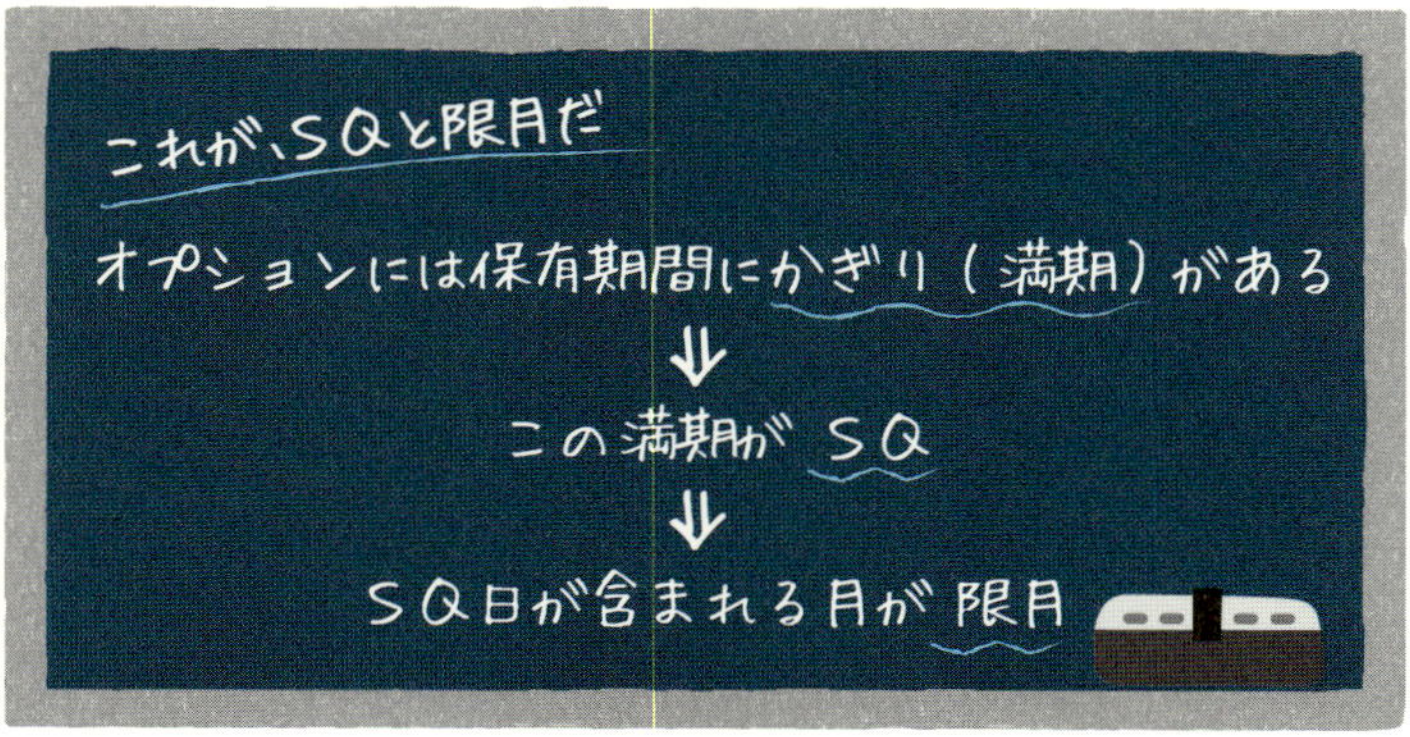

これが、ＳＱと限月だ
オプションには保有期間にかぎり（満期）がある
この満期がＳＱ
ＳＱ日が含まれる月が限月

がある」のです。

ただし、日経225オプションには「ラージ」や「ミニ」は存在しません。そして「**日経225オプションのSQのタイミングは、日経225先物ミニと同じで、年12回**」です。

ここで2つ、言葉を覚えてください。

- **3カ月に1回（3、6、9、12月）の「先物ラージ」のSQを「メジャーSQ」と呼ぶ**
- **毎月やってくる「先物ミニ」と「225オプション」のSQを「ミニSQ」と呼ぶ**

SQ日は第2金曜日に決まっている

日本市場におけるSQ日は「**第2金曜日**」と決まっています（米国市場は第3金曜日）。「**その限月の先物やオプションを取引できるのはSQ日の前日の大引けまで（つまり、第2木曜日の15時15分まで）**」で、その大引けまでに手じまわなかったポジションは、「**翌日のSQ値をもって清算（強制的に決済）される**」ことになるのです。

SQ値の算出は、第2金曜日の朝に行われます。日経平均株価を「何円何十銭」の位まで特定し、その値をもって「**その限月のポジションのすべてを清算する**」ことになります。

ここで大事なお話しをします。「**SQ値は、第2金曜日の日経平均株価の始値とは別のものです**」。計算方法がまったく違います。ここがわかっていないと大失敗のもととなるので、次の、日本取引所グループのＷｅｂサイトのＱ＆Ａを参考にきちんと理解をしてください。

Q **ＳＱ日の日経平均株価の始値と日経225先物のＳＱ値は違いますか？**

A **日経平均株価は、指数構成銘柄（225銘柄）の株価ないし特別気配（買いと売りの注文状況）などを用い計算されます。したがって、仮に9時0分15秒時点において始値がついていない銘柄があっても、その時点の特別気配値段を用いて算出されます。これに対してＳＱ値（特別清算数値）は、指数構成銘柄（225銘柄）の始値を用いて算出される指数であり、各銘柄の始値がついてから算出されるので、それぞれの数値に差が出ることになります（ただし、終日値段がつかなかった場合には最終特別気配値段などを用いて算出します）。**

参考 **日本取引所グループ よくあるご質問（先物・オプション）(http://www.jpx.co.jp/faq/futures_option.html)**

4 個人投資家にとってＳＱ清算はギャンブル

53頁で「ＳＱ清算のしくみは大口投資家が損をしないようにつくられた」とお話ししましたが、そこからもわかるとおり、ＳＱ清算を使っているのはほとんどが大口投資家です。

大口投資家は、膨大な枚数を一気に清算するので「SQ清算」を使うことになりますが、われわれ個人投資家はわずかな枚数しか扱っていないので、SQ日に限定せずとも、いつでも好きなときに清算できます。実際に、個人投資家の多くは「**〝SQ清算〟などせず、市場で〝反対売買〟をすることで手じまいをしている**」のです。

しかしながらこれまで私が見たオプション取引の本は、ことごとく「ポジションを持ったらSQで清算する」ことを前提に書かれていました。SQ清算しないのにSQ清算のことしか書いていないなんて、私には実に不思議でした。本書では（基礎知識意外では）一切「SQ清算」に触れていません。自分で本を書くことでやっと疑問を解消したなんて、何だか笑えない話ですね。

SQ清算はギャンブル

「**SQ清算は使わない**」これが、われわれがオプション取引に負けないためのコツです。大口投資家のためのしくみだからといって、「小口のひがみ」ですねているわけではありません。その理由は、「**リスクが高いから**」です。

SQには大口投資家のたいへん大きなお金が流れ込むため、その利害が対立し、SQ値をめぐって「戦争状態」に陥ることがあります。要するに、「**巨大な買いポジションを持っている投資家はSQ値を少しでも上げようとするし、巨大な売りポジションを持っている投資家はその逆で少しでもSQ値を下げようとする**」のです。そこで上げる力と下げる力がぶつかって、SQ前には頻繁に乱高下現象が起き、SQ値そのものも大きく捻じ曲げられてしまうことがあるのです。

今私は、「上げようとする」「下げようとする」といいました。そうです。「**SQ値というのは、外からの影響力で大きく変化させることができる**」のです。

56頁の「SQ日の日経平均株価の始値と日経225先物のSQ値は違いますか？」のところでお話ししましたが、「SQ値は日経225のすべての銘柄の始値から算出される」とあります。よって「**SQ値を上げたかったら、225の個別銘柄に対し、寄り付きの前に大量の〝買い注文〟を入れれば始値が高くなって、SQ値を引き上げることができる**」わけです。

とはいえ225銘柄もありますから、SQ値を上方乖離させるのはなかなか大変なことではあります。しかし、そこは大口投資家ですから資金量は豊富です。それに、ファーストリテイリングやファナックなど、日経225に与える影響が大きい銘柄に集中的に買い注文を入れれば、少ない銘柄に対するしかけでも大きな効果を得られる場合があります。

そんな事情によって、「**SQ値は日経平均株価の始値から大きく乖離することがあります**」。次頁下表は2014年のデータですが、特にこの年は、SQ値が日経平均株価の始値よりかなり下に

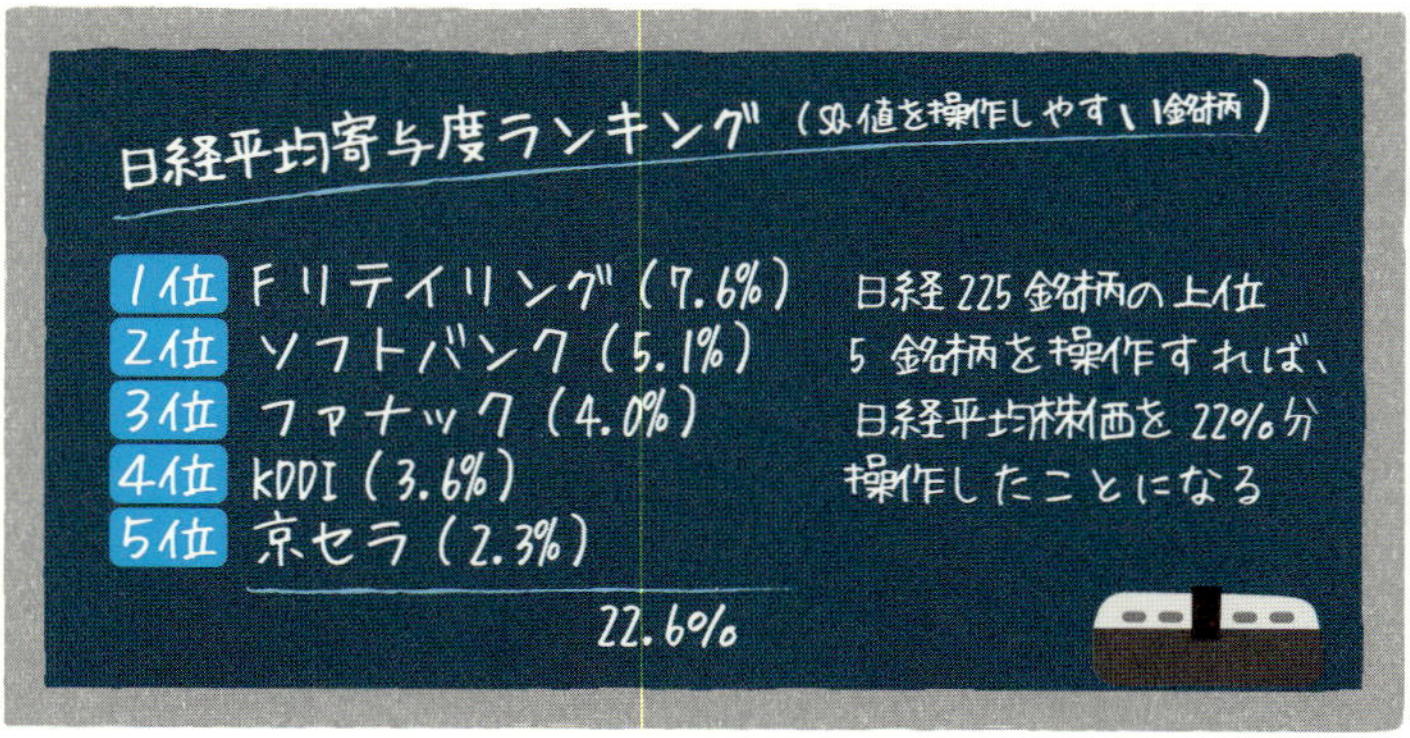
日経平均寄与度ランキング（SQ値を操作しやすい銘柄）
1位 Fリテイリング（7.6%）
2位 ソフトバンク（5.1%）
3位 ファナック（4.0%）
4位 KDDI（3.6%）
5位 京セラ（2.3%）
22.6%
日経225銘柄の上位5銘柄を操作すれば、日経平均株価を22%分操作したことになる

乖離していた年です。

本来は、日経平均株価の終値と（同じ225全銘柄から計算される）SQ値には、それほど違いが出るものではありません。しかし、実態はこれほどの乖離が生まれています。特に8月のSQなどは、日経平均株価の始値が1万5317円であったのにSQ値は1万5037円と、なんと280円も下方乖離していました。これこそが、大口投資家の「SQ値を下げるしかけ」が功を奏したケースです。オプショントレーダーにとって、300円に迫るような値動きは、生殺与奪権《せいさつよだつけん》を握られた状態といえますし、一歩間違えば、たいへん大きな損失の状態で強制決済されてしまうことになりかねません。

「SQ清算はしないほうがいい」と伝えているのはこれが理由です。「**大口投資家たちの命がけの抗争に、あえて巻き込まれに行く必要はない**」のです。

「**遅くともSQの1週間前くらいまでには手じまうようにする**」と覚えてください。

● 2014年のSQ値と日経平均始値の乖離

	SQ日	日経平均始値	SQ値	乖離
2014年	1月10日	15,785円	15,785円	−218円
	2月14日	14,538円	14,536円	−250円
	3月14日	14,526円	14,430円	−418円
	4月11日	14,028円	13,893円	−592円
	5月 9日	14,102円	14,105円	−31円
	6月13日	14,831円	14,808円	−134円
	7月11日	15,103円	15,084円	−234円
	8月15日	15,317円	15,037円	−247円
	9月12日	15,885円	15,916円	35円
	10月10日	15,293円	15,296円	−385円
	11月14日	17,521円	17,550円	358円
	12月12日	17,318円	17,282円	102円

04 権利行使価格とは？

1 「権利行使価格」の勉強はパスできない

日経225オプションの銘柄名は、3つの要素（**限月＋コールとプット＋権利行使価格**）の組みあわせですが、あなたはすでに2つの要素について学び終わりました。残された要素は「**権利行使価格**」です。

この章の最初のところで、「買う権利」「売る権利」の意味を掘り下げなくても差し支えないとお話ししました。ここまではまさにそれで大丈夫でした。「買う権利」「売る権利」はそのまま「コール」「プット」に置き換えて、「権利」のことは一切思い出さなくても、のちのち困ることはないでしょう。

しかし、オプションの銘柄名を構成する最後の要素、「権利行使価格」についてはどうでしょう？　正確に理解する必要があるのかどうかというと、これについては「Ｙｅｓ」です。

もし、投資顧問が出した売買指示にタイムラグなく対応できる（トレードできる）環境にあるのなら、オプションの理屈がわからなくても成果をあげていくことができるのかもしれません。しかし実際は、プロが出す売買指示を、ひとつ残さず受信してリアルタイムで対応することなどできっこありません。

仮に私が「**4C19000**を20円で新規売り」という指示を出したとします。そのときは仕事が忙しくて、売買指示を受信したのが2時間後だったとしましょう。**4C19000**の20円というプレミアムは、高い確率で変化してしまっているでしょう。もしそれが30円になっていたら、もうその**4C19000**の新規売りは見送るべきなのです。なぜなら、私の「コール売り戦略」のエントリールール（2017年2月現在）では、「**20円前後のコールを売る**」とされているからです。

しかし、売買指示の受信が遅れるたびにエントリーを見送っていたら、トレードの回数が激減してしまうでしょう。よってそういうケースでは、3時限目でお話しする「トレードルール」に沿って、あなた自身が新規売りが可能な銘柄を探さなければならないのです。そのためには、どうしてもいくつかの基礎知識が必要

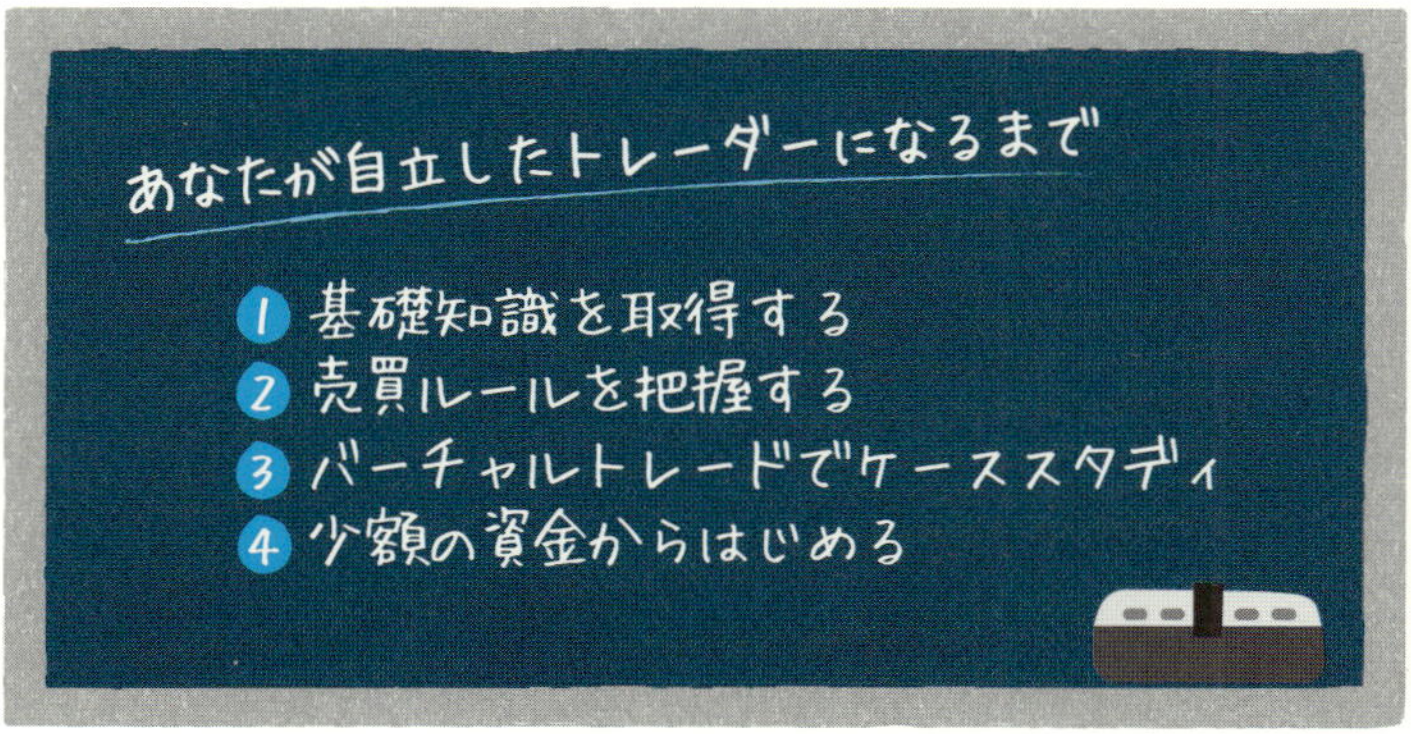
あなたが自立したトレーダーになるまで
1 基礎知識を取得する
2 売買ルールを把握する
3 バーチャルトレードでケーススタディ
4 少額の資金からはじめる

になってきます。そのひとつが「**権利行使価格**」という概念です。この「権利行使価格」がわからなければ、「どの銘柄を選んだらいいか」というところで袋小路に入ってしまうでしょう。

与えられたルールを自分のものとし、その時々の状況に応用していけるようになって、はじめて安定した利益をあげられるようになるのです。そうでないと、「**いつまでも指示待ちトレードを続けることになってしまう**」のです。

権利を行使しますか？　しませんか？

「権利行使価格」の理解は重要だとお話ししました。そうすると、「権利行使」の意味も掘り下げて理解しないといけないのかというと、実はそんなことはありません。

まず、「権利を行使する」ということがどういうことかについて考えてみます。

「コール」とは、「買う権利」のことだとお話ししました。たとえば「**4C19000**」は、「**4月のSQのときに日経平均株価を1万9000円で買う権利**」のことです。あなたが「買う権利」、すなわちこの「コール」を買って（プレミアムを支払って）保有していた（買建てしていた）としましょう。そして6月のSQの清算値が、たとえば2万円に決まったとします。あなたは日経平均株価を1万9000円で買う権利を持っていたのですから、その権利を行使すれば1000円の利益を手にできます（実際に手元に残る利益は1000円から当初支払ったプレミアムと売買手数料を差し引いた金額になります）。

このように、オプションの買い手はSQのときに権利を行使することになるのですが、トレーダーたちは「よし、権利を行使してやった」とか「ああ、権利行使されてしまった」とか、そんな偏屈な発想をしていないはずです。トレーダーたちの自然な感覚では、SQで行われることは「〝**権利行使〟ではなくただの〝清算〟**」です。トレーダーたちの会話には「SQ清算に持ち込む」とか「SQ清算は避ける」というフレーズは出てきますが、「権利行使する」という言葉はおそらく出てきません。

しかも基本的には、リスクが大きいので「SQ清算はしないように」しています。SQ清算をしないのなら、権利行使する場面も訪れないので、**「権利行使という行為を深掘りする必要はまったくない」**ということになります。

あくまでも私たちは「**コールやプットを市場で買ったり売ったりしているだけ**」なので、わざわざ簡単なものを難しく考えることはやめにしましょう。車のブレーキを踏むときに、わざわざ「信号が赤になったからこのブレーキペダルを踏んで、油圧でブレーキのローターを挟み込んで、車輪の回転を止めよう」などと考える人がいないのと同じことです。

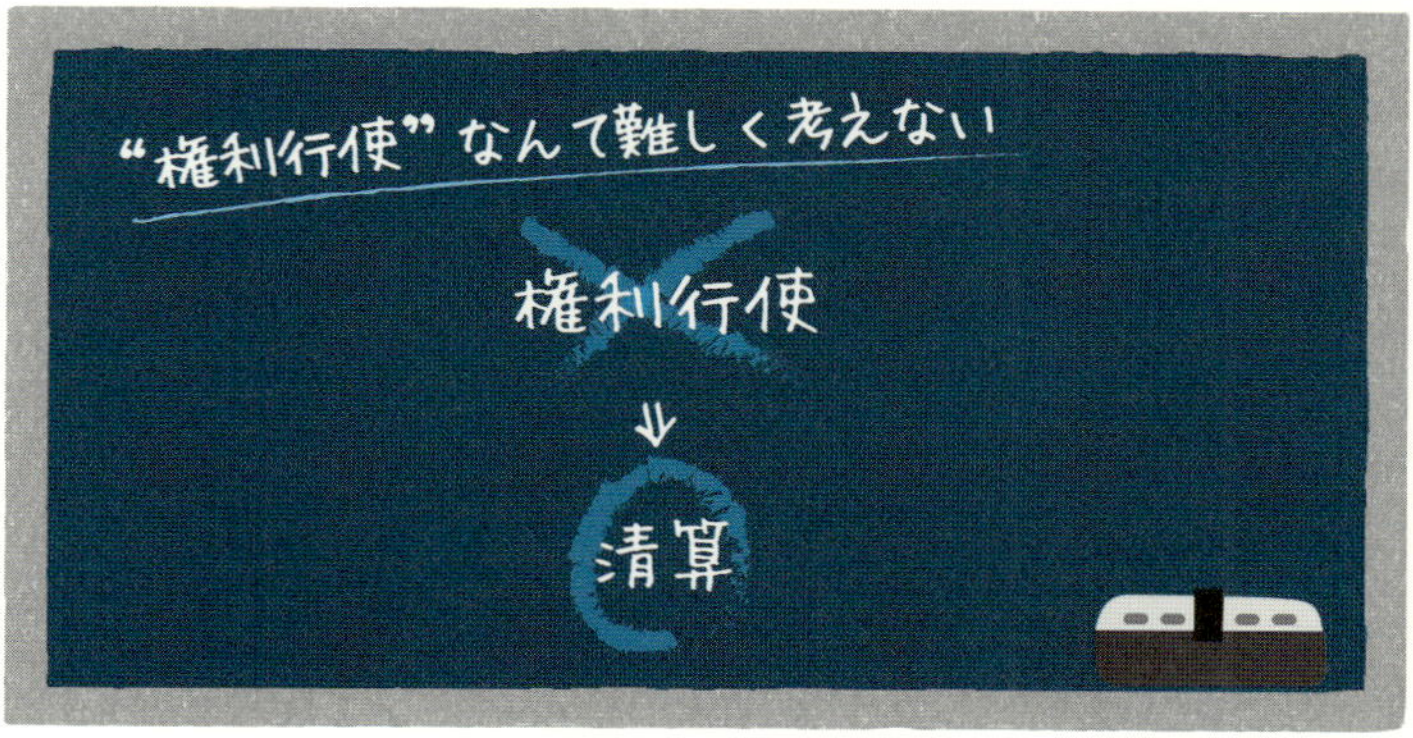

「権利行使」は大事ではないが、「権利行使価格」はすごく大事

権利行使という概念は必要ないけれど、「権利行使価格」は大事です。すなわち、「**大事なのは権利行使という行為ではなく、権利行使できる価格がいくらか**」なのです。もう少し正確にいうと、「**現在の日経平均株価とその銘柄の権利行使価格の距離（価格差）によってオプションのプレミアムが大きく変わってきます**」。

よって、オプションをトレードするときには、「**現在の日経平均株価と、トレードするオプションの権利行使価格がいくら離れているのか**」について、いつでも気にしていなければなりません。

0時限目02の「**株やFXと何が違うのか❶**オプションのプレミアムはどうやって決まる?」で、「❶**時間**」と「❷**恐怖心**」とが、オプションのプレミアムに影響するとお話ししました。その2つに加えて「**権利行使価格**」、正確にいうと「❸**日経平均株価と権利行使価格の価格差**」が、3つ目の要因なのです。学術的な入門書だと、その3つのほかに「金利」もあげられたりしていますが、現状は金利があまりに低すぎてほぼ影響がないので、ここでは無視します。

そのオプションの値段を決める3つの要因について、順にお話ししていきます。ここから先が、オプション取引を理解するうえでの核心部、すなわち最重要個所となるので、そのつもりでついてきてください。

次節では、まず「❸日経平均株価と権利行使価格の価格差」からお話ししていきます。

● 日経平均株価から権利行使価格までの距離とオプションのプレミアム

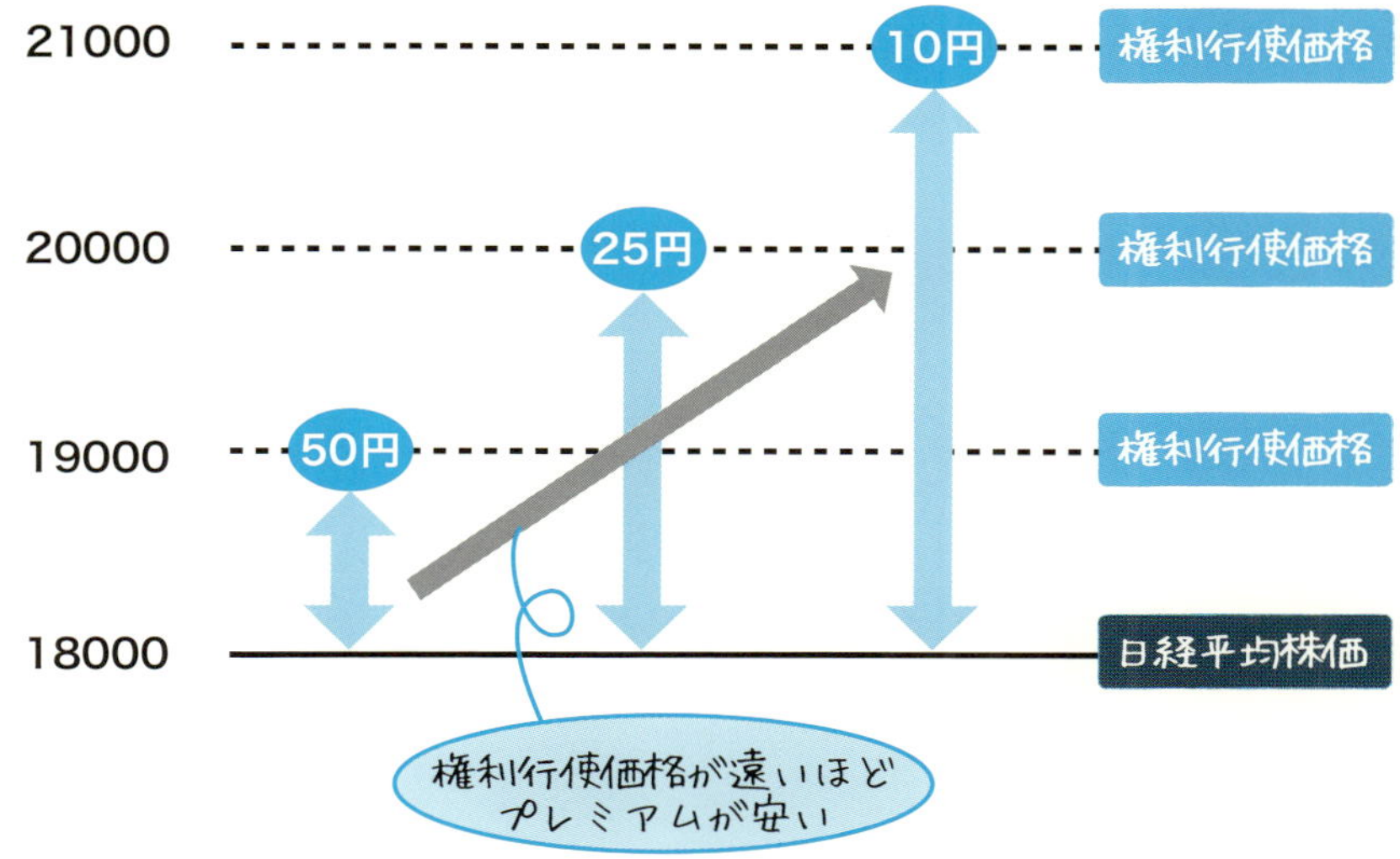

オプションのプレミアムを決める3要素

時間（26頁参照）
SQまでの残日数の多い少ないが値段に影響する

恐怖心（28頁参照）
ボラティリティの大きさが値段に影響する

権利行使価格
日経平均株価の時価から権利行使価格までの距離が値段に影響する
⇒権利行使価格までのマージンが1,000円
：50円（コールの値段）
⇒権利行使価格までのマージンが2,000円
：25円（コールの値段）
⇒権利行使価格までのマージンが3,000円
：10円（コールの値段）

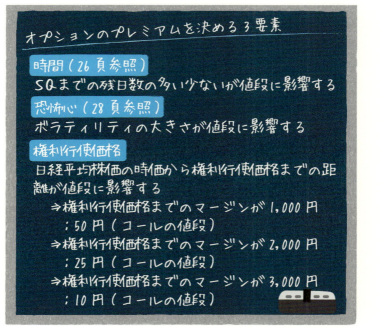

05 権利行使価格

値段を決める3要素①

1 「本質的価値」と「時間価値」

前節で、以下のような例を取りあげました。**6C19000**、すなわち6月限の権利行使価格1万9000円のコールを買い持ちしていて、6月のSQ値が2万円で清算となったら、1000円（オプションの取引金額は1000倍なので、実際には100万円）の受け取りとなります。

この「**コールオプションにおいては、権利行使価格（1万9000円）を上回った1000円分を本質的価値**」と呼びます。「**プットオプションはその逆で、権利行使価格を下回った部分が本質的価値**」です。

● 本質的価値とは？

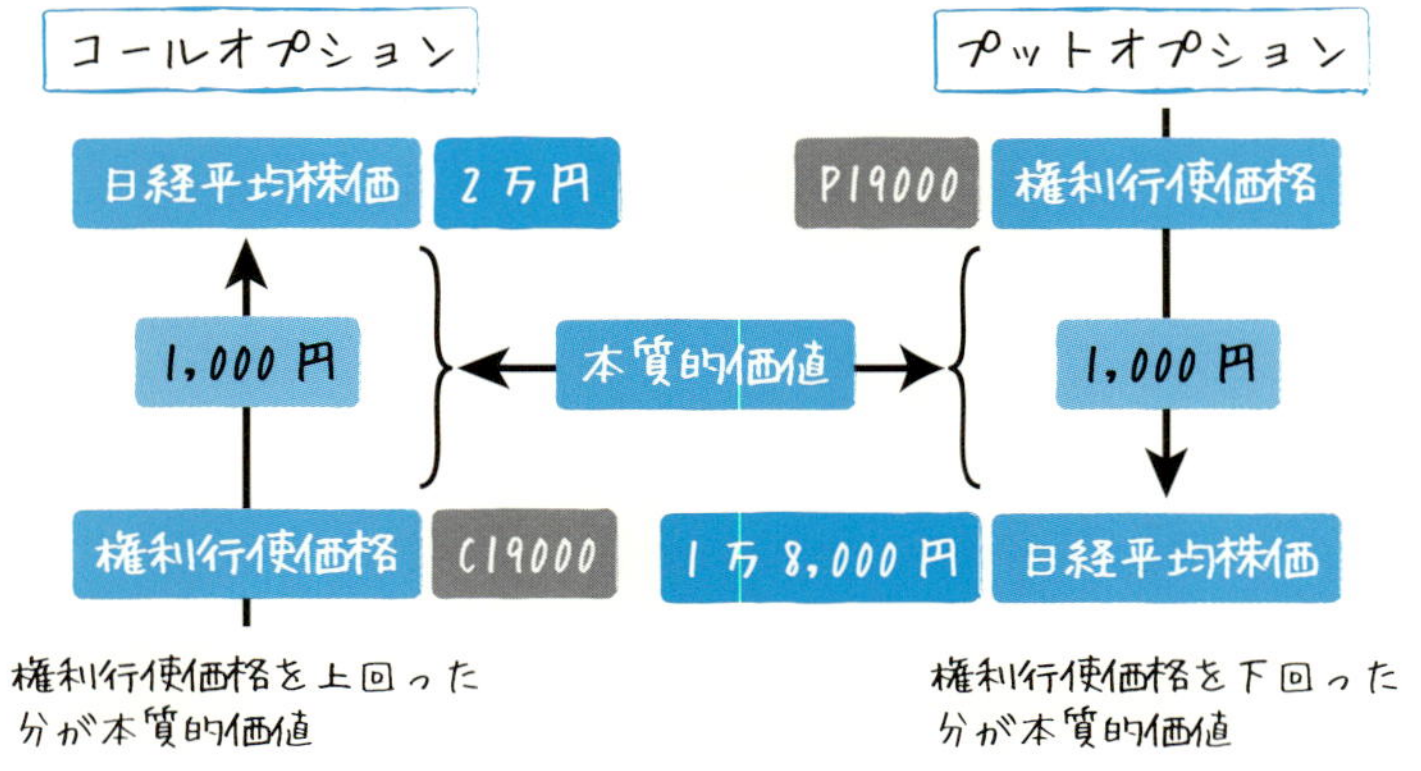

1000円分の価値があるわけですから、「価値」と呼ぶことに異論がある人はいないと思います。では、なぜあえて「本質的」と呼ぶことになっているのでしょうか？　それは、「**オプションの銘柄には〝本質的〟でない価値も存在するため**」です。

取引されるほとんどのオプションは本質的価値がゼロ!?

本質的価値という言葉からは非常にいい印象を受けると思います。本質的価値を持ったオプションと、持たないオプションでは、本質的価値を持つオプションのほうが人気がありそうな気がしませんか？　しかし、実際の市場で取引されているオプションのほとんどは、本質的価値をまったく持たないオプションなのです。

その理由は、プレミアムの安さにあります。本質的価値を持つようなオプションはとにかく値段がバカ高く、150円とか200円とか、1000円、2000円するものもあります。1000円のオプションを買おうとしたら、1枚買うだけで1000万円を用意しなくてはなりません。

一方「**本質的価値のないオプション**」なら、10円とか20円、高くてもせいぜい50円あたりで収まりますから、トレードがしやすいのです。値段が安ければ精神的にも楽ですし、枚数をたくさん保有できることでメリットが生まれることもあります。

よって実際のマーケットは、本質的価値を持たないオプションで溢れかえっているのです。オプション市場は「**本質的には無価値のオプションばかり**」ということ。

でもすべてのオプションには、ちゃんと値段がついていますよね？　その値段は、そのオプションが持つ「**時間価値**」に対してつけられているのです。

ここで2つの大事なポイントを整理しておきます。

- **オプションのプレミアム（価格＝価値）は、「本質的価値」と「時間価値」からできている**
- **実際に取引されているオプションの大半は「時間価値」のみのオプションである**

このように、「**オプションのマーケットというのは、本質的な価値とは無縁の、時間という概念が生み出す〝時間価値〟を売ったり買ったりする場所**」なのです。よって、時間価値を理解することが非常に大事なのです。

2 「時間価値」をきちんと理解する

お気づきの人もいるかもしれませんが、この本の中ではあまり

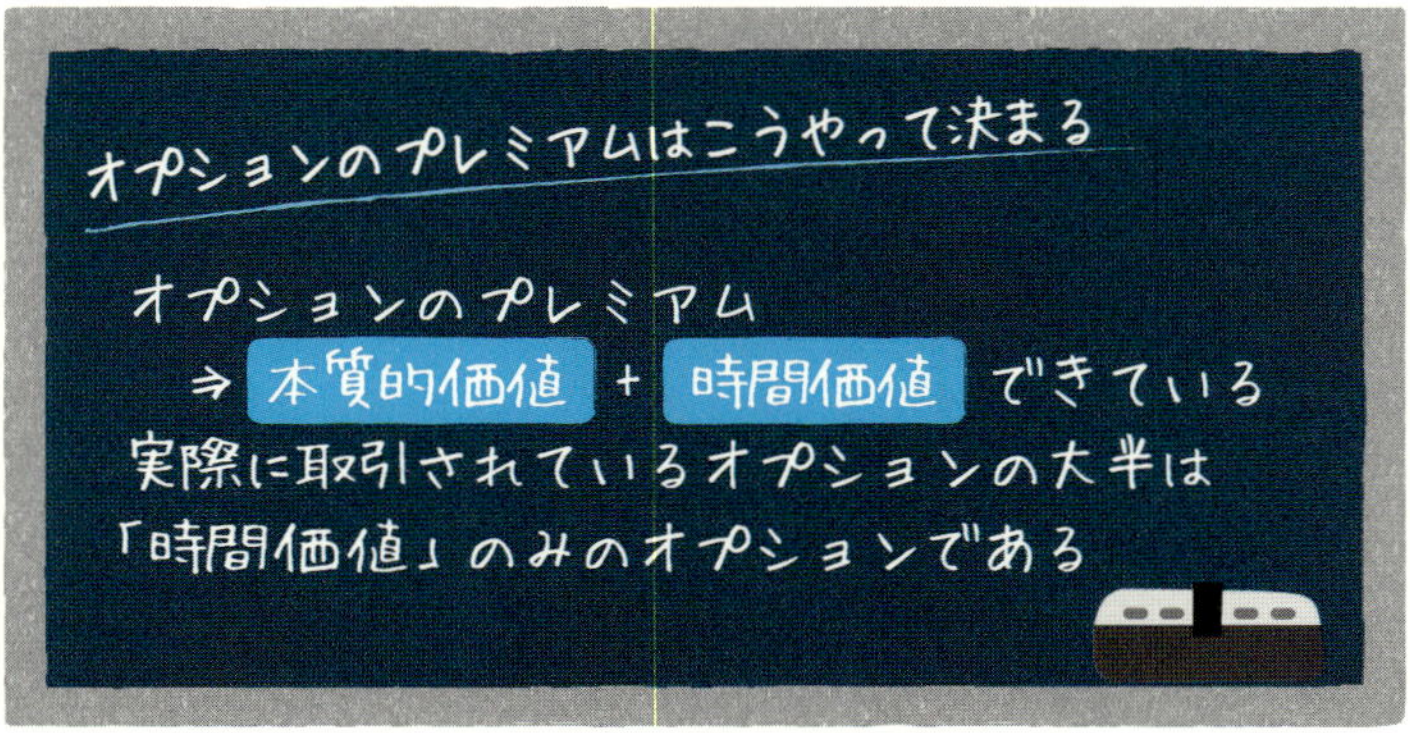

オプションのプレミアムはこうやって決まる
オプションのプレミアム
⇒ 本質的価値 ＋ 時間価値 できている
実際に取引されているオプションの大半は
「時間価値」のみのオプションである

プットオプションは登場しません。その理由は122頁でお話ししているのでここでは触れませんが、次の「時間価値」に関するお話しも、すべて**「コールオプション」**です。

時間価値をきちんと理解することは、私の最も重要視している戦略「コール売り戦略」をマスターするために必須なので、丁寧に読み進んでください。

ここに**4C17000**、**4C17500**、**4C18000**という3つのコールオプションがあります（下図参照）。現在の日経平均株価の水準は、1万8000円だとします。

これまでの本質的価値の説明から、**4C17000**と**4C17500**は、本質的価値を持っているということになります。**4C17000**の本質的価値は1000円、**4C17500**の本質的価値は500円……というところまでは理解できたと思います。

3つ目の**4C18000**については、本質的価値

● 日経平均と同じ価格（プレミアム）のオプションは時間価値だけで価格がつく

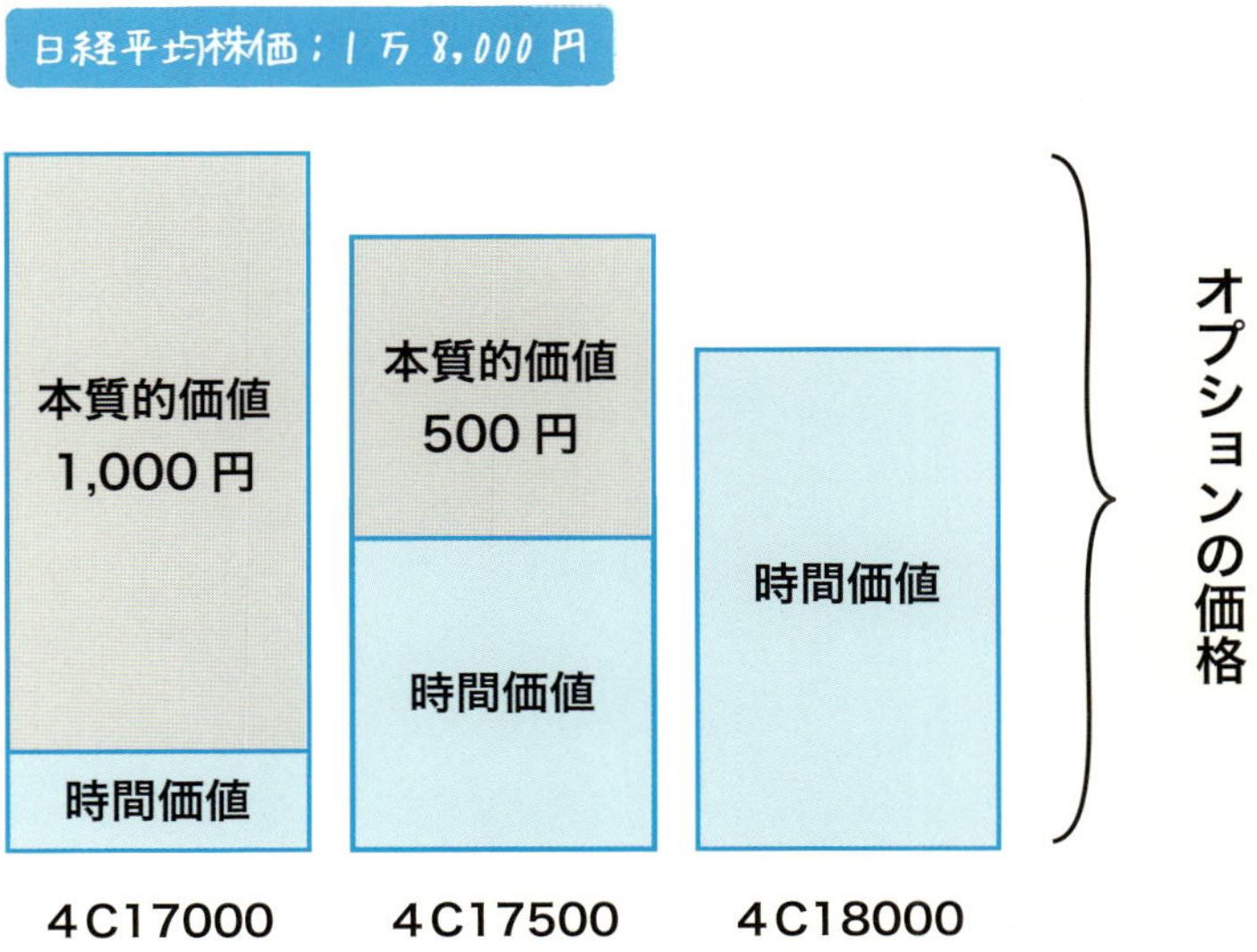

を持っていないことになっています。なぜかというと、権利行使価格（1万8000円）と現在の日経平均株価が同じ水準だからです。

先ほど「**権利行使価格を日経平均株価が超えた部分が本質的価値**」だとお話ししました。ここでは両者が同じ水準であって、日経平均株価が権利行使価格を超えていません。だから本質的価値はちょうどゼロ円。よって**4C18000**は、すべて時間価値だけで値段がつけられているわけです。

3 ITM・ATM・OTMをマスターする

ここで、大事な専門用語を3つマスターしてください。

ITM (In The Money)　：4C17000、4C17500
ATM (At The Money)　：4C18000
OTM (Out of The Money)
　：4C19000、4C20000

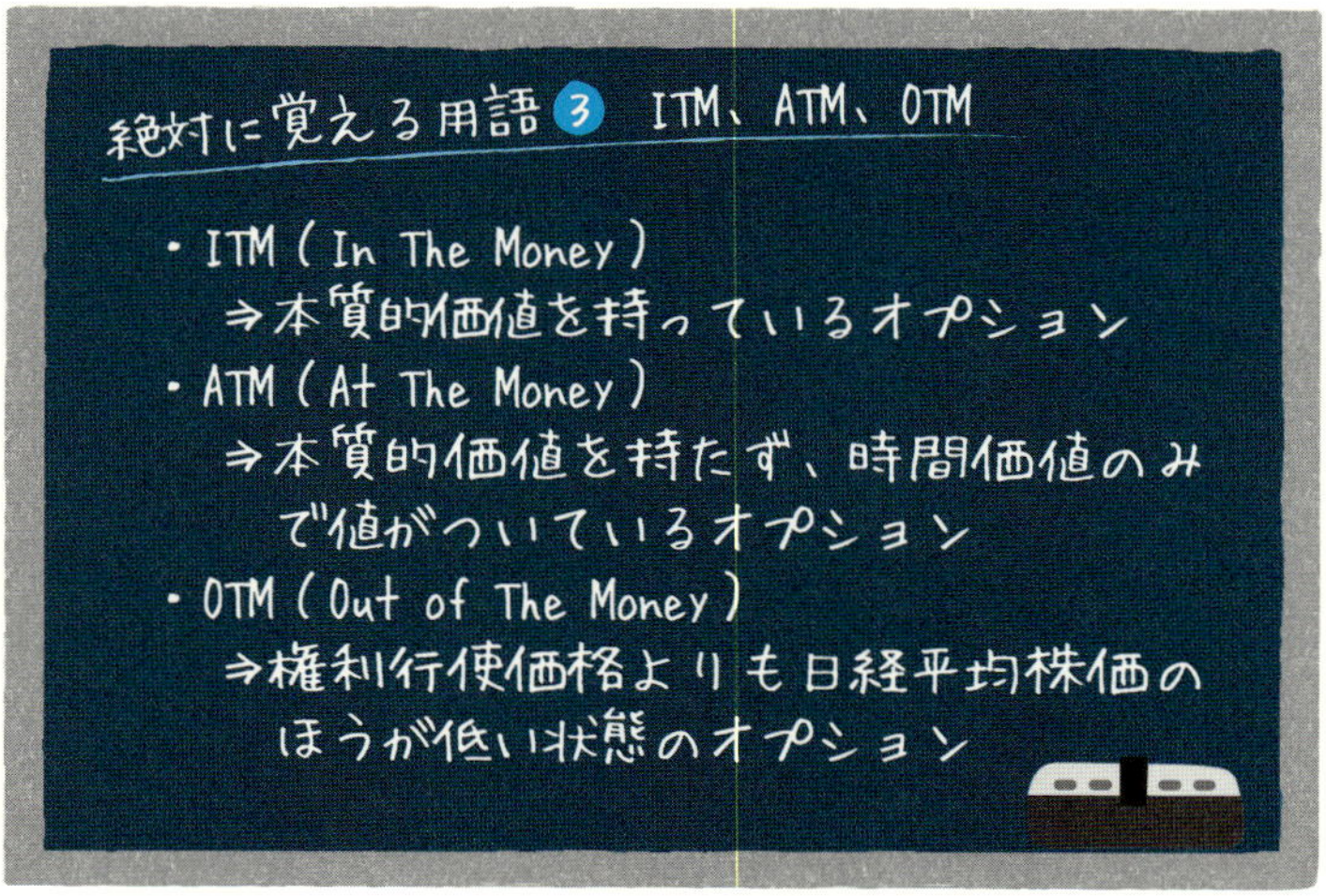
絶対に覚える用語③ ITM、ATM、OTM
・ITM（In The Money）
⇒本質的価値を持っているオプション
・ATM（At The Money）
⇒本質的価値を持たず、時間価値のみで値がついているオプション
・OTM（Out of The Money）
⇒権利行使価格よりも日経平均株価のほうが低い状態のオプション

ここでは言葉を覚えてもらうだけで結構ですが、これらの専門用語は、トレード技術のレクチャーを受ける場面や、トレーダー間でコミュニケーションを取る場合にも必要となるので、きちんと覚えてください。

4C17000や**4C17500**のように、「**本質的価値を持っているオプションをITMのオプション**」と呼びます。「**ITMはイン・ザ・マネー**」の略です。覚え方としては、日経平均株価が権利行使価格を超えて、本質的価値すなわち利益ゾーンに入っている、そんなイメージで使います。トレーダー同士の会話の中でも、この状態を「インしている」や「インした」という風に表現します。

4C18000のコールオプションは権利行使価格と日経平均株価の水準が同じです。この状態のオプションを、ATMと呼びます。「**ATMはアット・ザ・マネー**」の略です。本質的価値を

● ITM、ATM、OTMの本質的価値と時間価値

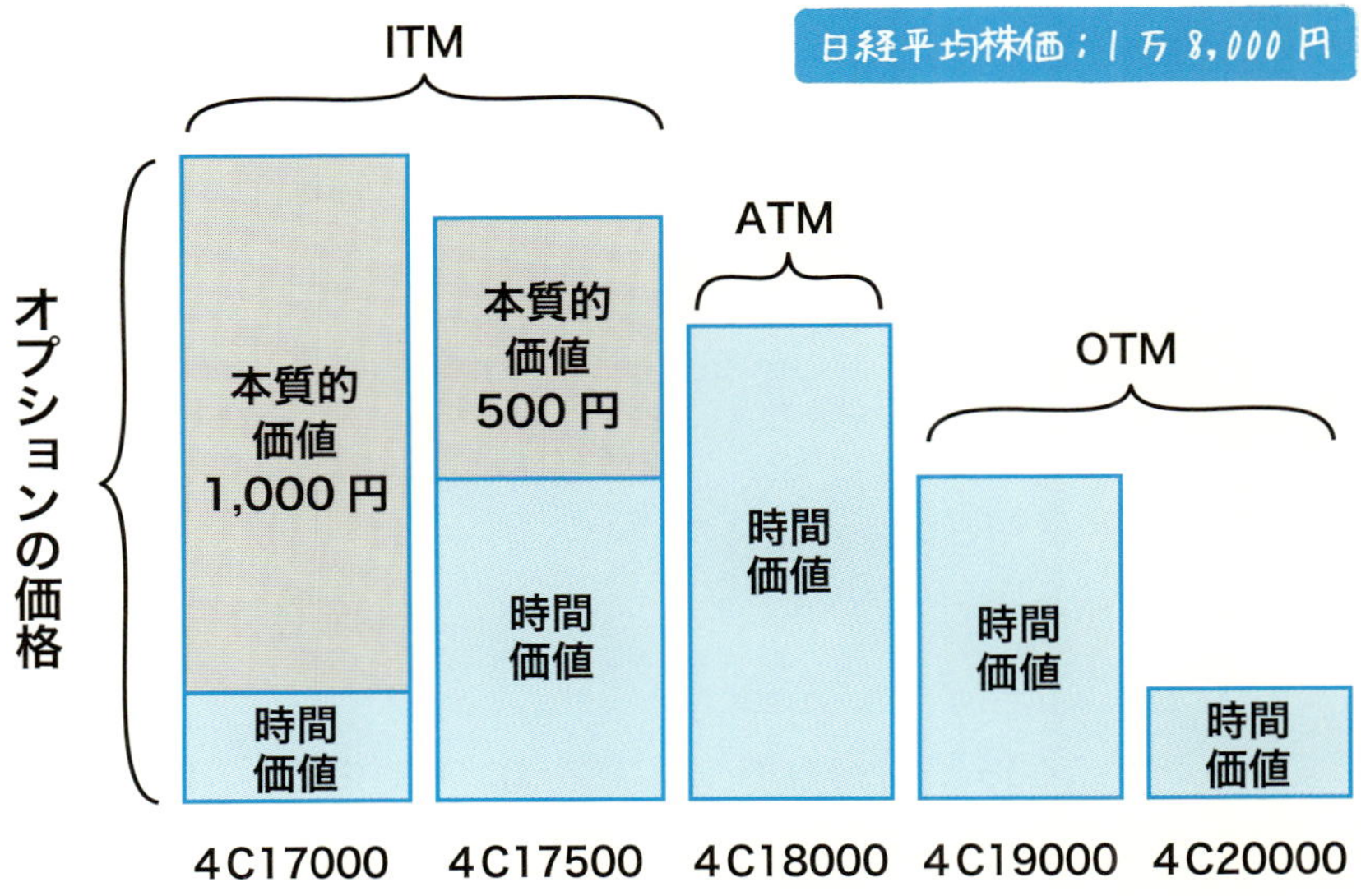

持たず、時間価値のみで値がついているオプションがこれにあたります。

「**OTMはアウト・オブ・ザ・マネー**」の略ですが、これは権利行使価格よりも日経平均株価のほうが低い状態のものを指します。日経平均株価が本質的価値に届いていない状態ということです。

たとえば**4C19000**、**4C20000**のように、日経平均株価が権利行使価格にまったく届いていないこれらも、時間価値のみで値がついているコールオプションになります。

すべてのオプションは時間価値を持つ

では、実際にITM、ATM、OTMのコールオプションにどんなプ

● 時間価値とは？

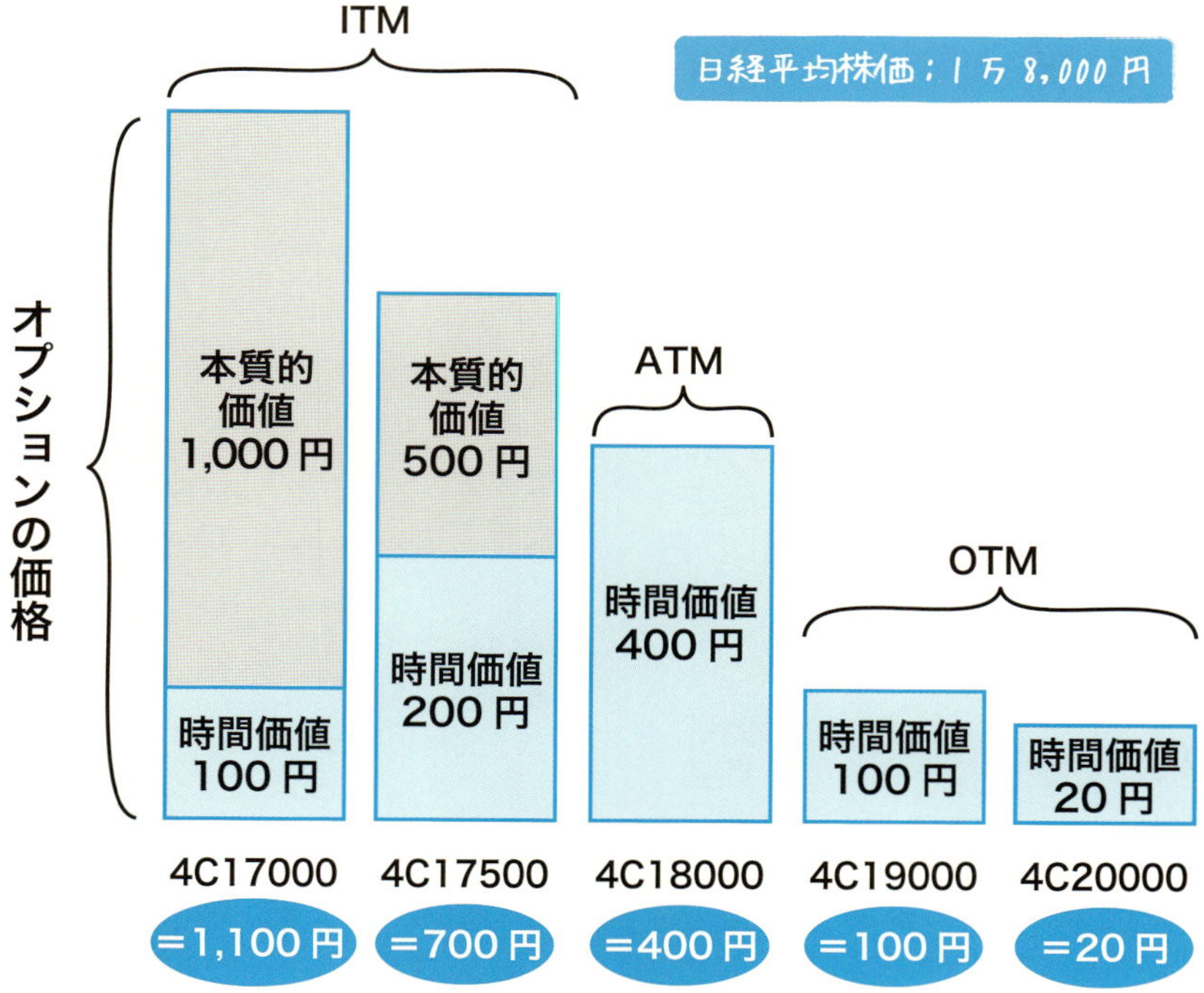

レミアムがついているのか見てみましょう。

ITMの**4C17000**には、なんと1100円というプレミアムがついています。1100円ということは、これを1枚買うために110万円の軍資金が必要になるということです。高いオプションですね。前項で、「ITMのオプションをトレードすることは少ない」と伝えましたが、やはりこのプレミアムの高さが、トレードできないひとつの原因となっています。

この**4C17000**の本質的価値は1000円です。よって、1100円のプレミアムから1000円を引いた残りの100円が、この**4C17000**が持つ時間価値ということになります。

同じ考え方で、例示されたコールオプションのプレミアムを分解してみましょう。

4C17000（ITM）本質的価値1000円＋時間価値100円
4C17500（ITM）本質的価値500円＋時間価値200円
4C18000（ATM）本質的価値0円＋時間価値400円
4C19000（OTM）本質的価値0円＋時間価値100円
4C20000（OTM）本質的価値0円＋時間価値20円

この資料を眺めていると、「**すべてのオプションが時間価値を持っている**」という事実に気づくはずです。本質的価値を持たないオプションは多いですが、「**時間価値を持たないオプションはひとつもあり**

ません」。

「すべてのオプションが時間価値を持っている」ということがわかったところで、次に、この「時間価値」という価値が、どんな意味を持っているのか掘り下げていきましょう。

4 「時間価値」の正体とは？

同じ事例を使って、「時間価値」というものの正体を探っていきましょう。本質的な価値を伴わないただの「時間価値」に対して、どうしてトレーダーたちはプレミアムを支払うのでしょうか？

ATMの**4C18000**のプレミアムは400円です。一方、現在の日経平均株価（1万8000円）から、権利行使価格が2000円も離れている**4C20000**のプレミアムは20円です。

4C20000がSQの日に「本質的価値」を享受するためには、日経平均株価が2000円以上も上昇しなければなりませんが、その可能性は低いといわざるを得ません。短期間で日経平均株価が2000円上昇するなどということは、そうそう起こるこ

● 大暴騰が起こって20円が400円に化けるミラクル

日経平均株価：1万8,000円

	4C20000	20円
	4C19000	100円
ATM	4C18000	400円

日経平均株価が2,000円暴騰したことによって、ATMの水準が1万8,000円から2万円に移動

日経平均株価：2万円

ATM	4C20000	20円	⇒ 400円
	4C19000	100円	
	4C18000	400円	

プレミアムが20円から400円に急騰する

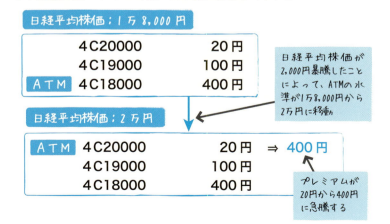

とではないからです。だから**4C20000**のプレミアムは20円と、非常に安いのです。しかし、そうはいっても値段がついているということは、そこに価値があると考えるトレーダー（買い手）が存在するということです。ではそんな**4C20000**を買ったトレーダーは、どんなことに期待を込めて20円という値段をつけたのでしょうか？

まったくもって仮の話ではありますが、日経平均株価が一気に2000円も大暴騰したとしましょう。ということは、ATMが1万8000円から2万円の水準に移動するということです。「**ATMというのは、本質的価値を持たず時間価値だけで値がついている**」わけですが、今現在のATMには400円という高値がついています。今現在のATMは400円なんです。

ATMが2万円にまで急騰したということは、**4C20000**のプレミアムが400円になってしまうということなのです（ボラティリティなどの作用は無視しています）。この大暴騰事件が起こる前に、**4C20000**を20円で買ったトレーダーは、プレミアムが400円となり、なんと20倍に化けたのを見て小躍りするに違いありません。

要するに、このようなミラクルに期待する人が、ATMから遠く離れた「**ファー**」なオプションを買おうとするわけです（逆にAT

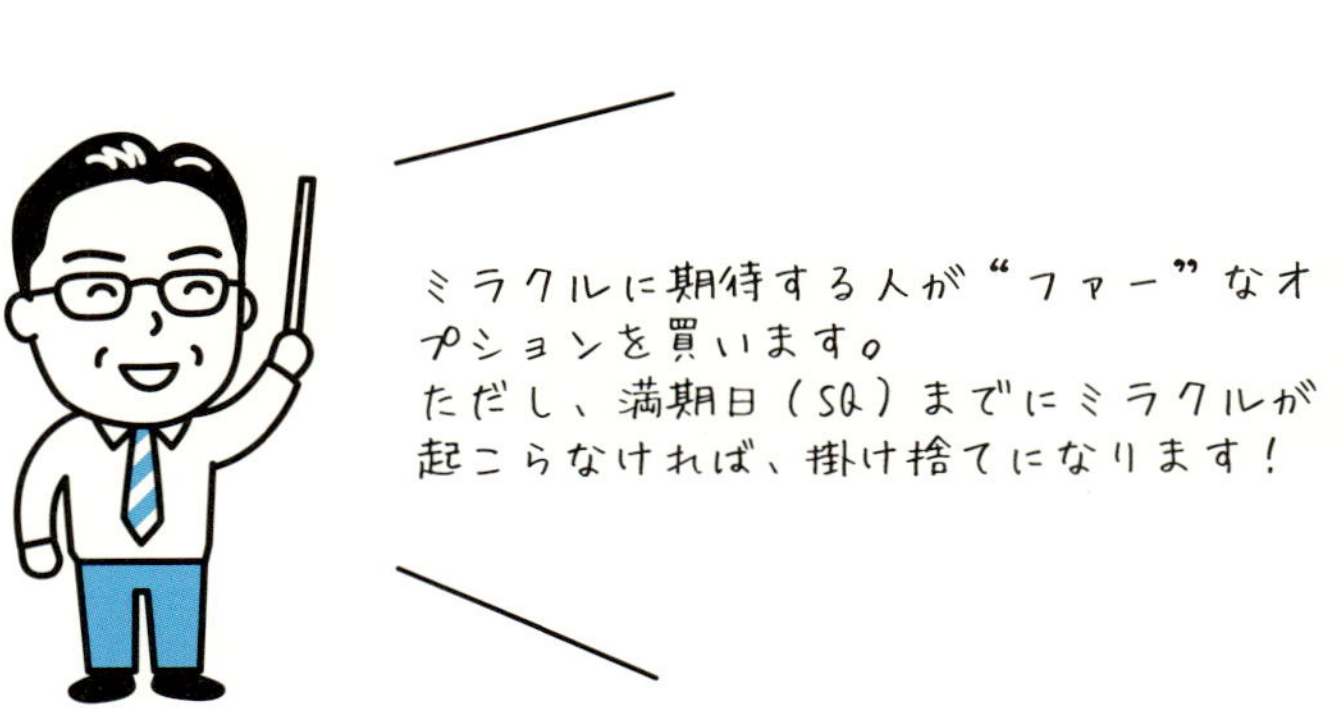
ミラクルに期待する人が"ファー"なオプションを買います。
ただし、満期日（SQ）までにミラクルが起こらなければ、掛け捨てになります！

Mに近いオプションを「**ニア**」と呼びます）。「**このささやかな期待感が〝時間価値〟のもと**」となります。

しかし、オプションには必ず満期日（SQ）があります。このミラクルは、SQまでの間に起こらないといけません。ミラクルが起こらないままSQとなると、投入した20円（実際には1000倍で2万円）が掛け捨てになってしまいます。

ですから、「**SQまでの日数（残日数）がたくさん残っていれば残っているほど、そのオプションの時間価値（暴騰に対する期待）は高く、プレミアムも高くなります**」。「**そして残日数が少なくなるにしたがって期待が薄くなるので、プレミアムも安くなる**」しくみになっているのです。

権利行使価格までの距離と時間価値

先ほど、SQまでの残日数が多ければプレミアムが高く、残日数が少なければプレミアムが安いとお話ししました。しかし、この3つのコールオプション（**4C18000**、**4C19000**、**4C20000**）のSQまでの残日数は共通です。それなのに、プレミアムには大変大きな差（400円・100円・20円）が出ています。

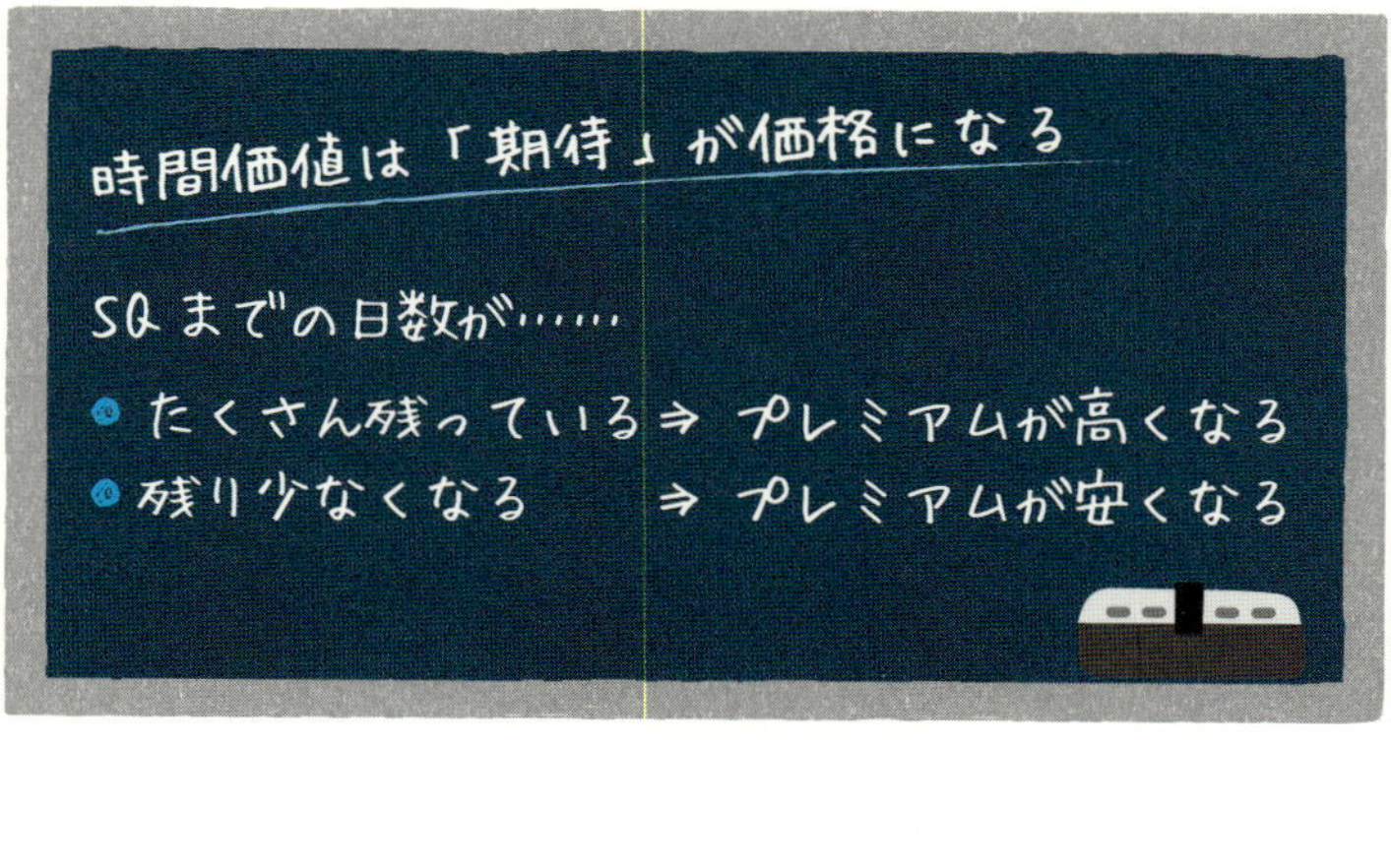
時間価値は「期待」が価格になる
SQまでの日数が……
たくさん残っている ⇒ プレミアムが高くなる
残り少なくなる ⇒ プレミアムが安くなる

時間価値とは、日経平均株価が権利行使価格に急接近することへの「期待」のことでした。そう考えると「権利行使価格が遠いコール」より「権利行使価格が近いコール」のほうが「期待」が大きいのは当然です。この「日経平均株価から権利行使価格までの距離」は、オプションの値段にとても大きく影響するので、しっかり理解しておいてください。

4C18000には400円という高い値段（時間価値）がついていますが、それは**「日経平均株価が（急接近どころか）すでに権利行使価格に到達してしまっているから」**です。「OTM」が「ATM」になったということですね。そして日経平均株価がここから少しでも上昇すれば「ITM」となり、本質的価値も生まれてくるのです。ついに「インした」ということになります。

本質的価値を持った（インをした）オプションは、日経平均株価のさらなる上昇に対し、プレミアムの上がり方に加速度がついていきます。400円という高い値段がついているのは、加速度的に利益が膨らむことへの「期待」ということです。**4C19000**、**4C20000**と権利行使価格が遠く離れていくにしたがって、SQまでに「イン」をする可能性は著しく下がっていきます。よって、400円から100円、20円と大きくプレミアム（時間価値）を下げていくわけです。

1時限目では、オプションのプレミアムを決める3つの要素についてお話ししています。そのうちのひとつ、「日経平均株価と権利行使価格までの距離」については、理解できたと思います。また、2つ目の要素「時間」についても軽く触れてはきましたが、まだまだ説明が足りません。

「時間」はオプショントレードにとって極めて大事な概念なので、次節からしっかりと掘り下げていきましょう。

06 時間

値段を決める3要素 ②

1 時間価値は時間経過とともに減価する

時間価値というものが、ＳＱまでの残日数が減少するにしたがってその価値を下げていく理由については、74頁からの「時間価値の正体とは？」のところでお話ししました。要するにオプションというものは「**時間が経てば、時間価値が減少するためにプレミアムが下がりやすい**」といえます。この「時間」によるプレミアムの低下は、３つの要素のうちのひとつの作用です。よって、ほかの2つ（〝権利行使価格〟と〝恐怖心〟）の影響が「時間」の影響を凌駕するほど大きくないかぎりは、オプションの値段は、素直に下げていってゼロ円に向かいます。

それでは、実際のオプションの実際のデータを使って、プレミアムが次第に減価していくさまを確認してみましょう。左頁下のチャートは２０１４年の銘柄を無作為に取りあげた、コールやプットの値動きのチャートです。ＳＱ前の１カ月前からＳＱ当日までの、それぞれの銘柄の値動きを表していますが、いずれにしても「**各銘柄のプレミアムは、時間の経過とともに下げていき、SQ日にはゼロ円で清算されています**」。

前の説明で、われわれがトレードをするオプションの大半は「**時間価値のみでできているオプション**」であり、また時間価値というものは「**SQには必ずゼロ円**」になるわけですから、この資料はそれを裏づけるものといってもいいでしょう。ここではたった4銘柄だけしか取りあげていませんが、それを100銘柄に増やしてみたところで、結果が大きく違ってくることはありません。

お話ししたように「**オプションのプレミアムは❶権利行使価格、❷時間、❸恐怖心によって、変化する**」のです。ここでは「時間」の作用が1番色濃く影響したということになりますが、それはとりもなおさず、ほかの2項目に大きな変動がなかった時間帯だったということになります。

それでは、その時間帯の日経平均株価の動きを

● **時間がオプションをゼロ円に向かわせる例**

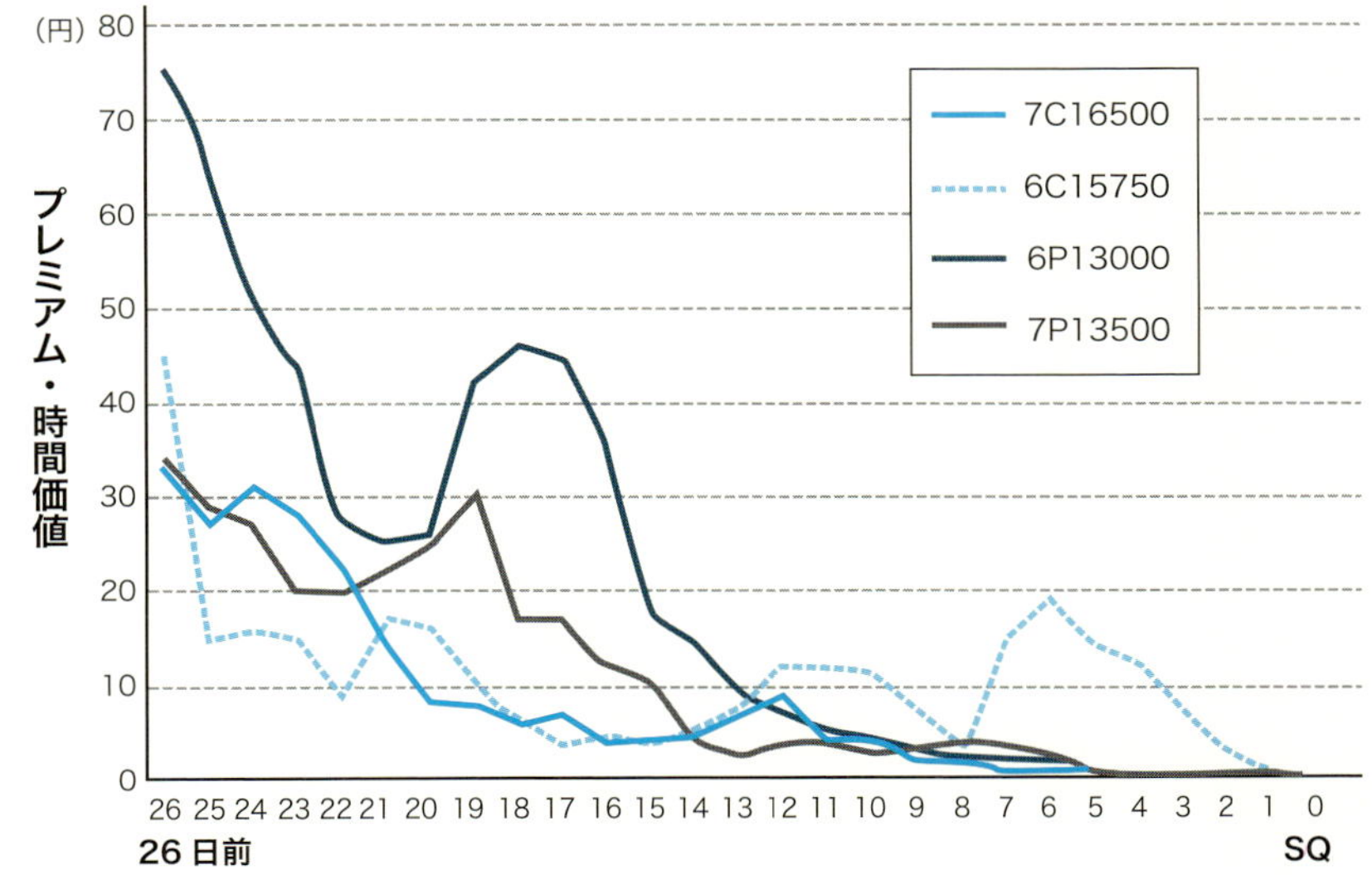

確認してみましょう。この事例では、2014年の6月限と7月限のコールとプットを取りあげています。これらの銘柄を取引するのは、だいたい2014年5~6月あたりになります。下図はその時間帯を示した日経平均株価のチャートです。

ご覧のように、このころは比較的乱高下の少ないもみあい相場で、日経平均株価は1万4000~5000円近辺のレンジに収まっていました。よって、「❶権利行使価格」（日経平均株価と権利行使価格のマージン）に大きな変化がなく、平穏無事な相場だったわけです。

ここで重要なお話しをしておきます。繰り返しになりますが、オプションのプレミアムを決めるのは「**❶権利行使価格、❷時間、❸恐怖心**」の3要素です。

2014年5~6月は平穏無事な相場だったために「日経平均株価と権利行使価格のマージン」に大きな変化がなく、3要素のうち、❶の権利行使価格からの影響が無視できるほど小さかったということになります。では❷の時間以外の、もうひとつの要素である❸の恐怖心は

● 時間価値が活躍しやすいのは平穏な相場

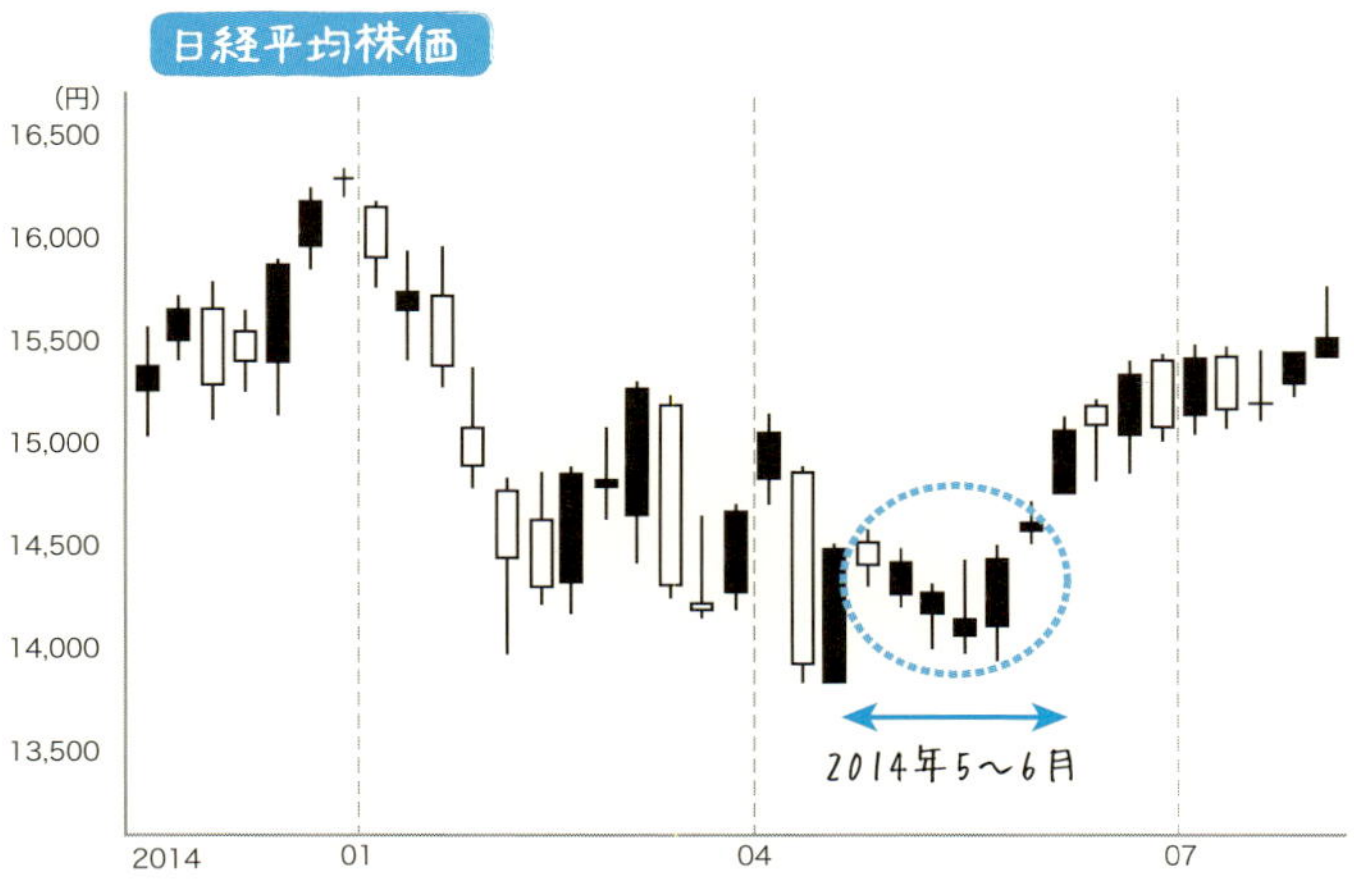

どうだったでしょうか？　恐怖心というのは、トレーダーが慌てることで沸き起こります。トレーダーがどんなときに慌てるのか考えてみましょう。答えは、もちろん「日経平均株価が大きくぶっ飛んだとき」ですね。この期間の日経平均株価は、平穏な展開でしたから、❸の恐怖心も無視できるレベルだったのです。3要素のうちのふたつが無視できるほど弱かったということです。しかし❷の時間だけは、相場の動向に関係なく、常に一定のリズムで働きかけてきます。要するに、この期間は❷の時間の要素だけが元気に活動したということです。

よって、前々頁下図に例示した4つの銘柄のすべてが時間の働きで値を下げ、最後（SQ）にはすべてゼロ円で清算されました。

時には「時間」以外の要素が目を覚ます

それでは、逆に平穏無事でないときにはどんなことが起きるのか、確認してみましょう。次頁のチャートには5つの銘柄が表示されています。これは、79頁の4銘柄に、別の時間帯（さらに数カ月前）のプットオプション**2P13000**を加えたものです。

ご覧のとおり、この**2P13000**は、SQの直前に60円まで値を上げています。結局SQ日にはゼロ円で清算されているのですが、明らかにほかの4銘柄とは別の動きをしたといえるでしょう。要するに「❷時間」だけではなく、「❶権利行使価格」や「❸恐怖心」の要素が作用したことになりそうです。では、その❶と❸は、どんなときにオプションのプレミアムに働きかけてくるのでしょうか？　まず「❶権利行使価格」についてですが、これは前の説明の復習になります。日経平均株価と権利行使価格のマージン（距離）が、オプションのプレミアムに大きな影響を与えることは76頁でお話ししました。日経平均株価が権利行使価格に接近し、本質的価値が生まれる可能性が高まると、急騰することへの期待からプレミアムが上昇するのです。前頁の**2P13000**も、どうやら同じ理由でプレミアムを急騰させたようです。

では、実際に**2P13000**がトレードされていた時間帯の日経平均株価のチャートを確認してみましょう（次頁下図）。２月限がトレードされるのは主に1月です。案の定です。

この２０１４年の１月の相場は急落ではじまっていました。日経平均株価は1万６３２０円から5日間で1万４０００円あたりまで、一気に２３００円も急落をしていたのです。

それによって、**2P13000**のプレミアムは10円以下のひとケタから60円まで跳ね上がったので

● 時間要素がほかの要素に飲まれる例 ❶

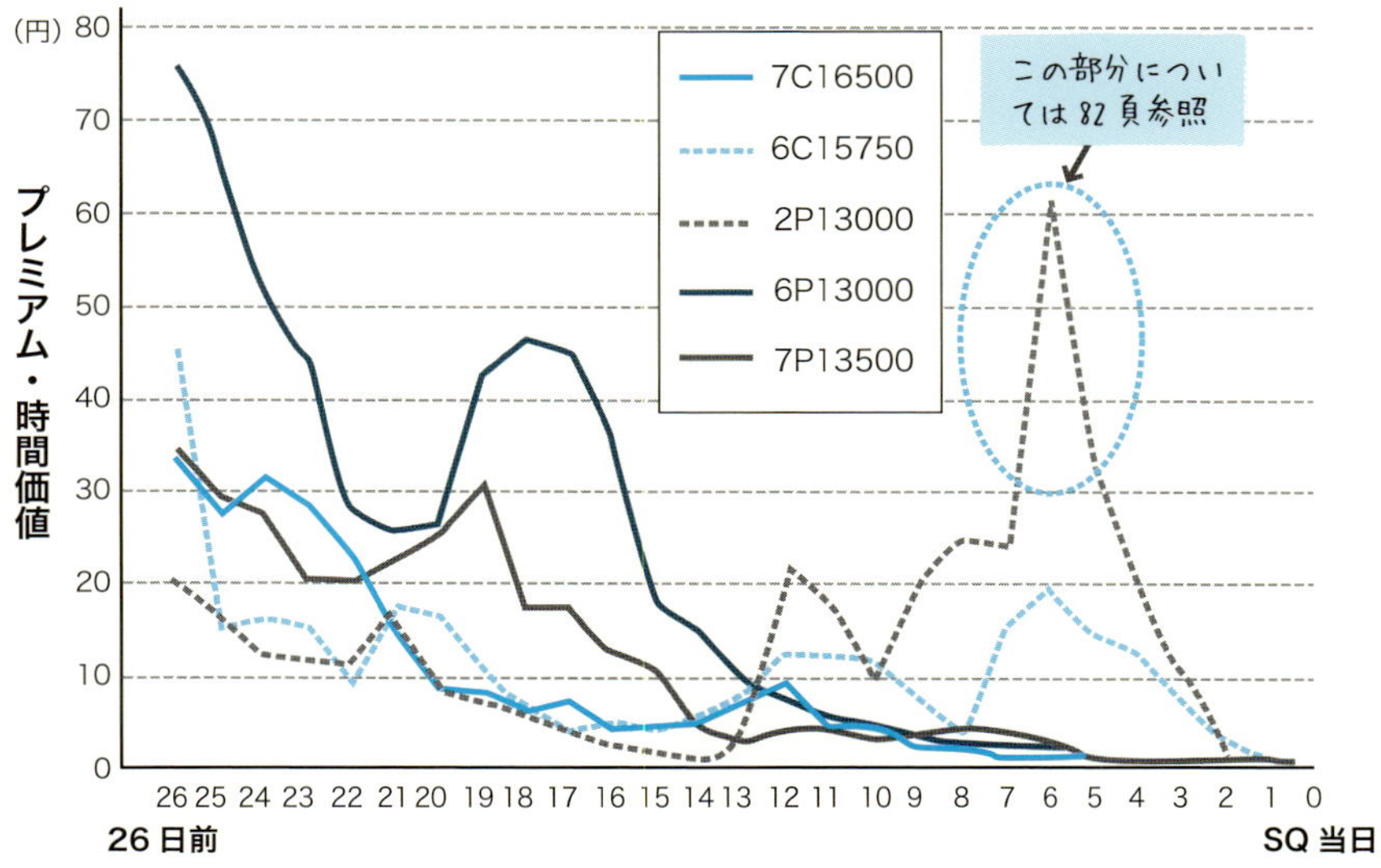

すが、それは、日経平均株価と権利行使価格のマージン（距離）が、３３２０円（1万6320円と1万３０００円の差）から一気に１０００円まで縮小したためです。それによって「本質的価値を持つことでプレミアムがさらに急騰することへの期待」、すなわち「時間価値」が高くなったことがプレミアムを押しあげたわけです。

「❶権利行使価格」のプレミアムへの影響については、これで理解できましたか？　では、もうひとつの要素「❸恐怖心」についてはどう考えるべきでしょうか？

「トレーダーが恐怖心を膨らませる場面」は、平穏な相場のときではなく、日経平均株価が大変動をしたときです。81頁下のチャートの**2P13000**が高騰したのは、日経平均株価が２３００円も急落したためでした。ならば、プレミアムが急騰したことには「❶権利行使価格」だけではなく、「❸恐怖心」も強く作用していたのではないでしょうか？　次の項ではそのあたりを探っていきたいと思います。

● 時間要素がほかの要素に飲まれる例 ❷

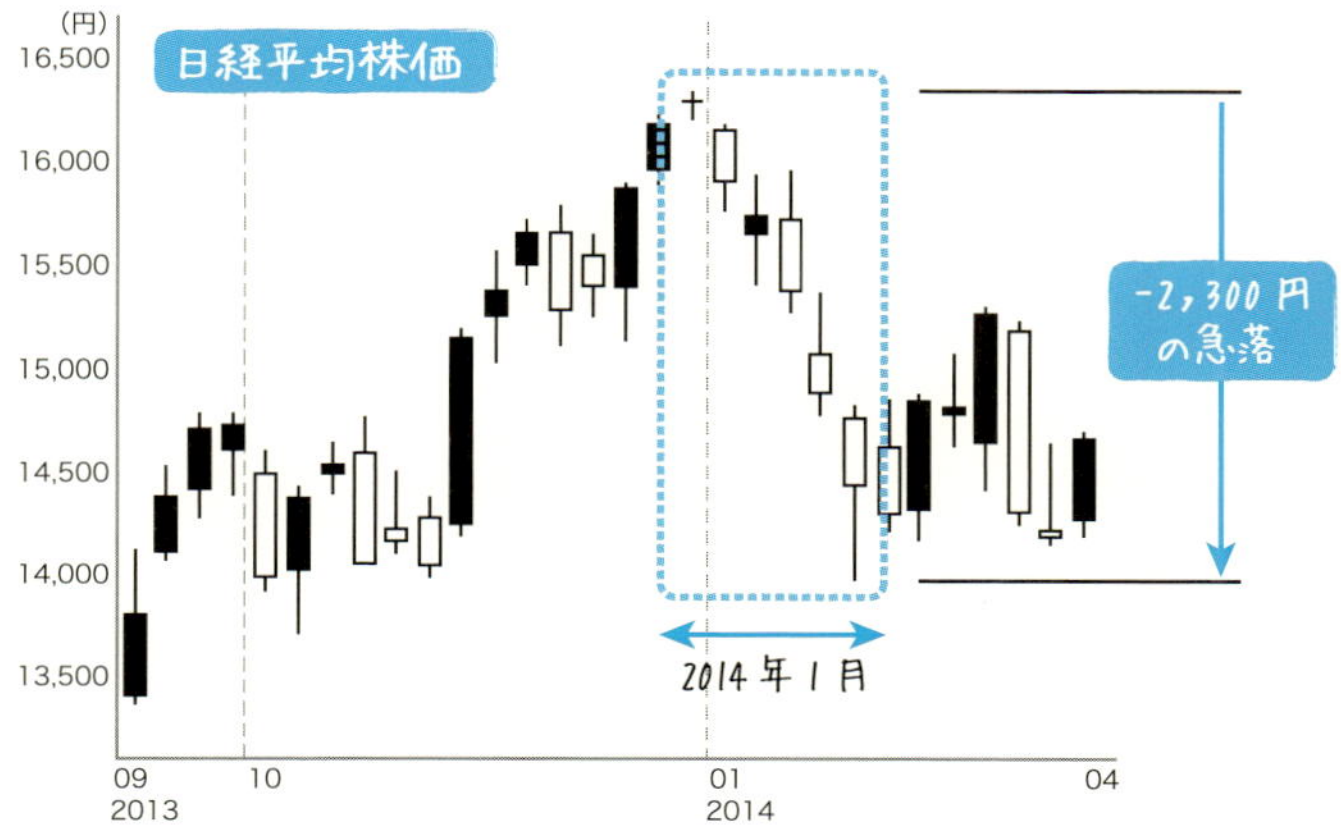

07 恐怖心

値段を決める3要素 ③

1 IV（インプライド・ボラティリティ）とHV（ヒストリカル・ボラティリティ）

オプション取引をはじめるにあたって、理解しないままトレードをはじめてしまうと大ヤケドをしてしまう、非常に危険な概念があります。それが、これからお話しをする「**ボラティリティ（変動率）**」（28頁参照）です。

たとえば、株トレードでは日経平均株価のボラティリティ（変動率）を観察している人もいるかと思いますが、これはあくまでも参考程度にという感覚だと思います。しかし「**オプションの場合は、ボラティリティがオプションのプレミアムに直結している**」ので尋常ではありません。

直結しているといわれてもわかりにくいかもしれませんが、ここでは「**オプションの世界では、ボラティリティが大きな働きを持っている**」もしくは「**無視してはいけない相手**」という認識を持ってもらえれば結構です。またオプションの世界では、株やFXの世界とは別の特殊なボラティリティ指標が使われます。それがIV、すなわち「**インプライド・ボラティリティ**」です。

そもそも、「**ボラティリティとは"変動率"のこと**」です。私たちは「日経平均株価の変動率」には馴染みがあるわけですが、IVというのは、正確には日経平均株価の変動率を表したものではありません。「**日経平均株価の変動率を、そのまま指標として表したものは、HV(ヒストリカル・ボラティリティ)**」といいます。

具体的には、日経平均株価の過去20日間の値動きの標準偏差を算出し、それを年率に直したもの、これがHVです。

現在の日経平均株価が1万円、HVが20%と仮定しましょう。するとこういうことがいえます。

1年後の日経平均株価は、68・26%の確率で、1万円の±20%、つまり8000円から1万2000円の間に収まっている

HVというのは、主にこういう使い方をするわけです。HVは過去の日経平均株価の動きを数値化したものですが、それによっ

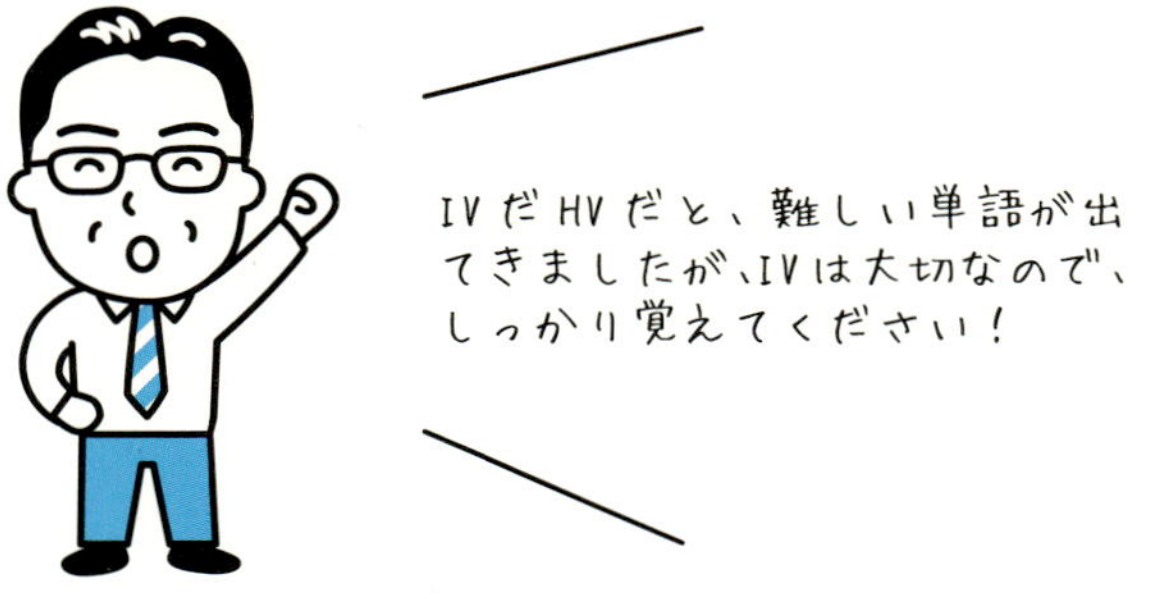
IVだHVだと、難しい単語が出てきましたが、IVは大切なので、しっかり覚えてください!

て、**「この先の値動きの範囲を大雑把に把握することができる」**というわけですね。また、相場観の話をしているときによく「**ボラが高い**」とか「**ボラタイル**」などという言葉を使いますが、この「ボラ」はすべて、このＨＶのことです。

では、ＩＶとは何だ？　という話になると思いますが、オプション取引の世界でボラティリティというと、ほとんどＩＶを指すので、先ほどのＨＶのことはここで半分忘れてもらってもいいくらいになります。

ＩＶは、**「日経平均株価の変動率ではなく、実際のオプションのプレミアムの値動きから算出する」**のです。そのためにＩＶという指標には、特別な意味（特徴）がもたらされます。

では、その特徴について掘り下げていきましょう。

ＩＶにはトレーダーの心理状態が反映されている

たとえば日経２２５のコールオプションを大量に買っているトレーダーは、日経平均株価が暴落するとたいてい慌てます。慌ててその「損失が急激に膨らんでいく現実」に対抗しようとします。日経２２５先物を売って損失をカバーしようとしたり、買ってい

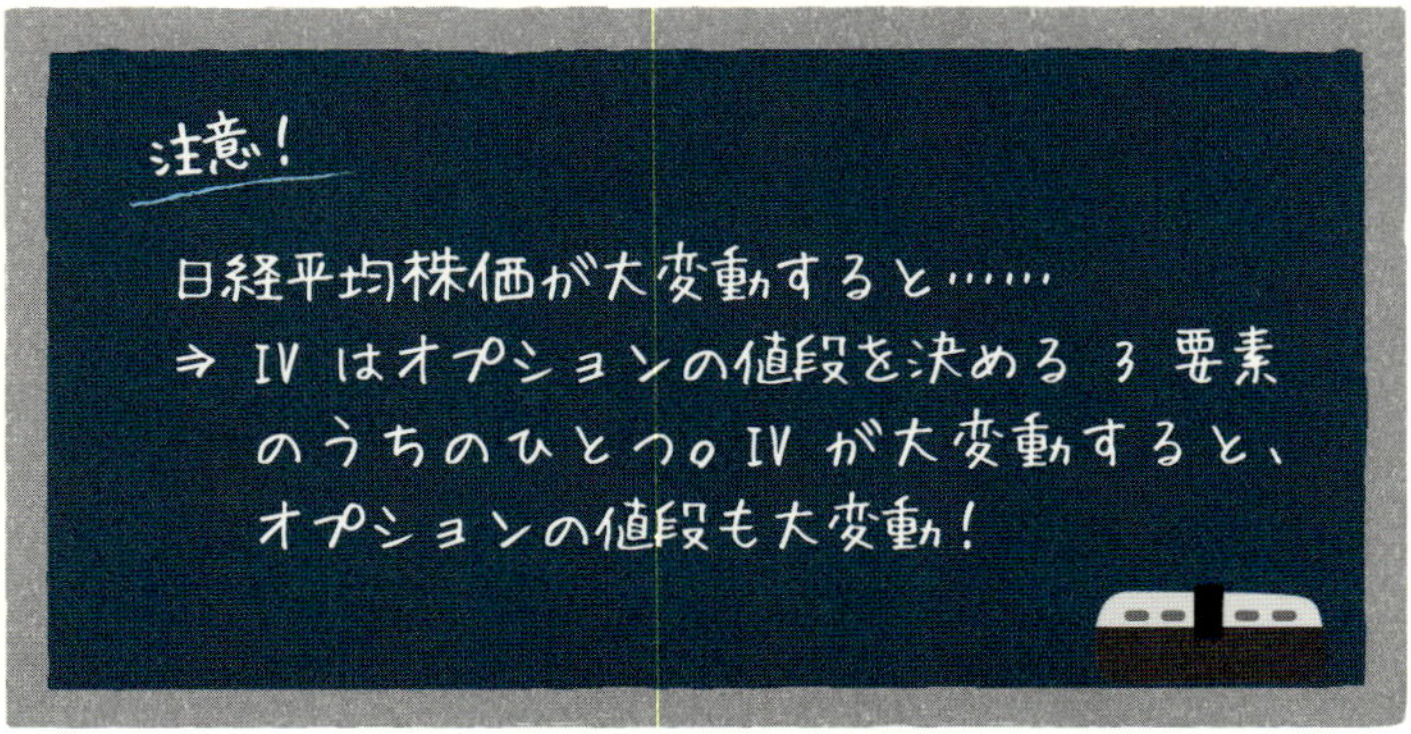

るのと同じオプションを売って損失限定を図ったり、諦めてそのコールオプションを投げ売りしたり……といった具合です。

要するに大勢が慌ててしまうと、そのオプションに対して大量の成行き注文が入ることになるのです。そのオプションのプレミアムは、オーバーシュート（相場が予想以上に動くこと）しながら余計に大きく下落をしてしまいますが、その結果、プレミアムの変動率がより大きくなります。そしてそれは、そのままIVの上昇につながります。IVが、プレミアムの動きから計算されるからですね。

このように、**「大暴落（あるいは大暴騰）などがあってトレーダーが恐怖心に襲われたとき、IVはHVよりも大きく急上昇することがある」**のです。これがオプション取引の世界での、ボラティリティの最大の特徴であり、絶対必須の知識なのです。

2 HVとIVの違い

ここでHVとIVの違いを整理しておきます。

● IVはHVよりお行儀が悪い

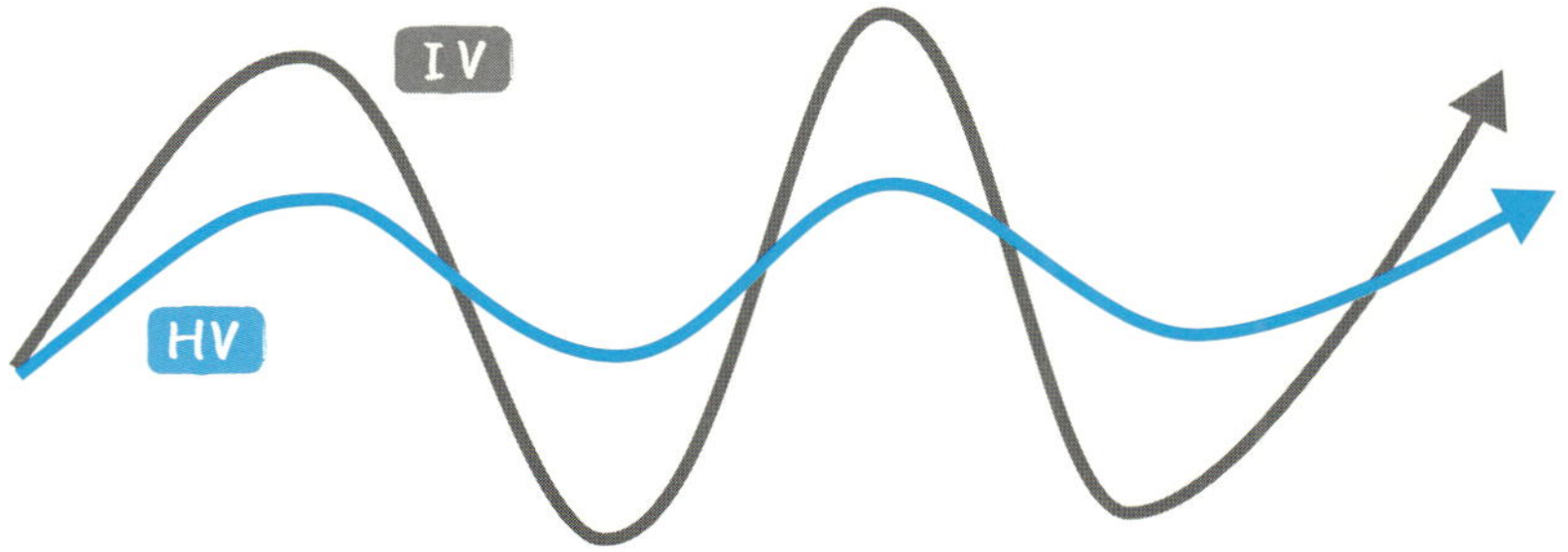

- **HVは現時点までの日経平均株価の（過去の）変動率を数値化したもの**
- **IVは現時点での225オプション・トレーダーの「慌て度」を表したもの**

「慌て度」は、「恐怖心」といい換えることもできます。オプションの値段を決める3要素の3つ目は、この「恐怖心」というわけです。しかし実は、「恐怖心」という言葉だけでくくってしまうのも若干抵抗があります。ＩＶが上昇する場面というのは、トレーダーが損失が膨らむのを見て慌てる場面だけでもないからです。

恐怖を感じる場面というのは、買い建てているものが暴落したり、売り建てているものが暴騰したりといった、いわゆる「ヤラレ」ている場面ですが、では逆に、買い建てたオプションが急騰した場合はどうでしょう。そんなトレーダーの気持ちはきっと、「ワクワク期待が膨らむ感じ」に違いありません。気持ちも大きくなって、「もっと買っちゃおうか……多少無理してでも、もうこんなに儲かっているのだから、高いのも買っちゃおう……」という展開にでもなれば、これはこれで、オーバーシュートしてオプションの変動率を高めていくことになります。

よって正確には、３つ目の要素は「**恐怖心 ＋ 射幸心**」と表現したほうがいいのかもしれません。しかし、なんとなく煩雑ですね。ここはやはり「**恐怖心**」という言葉に代表してもらうことにしましょう。

3 IVの活用方法

HVのところで、その指標は「この先の値動きの範囲を大雑把に把握するために使う」とお話ししましたが、実はこのIVはさらに活用価値が高く、オプションのトレードにおいては必須のものといってもいいほどです。

実際、私自身もIV値の変化を常にチェックできる体制をとっていますが、それはトレードを成功させるために、IV値の水準を把握しておくことが必要不可欠だからです。

IVによって把握できること

IVによって把握できることをまとめておきます。

> **❶ 今のオプションの値段が割高なのか割安なのかがわかる**
> **❷ 利益確定や損切りなど、手じまうタイミングを計る際の判断材料となる**
> **❸ 相場の大変動が起こったときに、オプションの価格がどこまで値上がりするか見当がつく**

まず「**❶と❷によって、エントリー（しかけ）のタイミングや、クロージング（利益確定や損切り）のタイミングが判断できます**」。割安なものを買う、割高なものを売るという考え方は、どんな投資対象であっても共通の考え方でしょう。オプションのすべてのトレードがこれに基づいているわけではありませんが、割高なものを買うより割安なものを買ったほうが、少なくとも勝率は高くなるのは自明の理といえるのではないでしょうか。

通常のＩＶは、たいてい20％台で推移します。低いと20％を割ることもありますが、高めでも30％まではいかないことが多いです。もし「**そのときのＩＶが40％にも達していれば、当然そのオプションの銘柄は平時より〝割高〟になっているといえますし、逆に15％だったとすれば平時より〝割安〟なオプションだといえる**」わけです。

次に❸についてです。過去のデータをあたれば、相場の大変動時にＩＶがどの水準まで上昇したのかを確認することができるので、同じ程度の大変動があったときに、どれだけオプションのプレミアムが押しあげられるのか、あらかじめ計算しておくことが可能です。

詳しい説明についてはそれぞれの投資戦略の解説の中で触れていくので、ここではさわりだけお話ししますが、ＩＶが変化した場合のプレミアムに与える影響は下の公式で表すことができます。

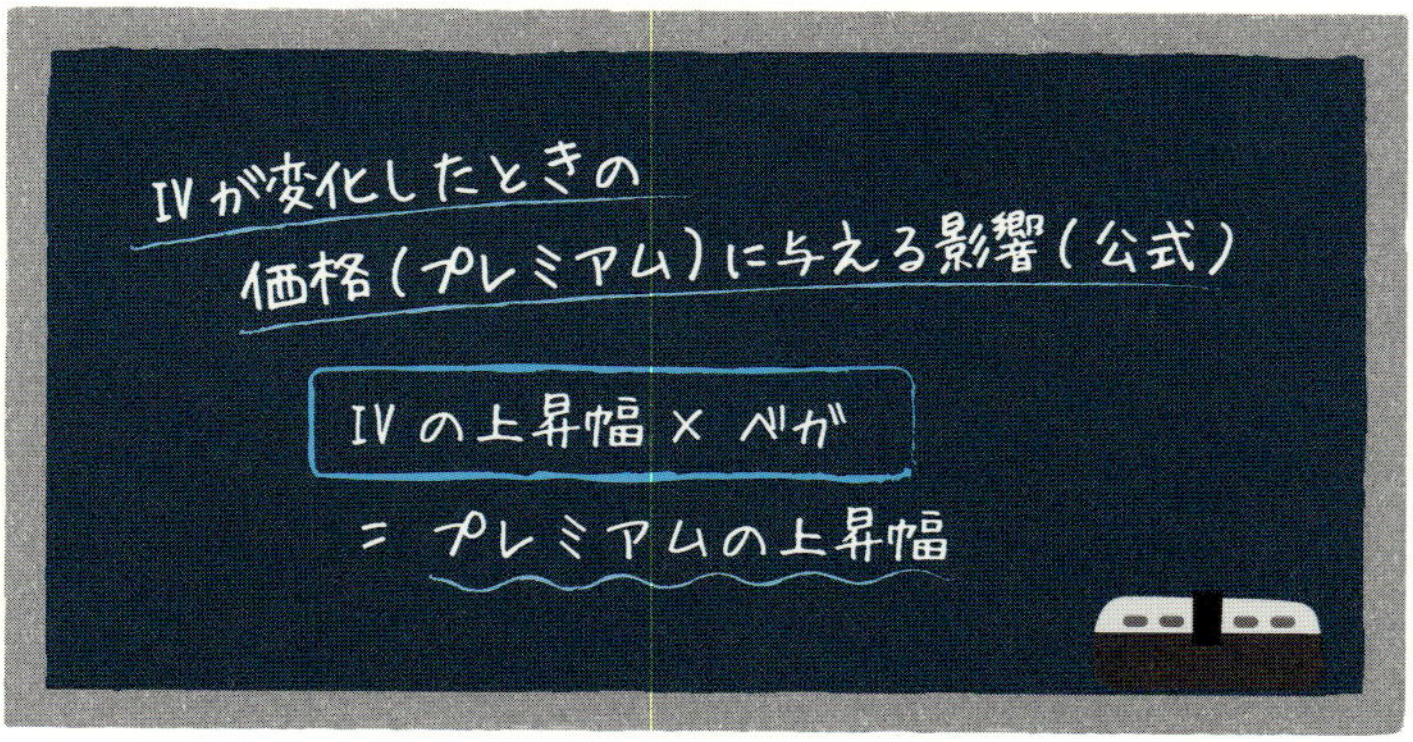

IVが変化したときの
価格（プレミアム）に与える影響（公式）
IVの上昇幅 × ベガ
= プレミアムの上昇幅

ここでものものしく登場した「**ベガ**」ですが、これはいわゆる「**ギリシャ指標**」（次頁参照）と呼ばれるもののひとつです。このギリシャ指標が登場してくるだけで、身を固くする人もいるかもしれませんが、まったくその必要はありません。ギリシャ指標はこのあとの章でも掘り下げますが、それは決して初心者を打ちのめす悪役モンスターではなく、このような簡単な公式を知っているだけで自在に使いこなすことができる、フレンドリーなお役立ちツールなのです。

オプションの各銘柄には、それぞれギリシャ指標（デルタ、ガンマ、ベガ、セータ）の、その時々の数値が表示されています。たとえば、あなたが買い保有しているプットオプションのベガの値が30だったとします。突然、日経平均株価が目の前でいきなり1000円の暴落をして、IV値が5％上がったとしましょう。すると、あなたが保有しているプットオプションのプレミアムは、IVの上昇から次のような影響を受けます。

公式に当てはめると……

5（％）×30（ベガ値）＝150円

なんとあなたのプットオプションは、IVの変化からの影響だけで150円の値上がりをすることになります。オプションのプレミアムに影響を与えるのは、もちろんIV（ベガ）だけではありません。それ以外のデルタ、ガンマ、セータからもそれぞれ影響を与えられ、オプションの値段は決まっていくのです。しかしギリシャ指標の公式さえ知っていれば、相場変動がどういう影響を与えるのかを事前にイメージすることができるのです。

このようにオプションの値段に影響を与える3要素やギリシャ指標に精通することは、トレード戦略を策定する際に、またはリスク管理をするうえで欠かせないことだといえます。

4 ギリシャ指標を活用しよう

あなたは本日、20円のコールを1枚「新規売り」したとします。そのコールのギリシャ指標は次のとおりです。

- デルタ：0.04
- ガンマ：0.0001
- ベガ：6
- セータ：マイナス1

本日、日経平均株価が300円上昇し、IVが1%下落した場合に、ギリシャ指標によってあなたが売ったコールの値段がどう変化をするか予想できます。

デルタ

日経平均株価がいくら動いたら、どれだけコールの値段に影響するか？

公式　（日経平均株価の変化幅）×（デルタ）＝コールの値段の変化量

300円×0.04＝12円

⇓コールの値段を12円押し上げる

ガンマ

日経平均株価がいくら動いたら、どれだけデルタ値を押し上げ、コールの値段を増幅させるか？

公式　（日経平均株価の変化幅）2乗×（ガンマ）÷2＝デルタからの影響の増幅量

$(300円)^2$×0.0001÷2≒5円

⇓デルタによって上げられた12円を、17円まで増幅する

ベガ

IVの変化がどれだけコールの値段を押し上げるか？

公式　（IVの変化幅）×（ベガ）＝コールの値段の変化量

マイナス1％×6＝マイナス6円

⇓ コールの値段を6円押し下げ、17円の上昇幅を11円に縮める

セータ　1日経つと時間価値の減少でコールの値段をいくら減少させるか？

公式（経過日数）×（セータ）＝コールの減価量

1日×マイナス1＝マイナス1円

⇓ コールの値段を1円押し下げる

総合結果

明日までにコールのプレミアムが受ける影響は……

12円＋5円－6円－1円＝10円（10円高くなる）

すなわち、20円のプレミアムが明日には30円になっていると予測することができるのです。

絶対に覚える用語④
デルタ、ガンマ、ベガ、セータ

デルタ 日経平均株価がいくら動いたら、どれだけプレミアムに影響するかがわかる

公式

日経平均株価の変化幅 × デルタ ＝ プレミアムの変化量

※ 225下落なら「変化幅」はマイナスです。

ガンマ 日経平均株価がどれだけ動いたら、どれだけデルタ値を押し上げ、デルタからの影響を増幅させるかがわかる

公式

日経平均株価の変化幅の2乗 × ガンマ ÷ 2
＝ デルタからの影響の増幅量

※ ガンマ値が%表示されているときは100で割って使います。

ベガ IVの変化がどれだけプレミアムに影響するかわかる

公式

IVの変化幅 × ベガ ＝ プレミアムの変化量

※ IVが低下した場合は「変化幅」はマイナスです。

セータ 1日経つと、時間価値の減少がプレミアムをいくら下げるかわかる

公式

1日 × セータ ＝ プレミアムの減価量

※ 5日後を知りたければ、5にセータを掛けます。

コラム

デリバティブの歴史をたどってみよう

世界初の取引所は大阪・堂島

商品先物取引が最初にこの世に現れたのは、16 世紀のベルギーだったそうです。しかし世界ではじめて公設の取引所ができたのは、17 世紀（江戸時代）の日本、大阪は堂島でした。米商人たちの間で、「米の売買価格を収穫前にあらかじめ決める取引＝帳合米取引《ちょうあいまいとりひき》」が行われていました。米商人たちは米の価格を安定させたいと考えたのです。そしてこの帳合米取引によってあらかじめ米の売買価格を決めておくことで、思わぬ相場の乱高下が起きて損をするかもしれないという不安を取り除くことができました。

いわば、米商人たちのリスクヘッジです。さらに、米の値上がりを見越して買いつけておいたり、米の値下がりを見越して売りつけておくなど、取引を利用して利益をねらう参加者も現れました。

0 時限目に出てきた「高級ブドウをキロ 1,000 円で買う権利」に似ていますね。ただ、大阪堂島の例は「先物取引」で、高級ブドウの例は「オプション取引」になります。

それよりも昔、古代ギリシャの哲学者ターレスは、ある年に翌年のオリーブが豊作となることを予見し、オリーブの絞り機を借りる権利をあらかじめ買っておきました。その翌年、ターレスの見込みどおりオリーブは豊作となり、オリーブ搾り機を借りる値段が上昇しました。そこでターレスはオリーブ絞り機を自分が借り入れた値段より高い値段で人々に貸し出すことで、大きな利益を手にしたといわれています。

オプション取引と先物取引の違い

先物取引というのは、いってみれば「満期日にいくらで買うと約束する契約」です。現在の日経平均株価が 1 万 8,000 円だとして、あなたが 225 先物を買い、満期日（SQ）の日経平均株価が 1 万 9,000 円だったとすると、差額の 1,000 円を利益として得られるわけです。ただしそれは、その契約を満期まで保有した場合です。先物はいつでも市場で売買できるので、満期までの途中で日経平均株価が 2 万円になったとしたら、あなたは反対売買をして利益確定をし、2,000 円を手に入れることもできるわけです。先物は「買う値段をあらかじめ決めておく契約」のようなものです。

一方オプション取引はというと、先物取引の変形版といえます。たとえば古代ギリシャのターレスは、オリーブの絞り機を借りる権利を「お金を払って」確保しました。権利に値段がついたことになります。「借りる権利」ということですから、「買う権利」のコール、「売る権利」のプットとは毛色の違う権利ですが、権利に値段がついているという意味では同じです。現代のオプション市場では、このように値段のついた権利も先物と同じようにいつでも売買できるのです。ターレスだって「絞り機を借りる権利を 10 倍で売ってくれ」という人が現れたら転売したかもしれませんね。

参考 金融広報中央委員会ホームページ（https://www.shiruporuto.jp/public/）

2時限目

高い勝率を誇るコール売り戦略

コール売り戦略は、オプション取引の柱となる戦略。きっちりマスターすれば、きっとあなたの人生の相棒に…！

01 安定して勝てるオプション取引は老後の資金をつくるのに最適

1 いよいよ心配になってきた公的年金のゆくえ

年金原資は賭博場に移された

いわゆるアベノミクスは、３本の矢という明確な方針をもとに２０１２年から開始されましたが、何らかの結果を生んだのは当初の1本目の矢「**大胆な金融政策**」だけだったようです。

当時、金融政策の目的は「マネタリーベース（※）を増大させることで融資や投資を刺激する」ことだと説明されていたと思います。しかし、後にアベノミクスの生みの親である浜田宏一内閣官房参与も誤りを認めたように、この政策は思惑どおりにはいきませんでした。

※市中に出回っているお金である流通現金（「日本銀行券発行高」＋「貨幣流通高」）と日本銀行当座預金（日銀当座預金）の合計値

日銀や公的年金の資金で大量の株を買ったことで株高・円安がもたらされましたが、国民の実質所得はむしろマイナスに陥りました。経済の実態と株価がどんどんかい離し、マーケットがゆがめられていくのを眺めながら、私は懸念ばかりを膨らませていました。そしてこのアベノミクスによって、私たちの大事な公的年金の運用資金が株式市場に半分も投入されてしまったことを、あなたはご存知でしょうか？

本来、公的年金の年金原資というのは、安全第一で運用されるべきです。実際アベノミクス開始前は、日本株への投入比率はせいぜい１割前後でした。資金の大半が国内債券で安全に運用されていたのです。それがアベノミクス以降、国民が認識する暇もなく、あっという間に「超リスクテイク型のポートフォリオ」にすり替わってしまったのです。

２０１５年の暮れから２０１６年初頭にかけて、日経平均株価は２万１０００円近辺から１万５０００円まで大暴落をしましたが、それはすでに年金原資の５

● 基本ポートフォリオで定める資産構成割合

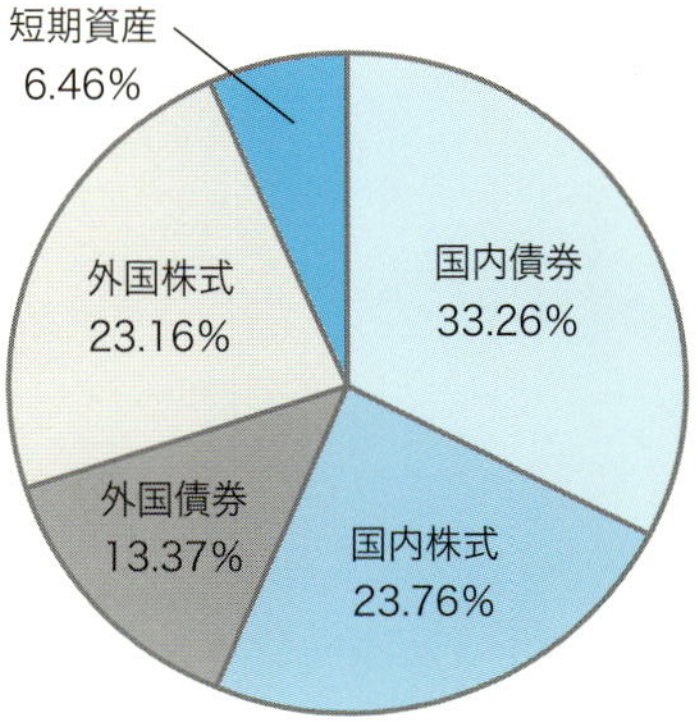

	第３四半期末（平成28年12月末）（年金積立金全体）構成割合
国内債券	33.26%
国内株式	23.76%
外国債券	13.37%
外国株式	23.16%
短期資産	6.46%
合計	100.00%

参考 年金積立金管理運用独立行政法人（GPIF）HP：最新の運用状況ハイライト：平成28年12月末現在（http://www.gpif.go.jp/operation/highlight.html#tab_03）

割近くが株式市場に投入されたあとの惨劇でした。このときは、「年金資金が何兆円棄損した」との報道が相次ぎ、国民の多くがうなだれました。

年金の支給額は半額になると心得よ

いったん株式に変わった巨額な資金は、すでに持ち出すことができない状態に陥っています。というのも、この巨額の年金資金が売りに転じた途端に、株式市場は売りが売りを呼んで大暴落を起こしてしまうので、売ろうにも売れないというわけです。じっと「上がるのを待っている」ことしかできないのが現状です。

世界的な金融緩和政策を受けて、世界の株式市場は超高値圏で推移しています。２０１７年2月現在、ニューヨークダウは史上最高値を更新中で、日本株についてもリーマンショック前の最高値を超える水準に押し上げられています。高度成長期がそうであったように、ＧＤＰが高成長を遂げるなかでの株価上昇ならいいのですが、今の日本のＧＤＰは、個人消費がズブズブに冷え込んでいることもあって、まったく成長などしていません。ここ数年の日本のＧＤＰ成長率もよくて年率１％前後、悪い年はマイナス

● 平成20年ごろの基本ポートフォリオ（年金資金の資産配分）

国内債券	国内株式	外国債券	外国株式	短期資産
67%	11%	8%	8%	5%

● 現在の基本ポートフォリオ※

国内債券	国内株式	外国債券	外国株式	短期資産
35%	25%	15%	25%	ー

※ 基本ポートフォリオ：目標として定められた資産配分割合のこと
参照 http://www.gpif.go.jp/operation/foundation/portfolio.html

成長です。

そんな中で2・5倍もの株価上昇が起こったわけですから、これはひとえに、異次元な金融緩和政策がもたらしたものだといえるのです。要するに、日銀が引き続きばらまいている年間80兆円のお金が、行き場をなくして証券市場になだれ込んでいるというわけです。

米国はこの異常な金融緩和政策を継続できずに、2014年10月に休止しています。その後は欧州中央銀行（ECB）と、日銀が肩代わりしてそれを継続してきましたが、もうさすがに「日欧ともに限界近し」との見方が主流になってきています。

また先にお話ししたとおり、アベノミクスを主導してきた浜田内閣官房参与がアベノミクス政策の誤りを認めて政策転換を主張していることを考えあわせても、今後は日欧ともに金融緩和策が縮小に向かうと考えるのが普通です。

金融緩和策によって2・5倍になった株価です。その金融緩和政策がなくなったら、元に戻っていくと考えるべきでしょう。5割の資金が株式に入った状態で、リーマンショックのときと同様「6割の暴落」が起きたとしたら、計算上、年金原資は3割減ってしまいます。また年金原資の4割が海外資産に入っていることも大問題となります。リーマンショックのときは、円高急進によって海外資産の評価も大暴落しました。

私は「**将来の公的年金の支給額は半分以下になる可能性がある**」と踏んでいます。年金支給額を減らすのは「**運用の失敗**」だけではありません。「**少子高齢化**」や、「**若年層に非正規雇用が拡大**」することが、年金原資の目減りを加速させていきます。私たちの将来を支える公的年金は、絶体絶命のピンチにさらされているのです。

2　オプション取引で年金を補完する!?

自己年金をつくろう

私もCFP（ファイナンシャルプランナー国際ライセンス）の端くれなので、ライフプランについて考えることが多いです。あなたも少し、自身のライフプランに想いを馳せてみてください。

- **退職後の生活費はどれくらいかかるのか？**
- **退職金はどのくらいもらえるのか？**
- **予定されている年金はいくらなのか？**
- **それはいつからもらえるのか？**
- **住宅ローンなどはいつ返し終えるのか？**

落ち着いてじっくり考えてみると、ジワジワと不安感に苛まれる人は少なくないはずです。一般的な会社員が60歳で定年を迎え

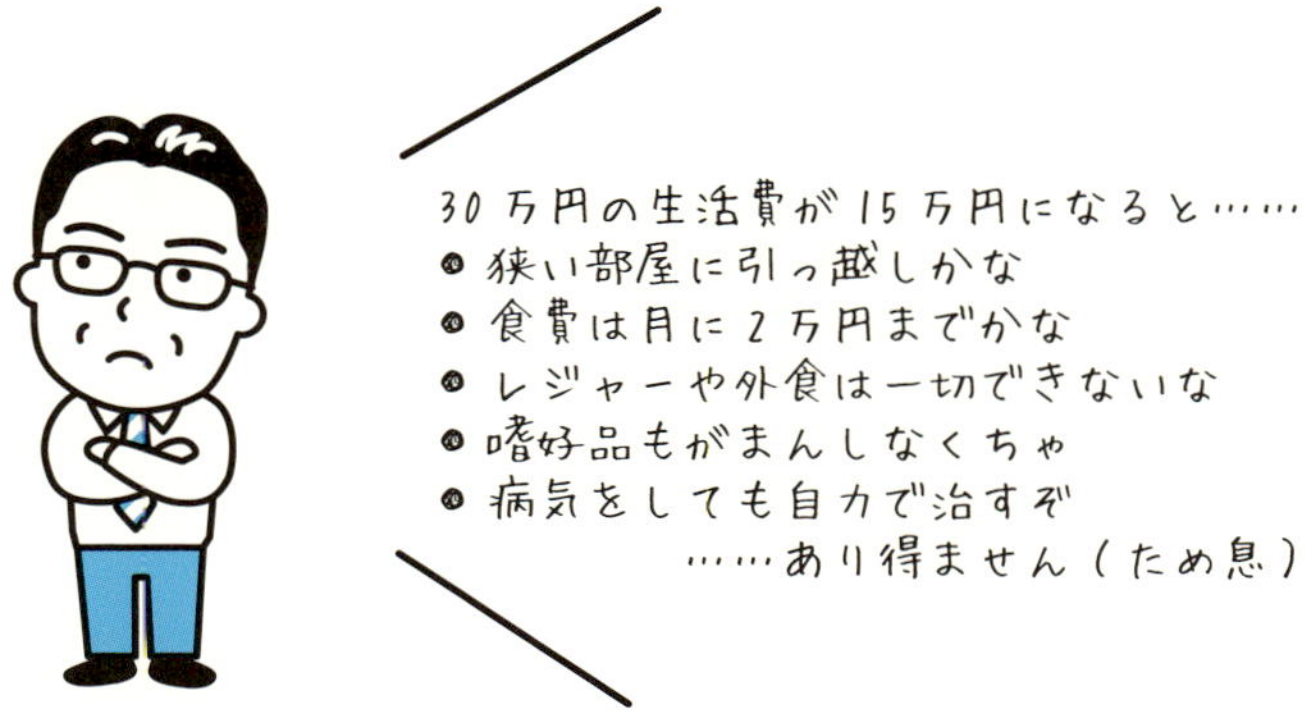
30万円の生活費が15万円になると……
● 狭い部屋に引っ越しかな
● 食費は月に2万円までかな
● レジャーや外食は一切できないな
● 嗜好品もがまんしなくちゃ
● 病気をしても自力で治すぞ
……あり得ません（ため息）

た場合、もし再就職しないとすれば、25年の歳月を年金で暮らしていくと考える必要があるでしょう。

ファイナンシャルプランナーが老後のライフプランを設計する場合には、１カ月の生活費を15万円程度に仮定して設計することが多いようですが、それは「最低限の暮らし」を前提としています。しかし今現在30万円で暮らしている人が、退職をして急に15万円の生活など、はたしてできるのでしょうか？ 60歳や70歳では、現役時代と変わらず元気な人が多いです。30万円で暮らしてきた人は、やはり30万円の暮らしを続けたいでしょうから、次第に問題は大きくなっていきます。

月30万円の暮らしを続けるには、年間３６０万円、25年間では９０００万円が必要になります。合計してみると、ビックリしませんか？ 私も毎回腰が抜けそうになります。生命保険のセールスマンが目の前にいたら、ここですかさず「貯蓄型の保険」を案内するところでしょう。でも今は公的年金の話です。月間の生活費が30万円かかるとしても、うち公的年金で20万円がカバーできれば、ずいぶんと状況が変わってきます。

足りないのは、月１０万円。25年では３０００万円ですね。それ

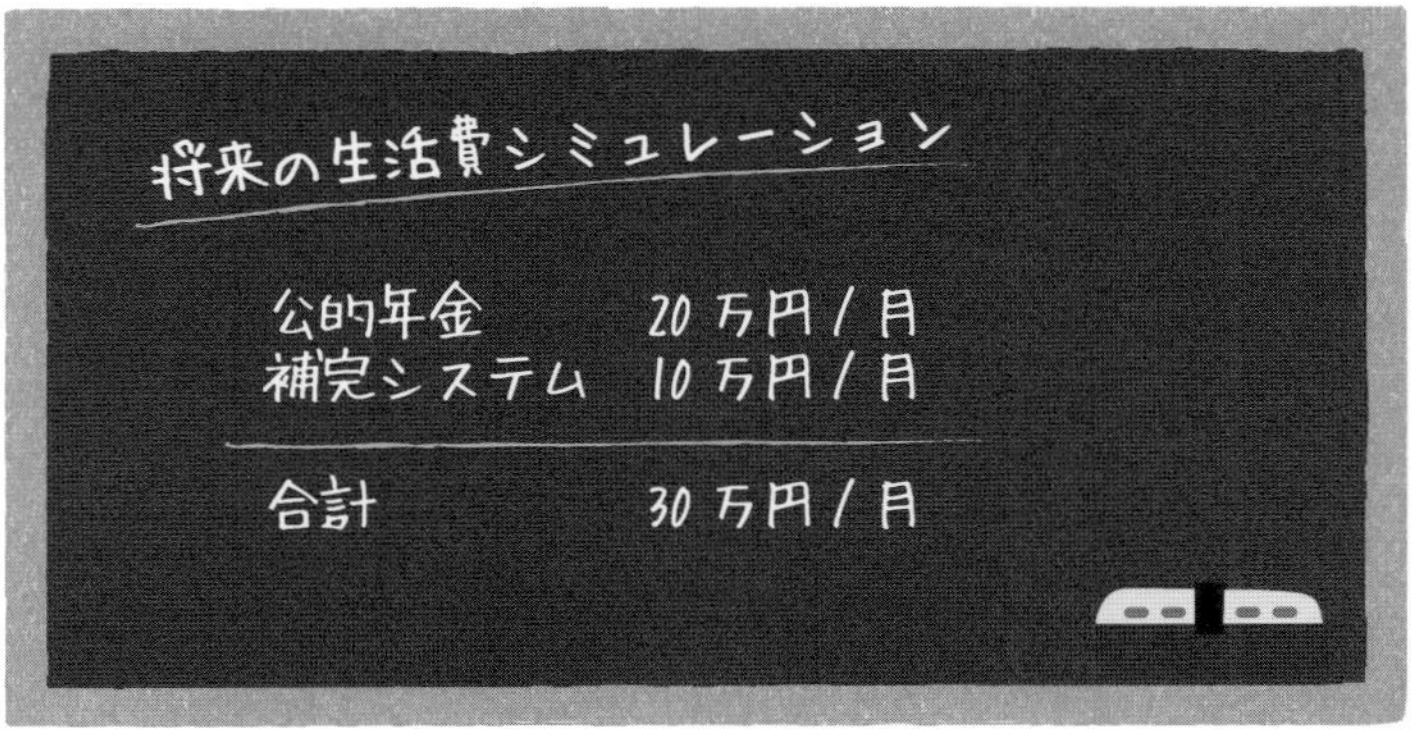
将来の生活費シミュレーション
公的年金 20万円/月
補完システム 10万円/月
合計 30万円/月

までの貯蓄と退職金の合計が３０００万円になり、住宅ローンも完済していればはセーフということになりますが、そんなに恵まれた人はそれほどいないと思います。

そして先ほどの「公的年金が半分になる」という話が、ここで大きくのしかかってくるのです。たしかに、「半分になる」というのは決まった話ではありません。先のことは誰にも断定できませんし、私は「そういう可能性があるから注意をしなければいけない」という話をしたまでです。

しかし、実際にわれわれの年金資金の半分は株式市場に入っています。そしてあり得ないことに、資金全体の４割は海外に投資されてしまっているのです。どうしてそんなことをしなければならなかったのでしょう？　これでは、いつ半分になってもおかしくありません。

そこで私があなたに選択肢のひとつとして提案したいのが、貯蓄型の生命保険ではなく、コール売り戦略による「**公的年金補完システム**」です。

勝率の高い〝コール売り戦略〟は年金を補完できるのか？

オプション取引はデリバティブの一種です。デリバティブと聞くと、投機性が高そうに思うかもしれません。しかし、デリバティブだからリスクがあるというのは偏見です。３００馬力もあるスポーツカーを、あなたは危険な車と思うかもしれません。しかし３００馬力のエンジンを積んでいても、法定速度で安全運転をしていれば、１００馬力のハイブリッドカーと何ら変わらないのです（実際に私はそれで安全運転をしています）。

要するに「どう運転するか」すなわち、「どういう戦略で運用するか」がポイントなのです。そして300馬力というのは、運転（投資戦略）に多様性を生み出します。その実、「**オプション取引では、瞬発力を発揮して大きな利益をねらえる一方で、株式投資よりリスクの少ないトレードをすることもできる**」のです。

コール売り戦略は勝率が高いとお話ししました。それは、勝率が高くなるような投資戦略でトレードするからです。株式投資やFXではあり得ない多様性です。

私はこの投資戦略の「勝率の高さ」をもって、将来の年金の不足分を埋められないか、試行錯誤を繰り返してきました。そして今、生徒さんたちとともにトレード経験を積み、好調なときやピンチな場面も多数乗り越え、さらに安全性を高めて「公的年金補完システム」として稼働させる最終段階に入っています。

コール売り戦略の年間利益は？

2015年の1月より、生徒さんたちにトレードの売買指示を出してきた記録がすべて残っているので、ご紹介します。

2015年のトレード結果
トレード回数：94回
勝敗数：90勝4敗

2016年のトレード結果
トレード回数：111回
勝敗数：105勝6敗

2年間の通算勝率：約95％

勝率は95％です。異次元な金融緩和相場のイレギュラー相場の中でとても厳しい環境でしたが、オプション初心者の人からすると「**とんでもなく高い勝率**」に見えることでしょう。ただ、われわれはこれではまったくもって不満なのです。

アベノミクス以前の通常の相場では、バックテスト（過去のオプションデータに対し、自作のトレードルールでトレードしたとして運用結果をチェックすること）をしてみると、100トレードのうち負けるのはせいぜい1回です。しかし、バックテストはあくまでも仮想のトレードなので、現実のデータの「勝率95％」で、損益を計算してみます。

100回のトレードは、すべて「コールを1枚ずつ売った」と仮定します。当トレードルールでは、1枚あたりの利益は平均1万円です。一方、負けた（ロスカット）場合の損失は少し大きくなり、1回あたり平均10万円程度になります。これをもとに100回のトレードの損益を計算

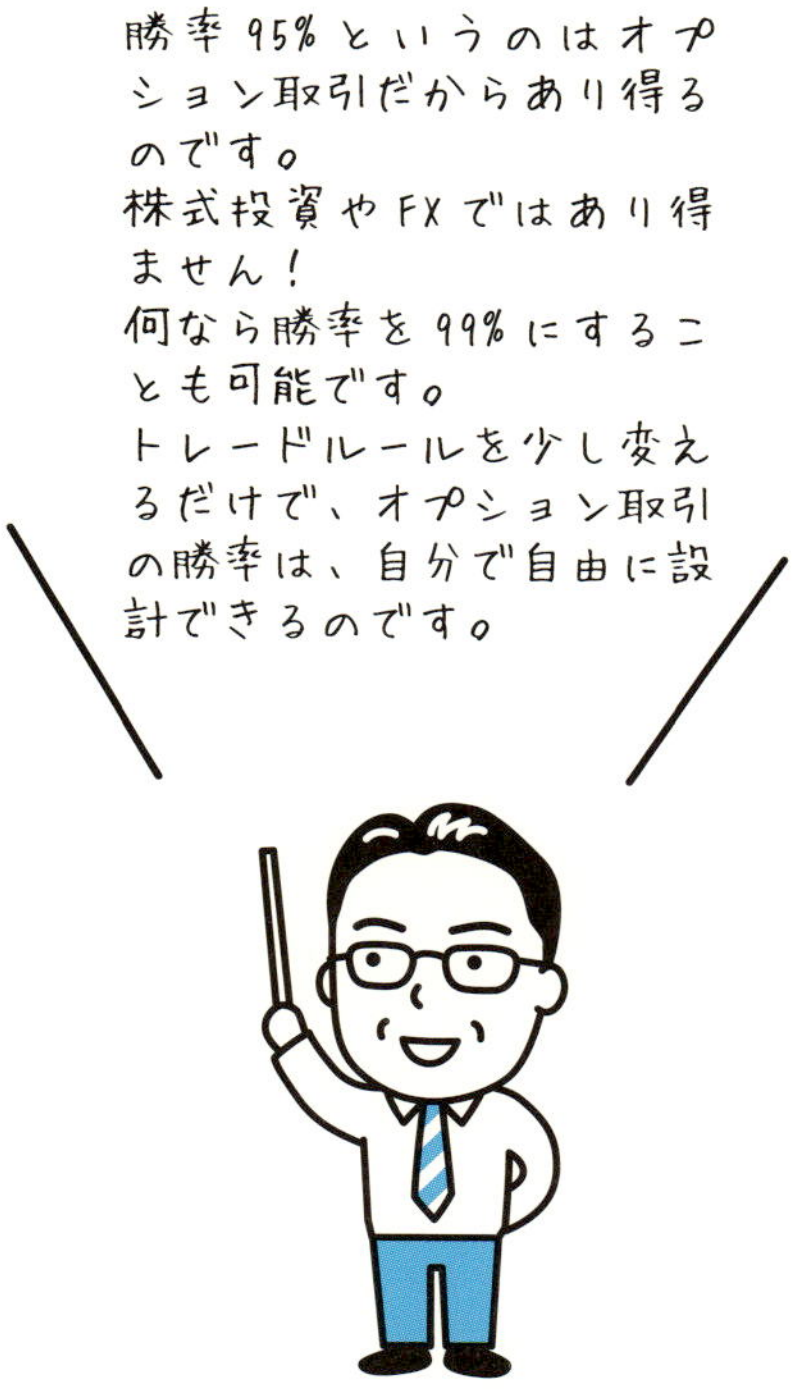
勝率95％というのはオプション取引だからあり得るのです。
株式投資やFXではあり得ません！
何なら勝率を99％にすることも可能です。
トレードルールを少し変えるだけで、オプション取引の勝率は、自分で自由に設計できるのです。

すると、結果は次のとおりです。

総利益：95万円（1万円×95回）
総損失：50万円（10万円×5回）
純利益：45万円

また、年間100回のトレードを行うためには、約300万円の軍資金が必要になります。要するに、300万円の資金を運用して年間45万円の利益を得たということですから、「**年間の利回りは15％**」ということになります。

公的年金を補完するシミュレーション

年間利益率「15％」が導き出されました。これは、実際のトレードの勝敗数から導き出された数字なので、ある程度信頼のおける数字です。しかし、「**オプション取引の収益には20％の税金**」がかかります。つまり、手元に残る利益は12％ということになります。「**公的年金の不足分（公的年金を補完したい金額）を月間10万円だとすると、年間120万円の手取り利益が求められる**」わけ

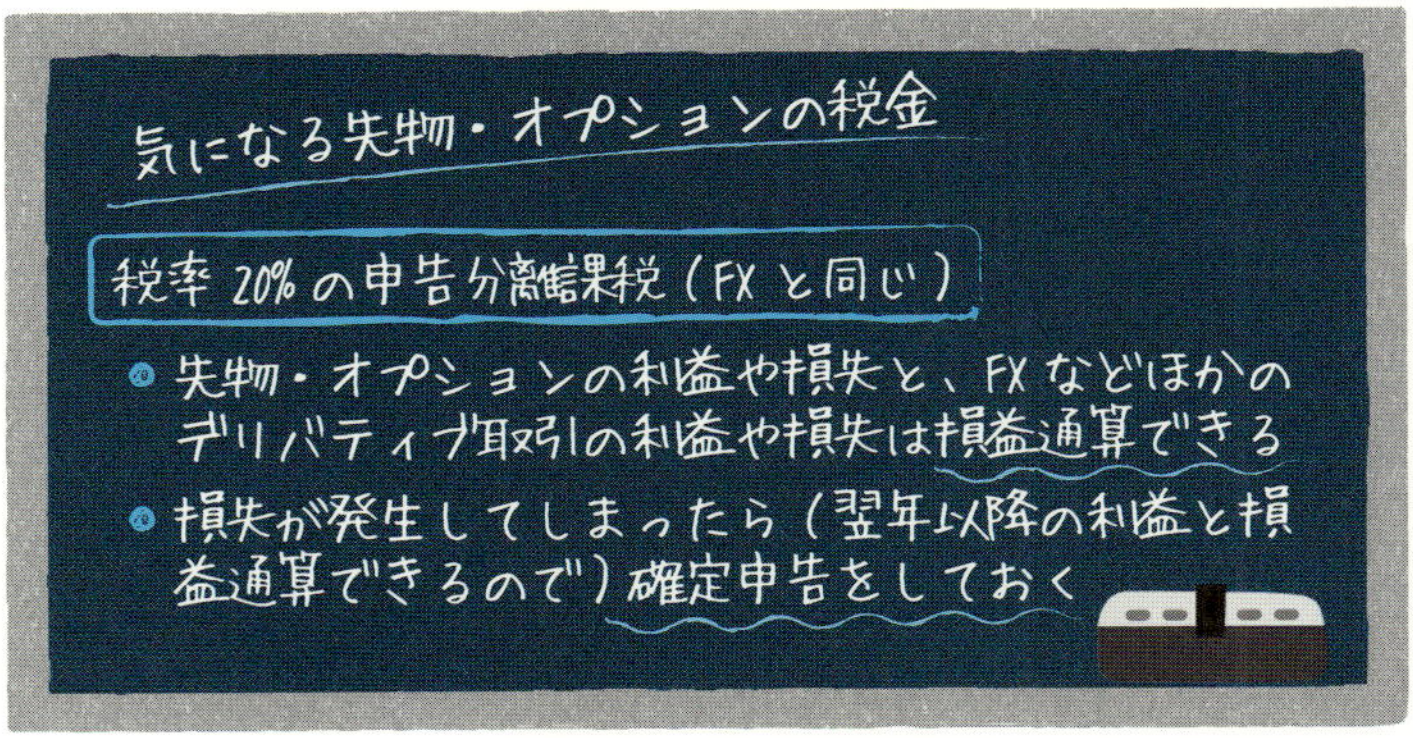
気になる先物・オプションの税金
税率20％の申告分離課税（FXと同じ）
先物・オプションの利益や損失と、FXなどほかのデリバティブ取引の利益や損失は損益通算できる
損失が発生してしまったら（翌年以降の利益と損益通算できるので）確定申告をしておく

です。先ほどの例から逆算していきましょう。

- **必要な年間手取り利益：120万円**
- **必要な年間税込み利益：150万円**
- **利益率：15％**
- **必要な軍資金：1000万円**（相場環境の変化によって増減します。「あとがき」を参照ください）

要するに、証券口座に1000万円を用意し、コール売り戦略を実施していけばこれが実現するわけです。たしかに1000万円を用意するのは容易ではありません。しかし1000万円にこだわることもありません。**「月間5万円でいいということであれば、500万円の軍資金を用意すればいい」**のです。

それに、現在は資金が足りないという人も年間15％の利回りを実現できれば、時間をかけて資金を築きあげていくことができます。私が目指しているのは、このような姿なのです。生徒さんたちの多くも、将来の「公的年金補完システム」を目指してがんばっています。

ただ、もちろんこの利回り「15％」というのは、お約束できる数字ではありません。個人の技能、資金の余裕度、そのほかもろもろの要件によって、実際に手にできる利回りはまちまちです。残念ながら生徒さんの中には、参加したタイミングが悪かったり、無理をしたために損失をつくってしまい、辞めていった人もいました。しかし、逆に15％よりも遥かに大きな利益をあげた生徒さんもいます。オプションの利益で外車（ボルボ）を購入したという人もいました。

　このシミュレーションは「軍資金1000万円」を前提にしていますが、投資で失ってもかまわないお金1000万円をすでに持っている人はそうそういないと思います。

　たとえば私の生徒さんたちの軍資金の平均は、下の資料から、ざっと400万円くらいのようです。1000万円以上持っている人は3割強ということですね。

　まずは「**年金をもらう年齢になるまでに、軍資金を増やす**」ところからはじめましょう。

● 生徒さんの平均軍資金

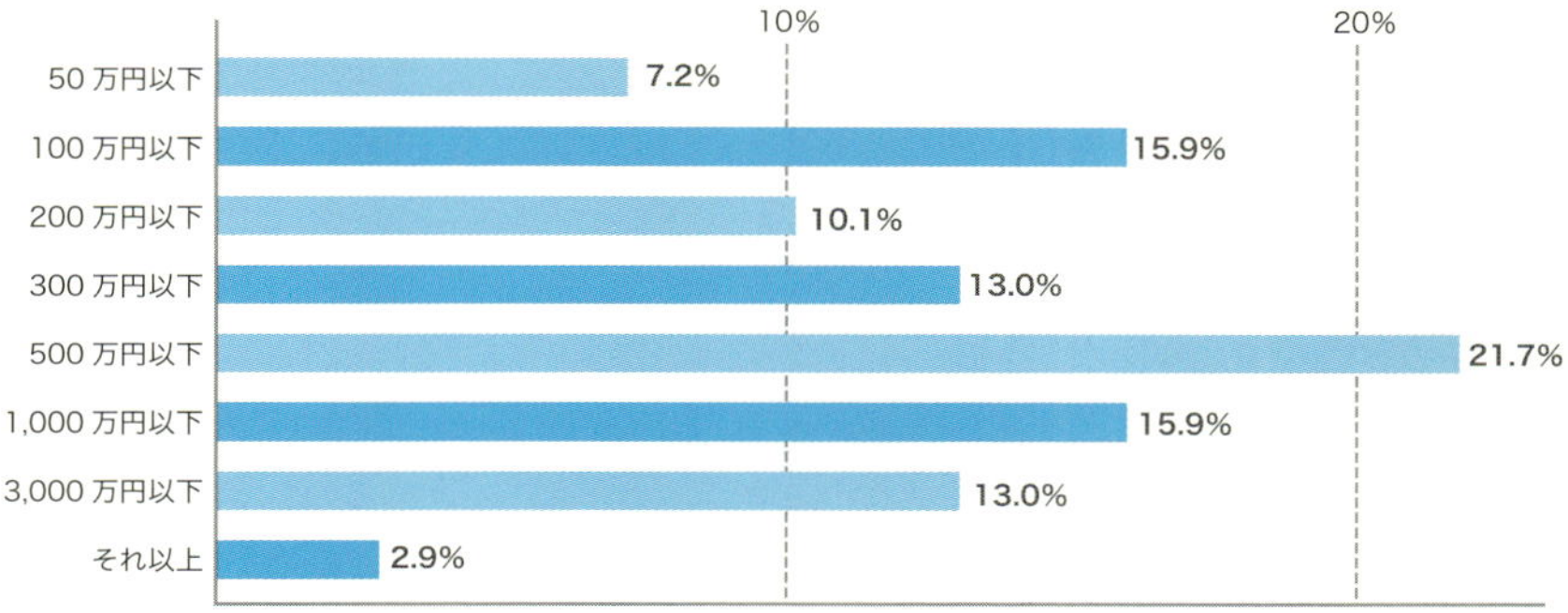
10%
20%
50万円以下 7.2%
100万円以下 15.9%
200万円以下 10.1%
300万円以下 13.0%
500万円以下 21.7%
1,000万円以下 15.9%
3,000万円以下 13.0%
それ以上 2.9%

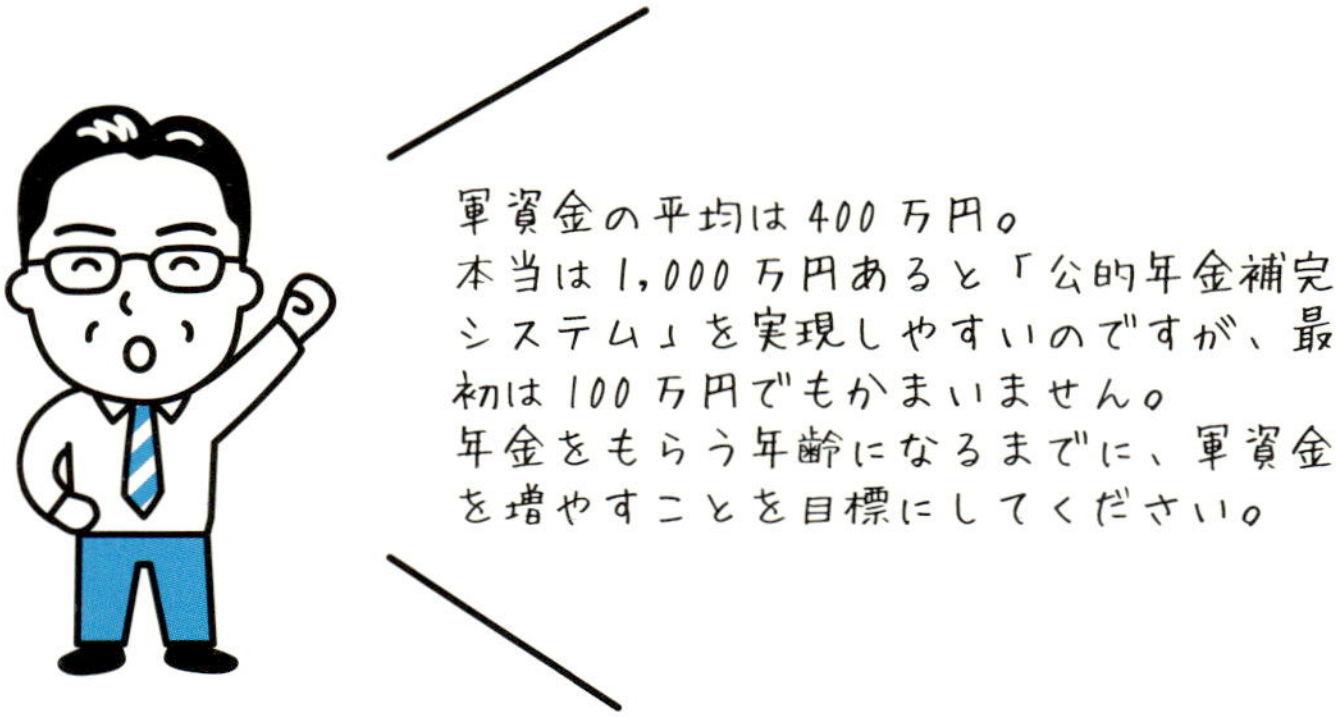
軍資金の平均は400万円。
本当は1,000万円あると「公的年金補完システム」を実現しやすいのですが、最初は100万円でもかまいません。
年金をもらう年齢になるまでに、軍資金を増やすことを目標にしてください。

02 お宝トレードルールを手に入れるその前に……

オプション取引の中でもお宝トレードとなるコール売り戦略を手に入れる前に、これからお話しする3つの約束を必ずクリアしてください。

1 3つの約束 その1 オプションの基礎知識をマスターする

あなたは1時限目の「**オプション取引に必須の基礎知識**」を、読み飛ばしていませんか？　もちろんあなたがすでに熟練者であればそれでもかまいません。しかし、初心者なら基礎知識の勉強は必須です。「**もし読み飛ばしてきたなら、もしくは理解できていないとしたら、今すぐにもう一度熟読してから戻ってきてください**」。

私の生徒さんの中にも、基礎知識の勉強をすべてすっ飛ばして、すぐにトレードをはじめてしまう人が少なくありません。そのために、

「**すぐに資金を入れないで！**」

「勉強もしないでトレードをするのは禁止！」

と、小言を言うのが日課のようになっています。読み飛ばしてきた初心者の人に、ここで釘を刺しておきます。

日経225オプションというのは、株やFXとはまったくの別物です。どれくらい違うかというと、「野球」と「サッカー」ほど違います。あるいは、「おいちょかぶ」と「麻雀」、または、「サーキットのレース」と「ダートトライアル」といってもいいかもしれません。

要するにまったく別のゲームなのです。プロ野球の選手が、いきなりJリーグの試合に出場したらどうでしょう？　いくらあなたがFXで健闘していたからといって、日経225オプションでいきなり大きなポジションを持つことはこのうえなく危険なことですから、絶対にやめてください。

オプションという生き物は、非常に鋭い爪や牙を隠し持っています。それらは常日頃、奥深いところに隠されていて滅多に表には出てきませんが、非常に鋭利であり、刺されれば致命傷となる可能性があります。

どこにどんな爪が隠れているのかを知り、それがどんなときに

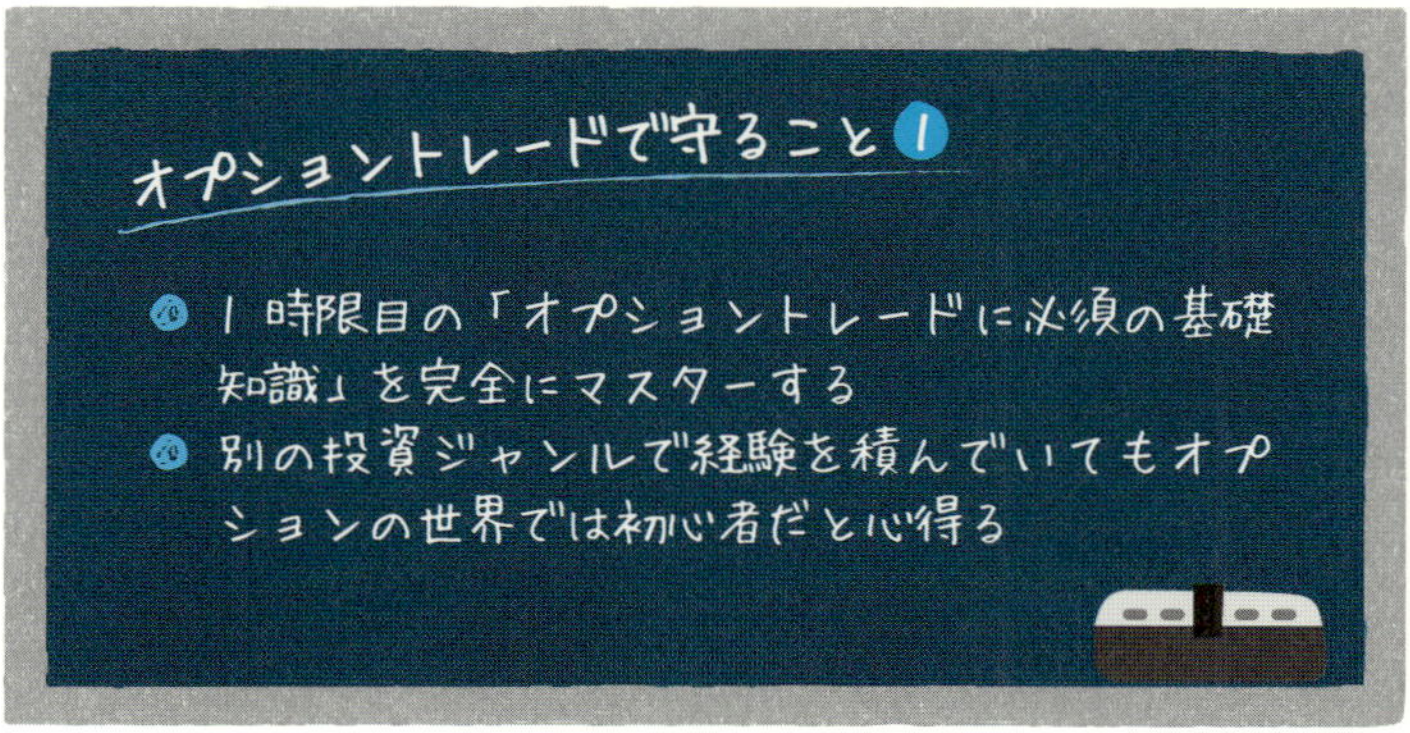
オプショントレードで守ること 1
1時限目の「オプショントレードに必須の基礎知識」を完全にマスターする
別の投資ジャンルで経験を積んでいてもオプションの世界では初心者だと心得る

表に出てくるのか、そして、どんな風に襲ってくるのかをまずはよく知ってください。そして不幸にもそんな場面に遭遇してしまったら、どのように攻撃を避ければいいのか、あるいは、どう切り返して攻撃をし返すのか……。「**防御術も必須の知識**」なのです。

2 3つの約束 その2 資金管理のルールを徹底する

勉強もしないでトレードを開始してしまう人については、とりあえず釘を刺すことができました。しかし、私が警戒していることはまだほかにあります。

「**手持ちの資金（証拠金）を全部使ってトレードをしない**」でください。株の信用取引でも、信用建余力のギリギリまでポジションを持ってしまう人が少なくありませんが、こういう人は最初から「**追証の予備軍**」です。たとえば、信用口座に100万円の資金を入れておき、300万円もの買いポジションを持ってしまうようなケースですが、買い銘柄が15％下落するだけで、この人は資金の半分を失うことになります。オプションの世界では、株よりもずっと「安全」に気を配る必要があります。コール売り戦略については、次のルールを徹底するようにしてください。

新規でコールを売る際には、手持ち資金（証拠金）の3分の1までしか使ってはいけない

先ほどの株トレードの例では「手持ち資金の3倍も買うな」とお話ししましたが、ここでは

「手持ち資金の3分の1も使うな」という厳しい内容です。

すなわち、こういうことです。あなたの先物オプション口座に100万円の証拠金が入っているとします。あなたは新規でコールを売る前に、そのコールを売るために必要となる証拠金「**必要証拠金**」がいくらなのかを調べなければなりません。

売りたいコールの必要証拠金が25万円だとすると、あなたはこのコールを1枚売ることができます。手持ち証拠金の4分の1だからです。仮に必要証拠金が40万円だとすると、あなたはこのコールではなく、もっとファーな（権利行使価格が高く、プレミアムが安い）コールで、必要証拠金が33万円以下のものを探さなくてはいけません。

もちろん、この3分の1ルールに強制力はありません。ギャンブルを承知で、必要証拠金が40万円のコールを2枚売りたいと、あなたがいうのなら私は止めません。が、早晩あなたは後悔することになるはずです。オプションというのは、そういうものです。

ではSBI証券のサイトを例に、「必要証拠金」の確認のしかたを見てみましょう（次頁参照）。

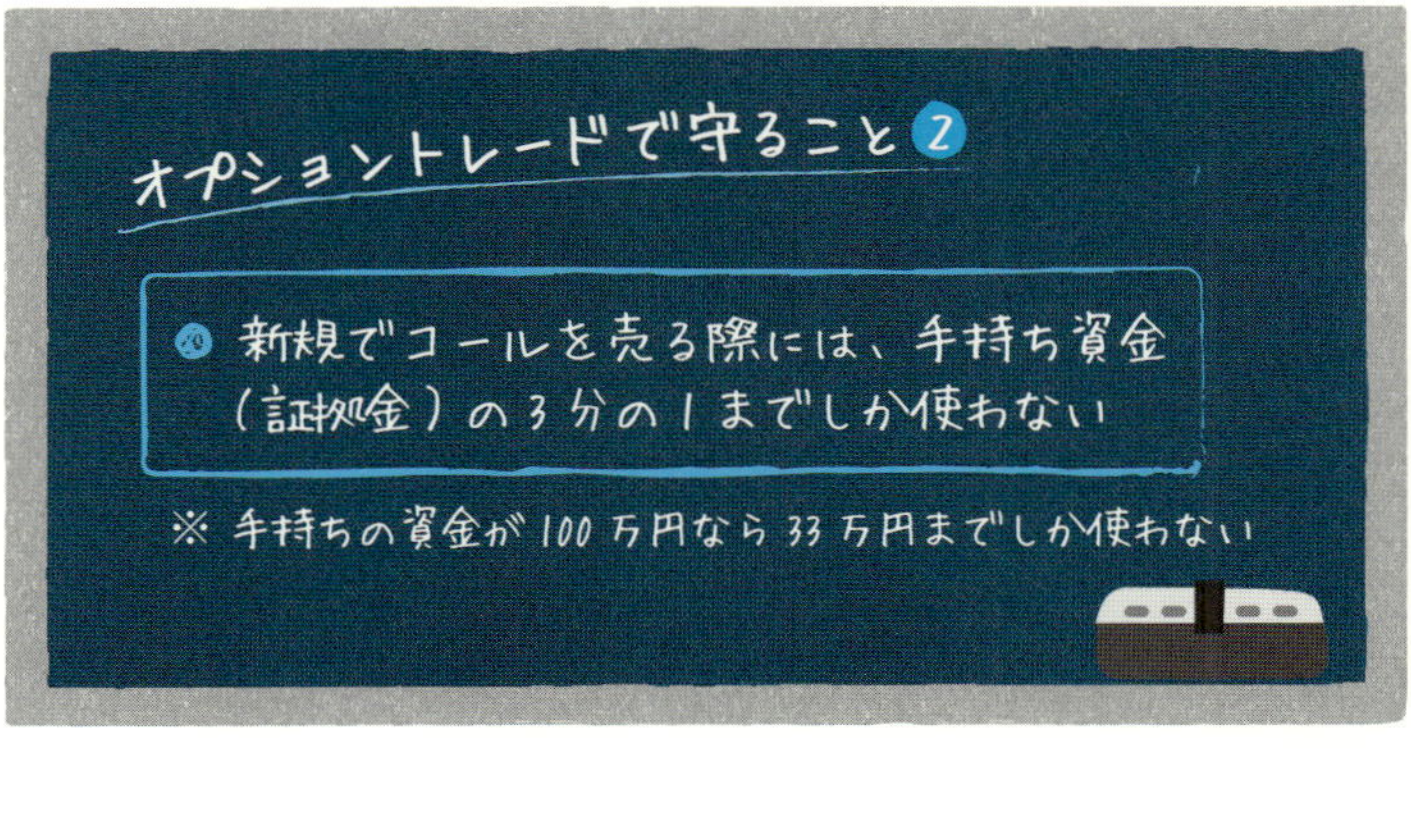
オプショントレードで守ること 2
新規でコールを売る際には、手持ち資金（証拠金）の3分の1までしか使わない
※ 手持ちの資金が100万円なら33万円までしか使わない

3 証券会社のサイトで「必要証拠金」を確認する方法

本書では、SBI証券を例に挙げてお話ししますが、おおかたの証券会社はインターフェイスが違うだけで設定する項目はだいたい同じなので、口座を持っている証券会社で必ず必要証拠金を確認してください。

ちなみに、「**必要証拠金**」のことを、SBI証券では「**必要委託証拠金**」と呼んでいますが、これは証券各社まちまちで、たとえば松井証券ではそのまま「**必要証拠金**」と呼んでいます。

必要証拠金については、❶現在ポジションを持っていない場合と、❷すでに持っていて追加する場合で確認方法が違うので注意してください。

❶何もポジションを持っていない状態で、新規エントリーをする場合

この場合は、「〝必要委託証拠金〟に表示される金額が、**軍資金の総額である〝受入証拠金〟の3分の1を超えない**」ように注意します（次頁 STEP 2 から STEP 3 ）。

どんなにオプション取引をしたくても、必要証拠金と受入証拠金の関係を満たさない銘柄は取引してはいけません！

STEP 1 **ログインして「分析ツール」から「SPAN シミュレータ」を立ちあげる。**

まず先物オプションの口座にログインします。「分析ツール」タブを選択して、「SPAN シミュレータ」をクリックします。

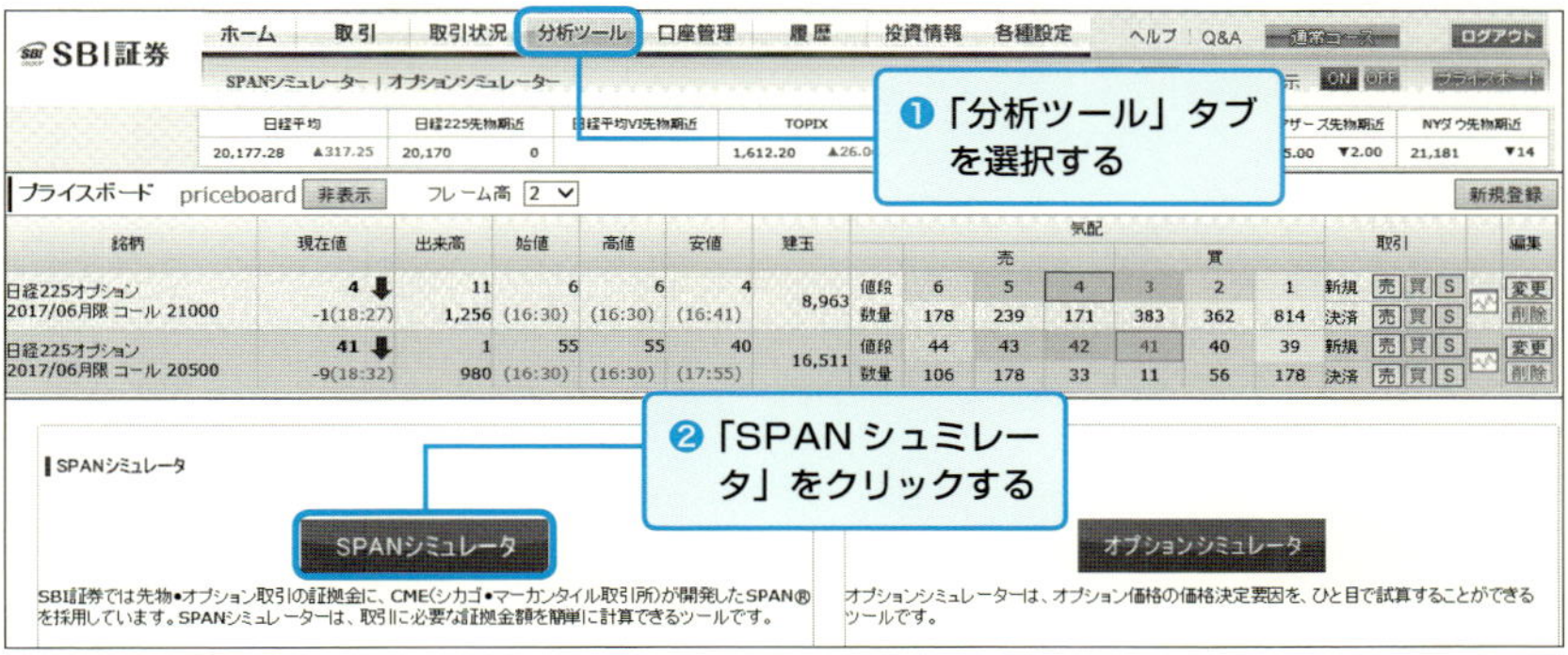

STEP 2 **調べたいコールオプションを設定して「追加」をクリックする。**

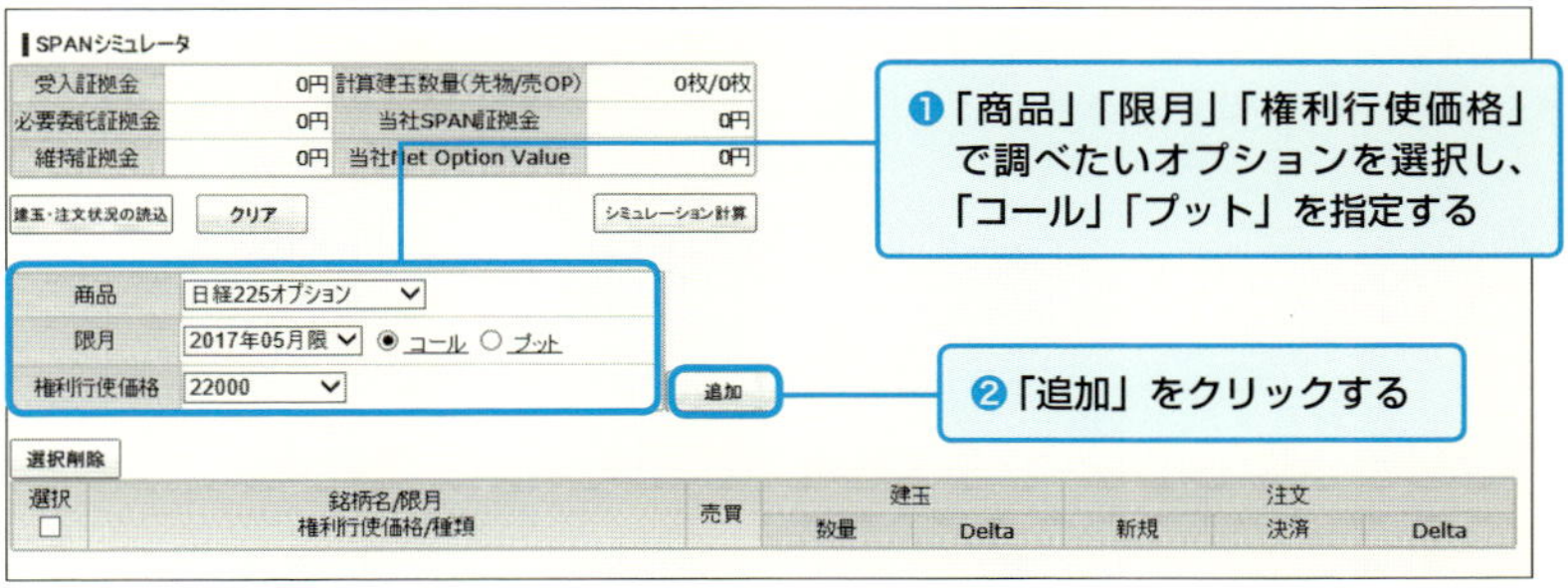

STEP 3 **数量を設定して「シミュレーション計算」ボタンをクリックする。**

「必要委託証拠金」が表示される。

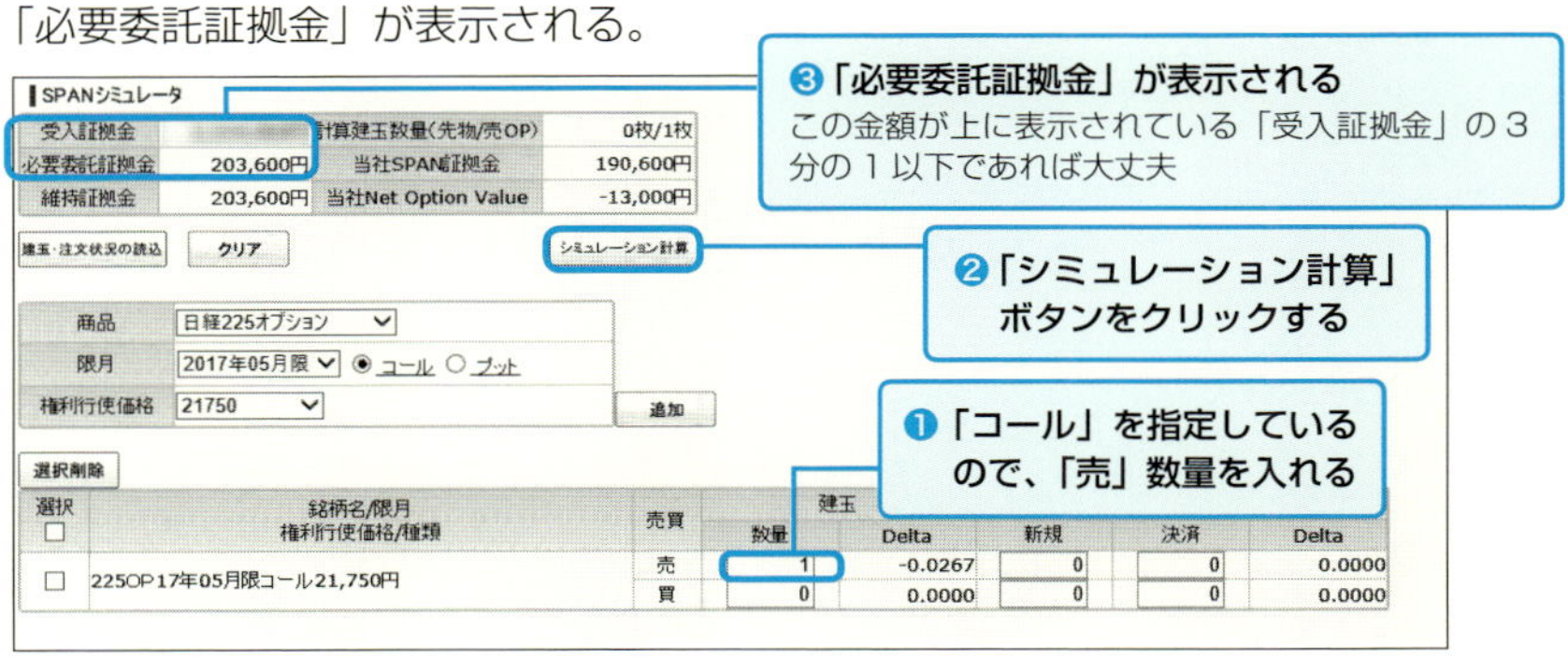

❷ すでにコール売りのポジションを持っていて、さらに追加する場合

すでに保有しているコール売りポジションがあって、さらに追加でコールを売る場合は、手順がひとつ増えます。

まず、「建玉・注文状況の読込」（下図A）をクリックして、すでに保有しているポジションをすべて表示させます。その後、追加売りしたいコールの銘柄を表示させますが、そのやり方は前頁のSTEP 2と同じです。下図の❶、❷の順に進んでください。そして売りたい枚数を入力して、「シミュレーション計算」（下図B）をクリックします。仮に、口座全体で証拠金の使用率が3分の1超えていた場合は、枚数を減らすか、撤退を推奨します。

4 3つの約束 その3 バーチャルで練習する

しつこいくらいに、初心者のあなたに慎重さを求めます。3つ目のお約束。それは、これまでの2つの約束事を守ったうえに、準備体操までする必要があるという内容です。

● STEP 2-2 コール売りのポジションを持っているところに追加する場合

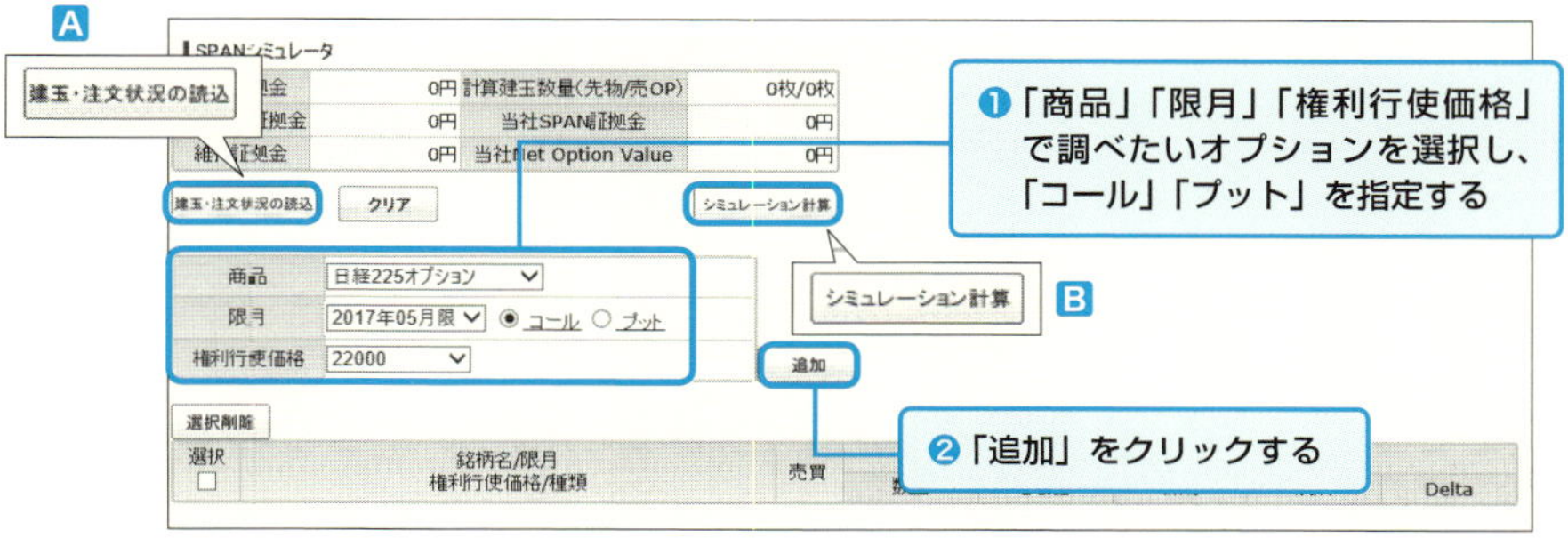

株やFXをやったことがあれば、本書の1時限目を熟読しなくても、日経225オプションの取引口座を開設することもできるでしょうし、場合によってはいきなりトレードを開始することも可能でしょう。しかし、オプションの値動きというのは極めて特殊です。真の初心者なら、しばらくはポジションを保有したことにして、同一の銘柄の値動きを監視する期間を設けてください。いわゆる「バーチャルトレード」ですが、特に相場が大荒れになっているときなどはいい勉強になります。オプションのプレミアムがどのような動き方をするのか、よく観察してください。

ついでといってはなんですが、もうひとつ大事な話があります。オプション取引をはじめたばかりのころに経験しがちなのですが、最初は誰でも「**発注ミス**」をしてしまうものだと思ってください。「売り」と「買い」を間違えてしまったり、「コール」と「プット」を間違えたり、「限月」を間違えるケースもよくあります。このような発注ミスは、思いのほか大きな損失を生むことになります。

できれば初心者のうちは、「**発注ボタンを押す前に声を出しながら指差し確認**」をしてください。こうすることで救われることが少なくありません。

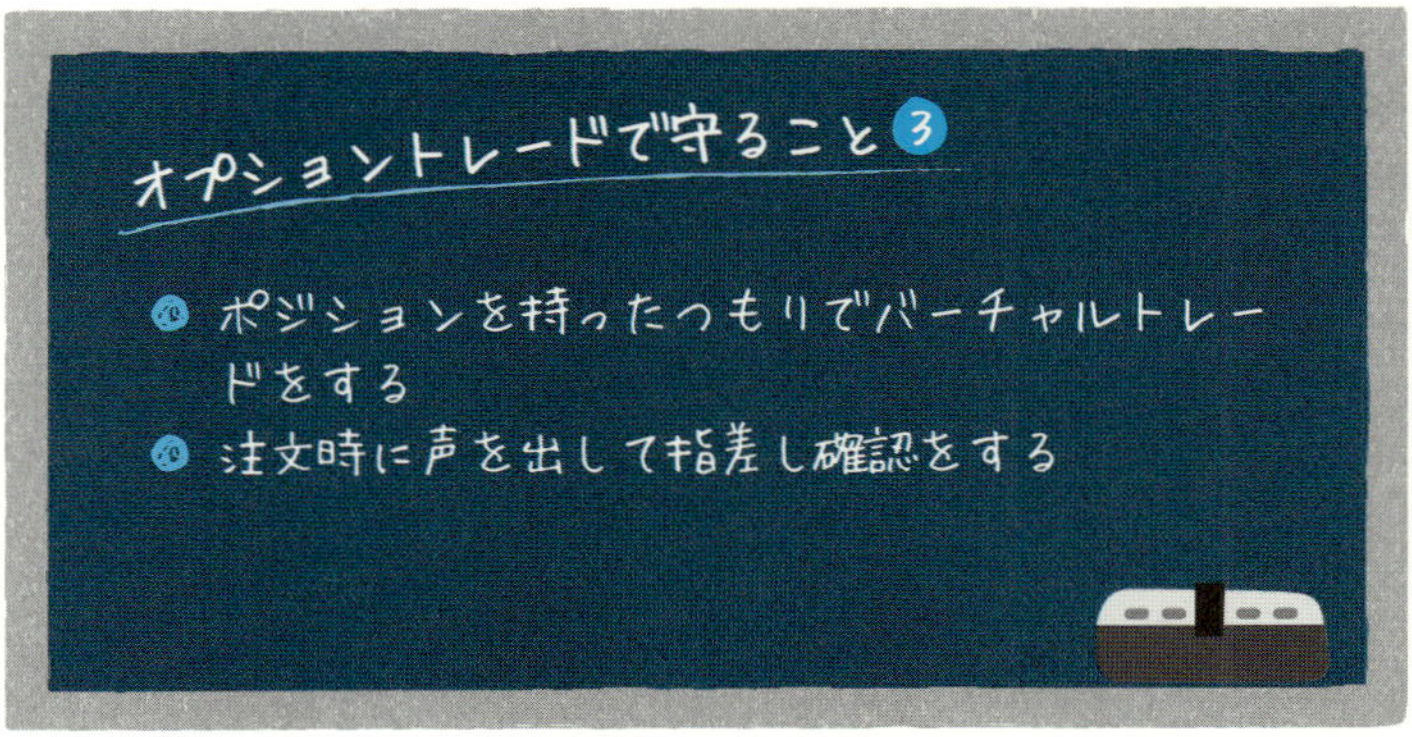

03 コール売り戦略のトレードルール

1 トレードルールは生もの。不変ではない！

それではいよいよ「コール売り戦略」を見ていきましょう。これからあなたにお渡しするこのトレードルールは、２０１５～２０１６年の2年間、いずれも95％前後の勝率をもたらしました。しかし、「このトレードルールを知っていれば、誰でも簡単に95％を実現できる」などというわけではありません。

最初からこんなシラケたことをいうのには理由があります。トレードルールは投資環境の変化を受けてたびたび改訂されています。よって「**基本ルールではあるが不変のルールではない**」というところを、まずご理解いただく必要があります。

それと、もっと重要なことを伝えます。このトレードルールを実行していくと、通常の相場なら着実に利益があがっていくはずですが、通常ではない相場……つまり「暴騰相場」のことですが、**「暴騰相場に遭遇したときの対応のしかたがまずいと、地道に稼いできたものを一気に吐き出すことになる」**ことを覚えておいてください。

もちろん、本書の中でそのノウハウにも触れていきますが、相手（相場）は生ものですから、この非常時における所作も不変のものではありません。時間をかけて、少しずつこのトレードルールに慣れていくと同時に、非常時の対応方法についての研究を怠らないようにしてください。

2 コール売り戦略を理解しよう

「コール売り戦略に利益をもたらすのは、主にタイムディケイ（オプションの時間的価値の減少）」です。1時限目の基礎知識のところでお話ししましたが、オプションは必ず「時間価値」を持っていて、その「時間価値」は時間の経過とともに、やはり必ず減価をしていきます。これがタイムディケイです。

「時間価値」だけで値がついているオプションを**「OTM」**（70頁参照）と呼びますが、OTMのコールオプションは日経225

あくまでもルールは基本ルールであることを忘れないでください！
暴騰相場や暴落相場に対応できるように、経験値を積みながらトレードルールを変化させていかなくてはいけません！

先物の急騰によって権利行使価格に「イン」しないかぎり、SQに向けてゼロ円に近づいていきます。そして、最終的には無価値になります。この**「OTMのコールオプションを、一定のプレミアムで売り建て、値を下げたところで買い戻す……これを繰り返して利益を積みあげていくのが、〝コール売り戦略〟」**です。

安全性の確保が全戦全勝のカギ！

この戦略のキモとなるのは、**「安全性の確保」**です。売り建てたコールが、順当にゼロ円に近づいていってくれればいいのですが、日経平均株価の急騰に引っ張られてプレミアムが大きく上昇してしまうと、含み損が広がりピンチに追い込まれます。そういう展開をいかに遠ざけるか……それがキモだというわけです。

　コールオプションの過去10年間以上のデータを詳細に調査し、安全性の高いコールの条件を見出しました。**「その条件に合致するコールだけを適切なタイミングで売っていれば、リスクにさらされることが少ない」**とわかり、

● 時間が利益を生むオプションの売り戦略

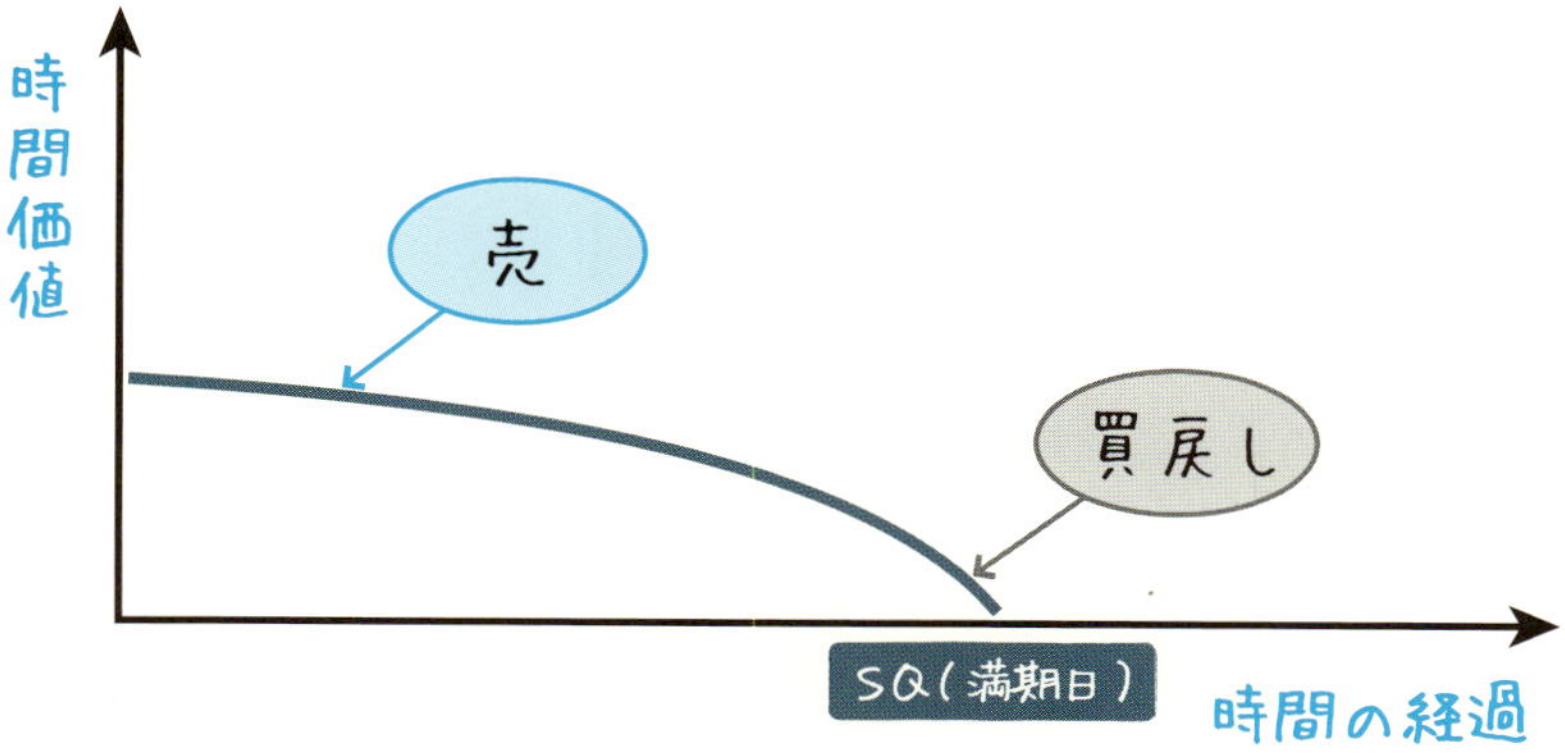

それをトレードルールにまとめたのです。

２０１５年の90勝４敗というトレード結果はそうして生まれたわけですが、実はこの２０１５年というのは、アベノミクス相場の中で日経平均株価が暴騰する場面が多発するという、劣悪な投資環境でした。

それゆえの４敗なのですが、そもそも私たちが日ごろから合言葉にしているのは全戦全勝なので、90勝４敗という結果では不満が残ります。

「安全に、そして地道に、年金のように毎月毎月利益があがるしくみを目指しているのが、この〝コール売り戦略〟」というわけです。

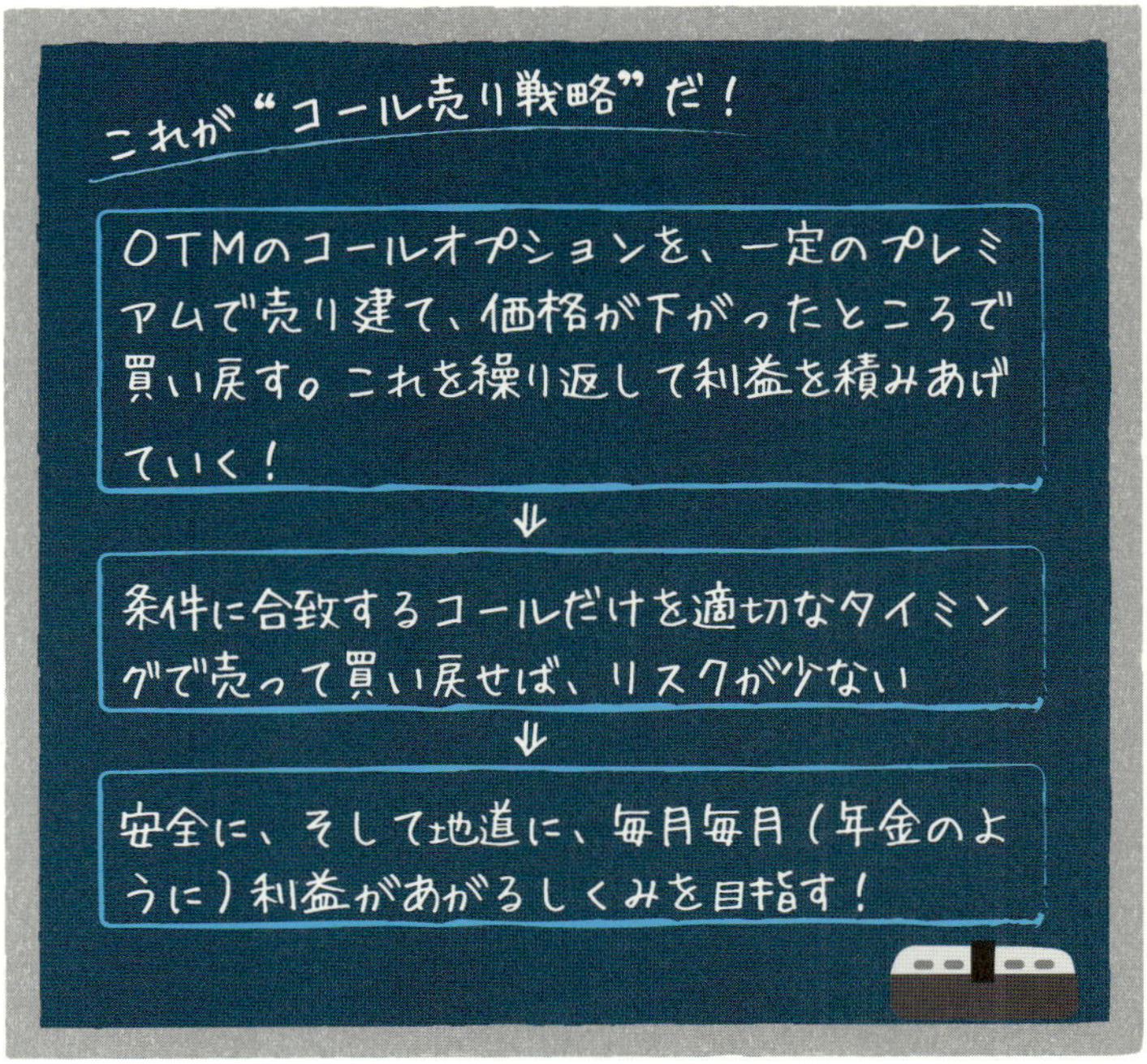
これが“コール売り戦略”だ！
OTMのコールオプションを、一定のプレミアムで売り建て、価格が下がったところで買い戻す。これを繰り返して利益を積みあげていく！
↓
条件に合致するコールだけを適切なタイミングで売って買い戻せば、リスクが少ない
↓
安全に、そして地道に、毎月毎月（年金のように）利益があがるしくみを目指す！

3 〝コール〟は売っても〝プット〟は売らないの？

結論からいうと、プットは売りません。「**売るのはコールだけ**」です。なぜかというと、プットはコールよりプレミアムの変動率が高い……すなわちリスクが大きいからです。

「**コールの売りをしているときのリスクは、日経平均株価が暴騰してコールの値段が急上昇してしまうこと**」です。コールは日経平均株価が下落すれば値を下げやすく、上昇すれば値を上げやすくなるということはお話ししました。日経平均株価が少々上昇しても利益確定できる「コール売り戦略」なのですが、暴騰となると話は違ってきます。

たとえば日経平均株価が短期間で1000円も暴騰すると、コールの値段も何十円も値上がりして、含み損が広がってハラハラすることになるのです。なるべくこういう事態を避けたいわけですが、ハラハラする場面は、トレードである以上、必ずやってきます。しかしハラハラはするものの、ほとんどの場合「一時的なハラハラドキドキ」ですむものなのです。

逆に、プットの売りをしていた場合のリスクは、日経平均株価が暴落することです。日経平均株価が短期間で一気に1000円も暴落したら、プットの値段が跳ね上がります。売っているものの値段が跳ね上がるわけですから、これは厳しい事態に違いありません。

このような一時的なハラハラは、しかたありません。きれいなバラにもトゲがあります。私にだってあなたにだって、良いところもあれば欠点もあるはずです。ハラハラドキドキは、ある意味トレードの醍醐味。それすら嫌だと思う人は、オプションの売り戦略は諦めてください。

ここで問題にしなければならないのは、一時的なハラハラではすまない場合の話です。要するにハラハラゾーンを通り越して含み損が広がり、オプションをはじめたことを後悔するほどの「最悪の事態」に陥ってしまうケースのこと。たとえば日経平均株価が「5日間で2000円を超えるような大変動」をした場合には、オプションの売り戦略では「最悪の事態」に陥っている可能性が高いでしょう。

では、コールとプットで「最悪の事態」への遭遇確率はどちらが高いのか、実際のデータを使って検証をしてみましょう。2004〜2016年の12年間の225先物の価格データ（日足）を用意しました。

その連続した値動きの中で「5日間の値動きの高低差が2000円を超えた回数」を、上昇で超えたケース、下落で超えたケースで調べました。すると面白い結果が出てきたのです。

- **225先物が5日間で2000円以上の暴騰をした回数：0回**
- **225先物が5日間で2000円以上の暴落をした回数：5回**

明らかに暴落のほうの威力が大きいですね。要するに、「**コールを売る場合より、プットを売るほうが危険**」だといえます。逆にいうと、「**安全圏でコールを売っていればリスクが少ない**」ということがいえるのです。だから、私たちはプットは売りません。売るのはコールだけなのです。

04 コール売り戦略の売り建て方

1 コールオプションのエントリー（売り建て方）のルール

❶ **SQまでの残日数**　**20～50日（対象銘柄が見つからない場合は50日を拡大可）**

❷ **プレミアム**　**15～20円**

❸ **権利行使価格までのマージン**　**現在の日経平均株価×HV（ヒストリカルボラティリティ：85頁参照）×0・7（必要マージンについては138頁参照）**

注意　市場のボラが低下して❶～❸の条件に合致した銘柄が見つからない場合は、❶の残日数を70日程度まで拡大解釈して❷と❸に合致した銘柄を探します。

この3つの条件に合致したコールオプションを売り建てます。「**この基本を守るのが大原則**」です。ただし、条件に合致さえすればいつでも売っていいかというと、そうではありません。

2

❶ エントリーを見あわせる要件 市場の建玉が多いとき

売りを制限するための要件

たとえば、コールオプションの建玉（マーケットで売買が成立して、誰かに保有されている枚数）が大きく膨らんでいるときなどは、新規売りを控えるか、売り枚数を減らしたりします。

たとえば1万8000円のコールを売りたいという場合は、その近辺（1万7000～1万9000円あたり）の権利行使価格に大きな建玉が発生していないかをチェックします。その時々の状況にもよりますが、おおむね「**3万枚を超えている銘柄があれば要注意**」ですし、「**4万枚を超えたとしたら、かなりの警戒態勢が必要**」になってきます。

建玉が大きいところは、短期筋のヘッジファンドにねらわれやすいのです。「**コールオプションの建玉が大きいとい**

● 1万8,000円のコールを売りたいときはここで確認する

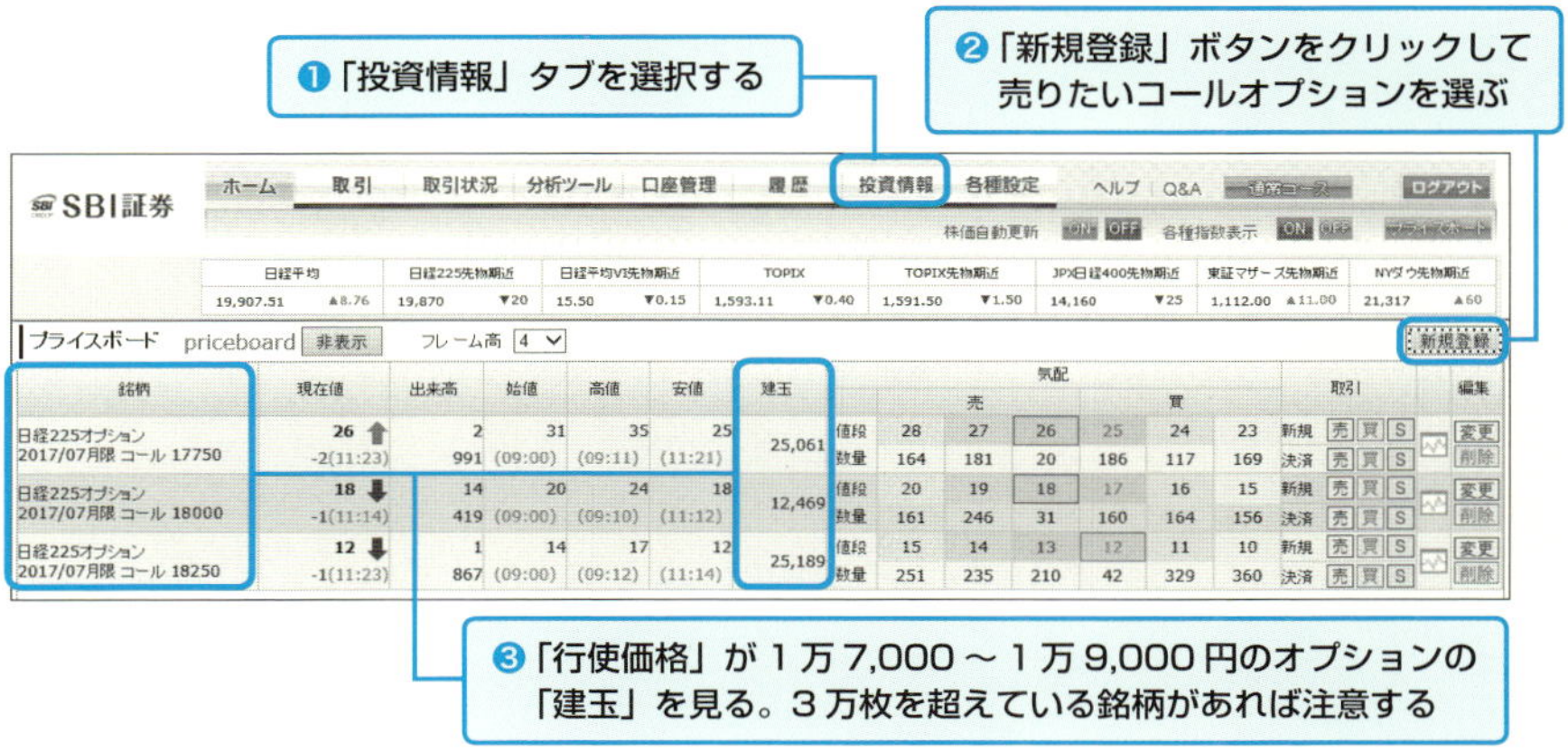
❶「投資情報」タブを選択する
❷「新規登録」ボタンをクリックして売りたいコールオプションを選ぶ
SBI証券
ホーム 取引 取引状況 分析ツール 口座管理 履歴 投資情報 各種設定
プライスボード priceboard 非表示
新規登録
銘柄 現在値 出来高 始値 高値 安値 建玉 気配 取引 編集
日経225オプション 2017/07月限 コール 17750
日経225オプション 2017/07月限 コール 18000
日経225オプション 2017/07月限 コール 18250
25,061
12,469
25,189
❸「行使価格」が1万7,000～1万9,000円のオプションの「建玉」を見る。3万枚を超えている銘柄があれば注意する

うことは、売っている人がたくさんいる」ということです。

売っている人がたくさんいるということは、日経平均株価が急騰したら慌てふためく人がたくさんいるということにほかなりません。短期筋のヘッジファンドというのは、慌てふためく投資家の恐怖心をも利用して、利益を追求することがあります。

まず彼らは、日経平均株価が急騰すれば利益が大きく膨らむポジションを仕込んだあと、日経225先物を一気に買いあげるなどして、コールの値段を急騰させていくわけです。

それを見るとコールの売り手はたいてい慌てます。すなわち「恐怖心」が発生するわけです。

0時限目でお話ししたとおり、「**恐怖心**」にはオプションの値段を押し上げる働きがあります。

そもそも、日経平均株価が上昇すれば（ギリシャ指標のデルタとガンマの働きで：93頁参照）コールのプレミアムは上昇するのですが、そこに「恐怖心」が加わると（ギリシャ指標のベガの働きで：91頁参照）さらにプレミアムが上昇することになります。損失が膨らむのを見て慌てた売り手は、売っているコールを一気に手じまったり（買い返済注文）、日経225先物を大量買いしてヘッジ（損失をカバー）したりするわけですが、その買い注文がまたさらに日経平均株価を押し上げていくわけです。

これは、コールの売り手にとってみれば「**恐怖のスパイラル**」になります。

このような悲劇は日常的に見られる光景ではありませんが、時々（短期筋がチャンスと見ると）起こることがあります。

その「**短期筋がチャンスと見る可能性がある場面というのが、建玉が4万枚を超えるといった**

とき」なのです。

建玉が多い ＝ 売っている人が多い ＝ 恐怖のスパイラルを起こしやすい

そんな混乱に巻き込まれないよう、建玉の推移に注意を払い、リスクのありそうなときはトレードをしないようにします。

3 エントリーを見あわせる要件② 急落からの急反発

前項の「市場の建玉が多いとき」というのは、リスクを避けるためにエントリーを見あわせるひとつの例です。ほかにも経験上、エントリーを見あわせたほうがいい場面がいくつかあるので紹介しておきます。

「**日経平均株価が下落する場面というのは、コールを売っている人にとっては利益になりやすい**」場面です。その下落スピードがあまりに激しい場合は、ボラティリティ（ＩＶ）が上昇することで、コールのプレミアムが下がりにくいこともありますが、基本的にはそれが「急落」であっても、コールは値を下げ、売り手の含み益が増幅することになります。

利益が膨らんでいる場面ですから、マインド的には「イケイケ」になりやすく、さらに利益追求をしたくなる場面です。しかし「**急落が起こったときは、反射的に〝急落後の急反発〟を警戒**

する」ようにしなくてはいけません。過去には、急落から一転して急反発となり、その日経平均株価の反発幅が一気に1000円を突破するような局面がありました。短期間で日経平均株価に急騰されると、コールのプレミアムも急騰します。

では、私が目の当たりにした「**急落後の急反発**」の事例を見てみましょう。

まずは極端な例を見てみましょう。

2008年のリーマンショックのときは、相場が大荒れで急落と急騰の嵐が吹き荒れていました。さすがにこういうときですから、コール売りでエントリーをすることはなかったのですが、警鐘を鳴らす意味で詳しく見ていきます。

2008年の10月の終盤に、4日連続の急落から一転して3日連続の急騰が入りました。このときの最安値から、日経平均株価の上げ幅は3日間で1600円にもなりました。急落したタイミングから市場全体に恐怖が渦巻き、IVも上昇しました。当然、コールのプレミアムも大幅急騰です。

● リーマンショック時の急反発

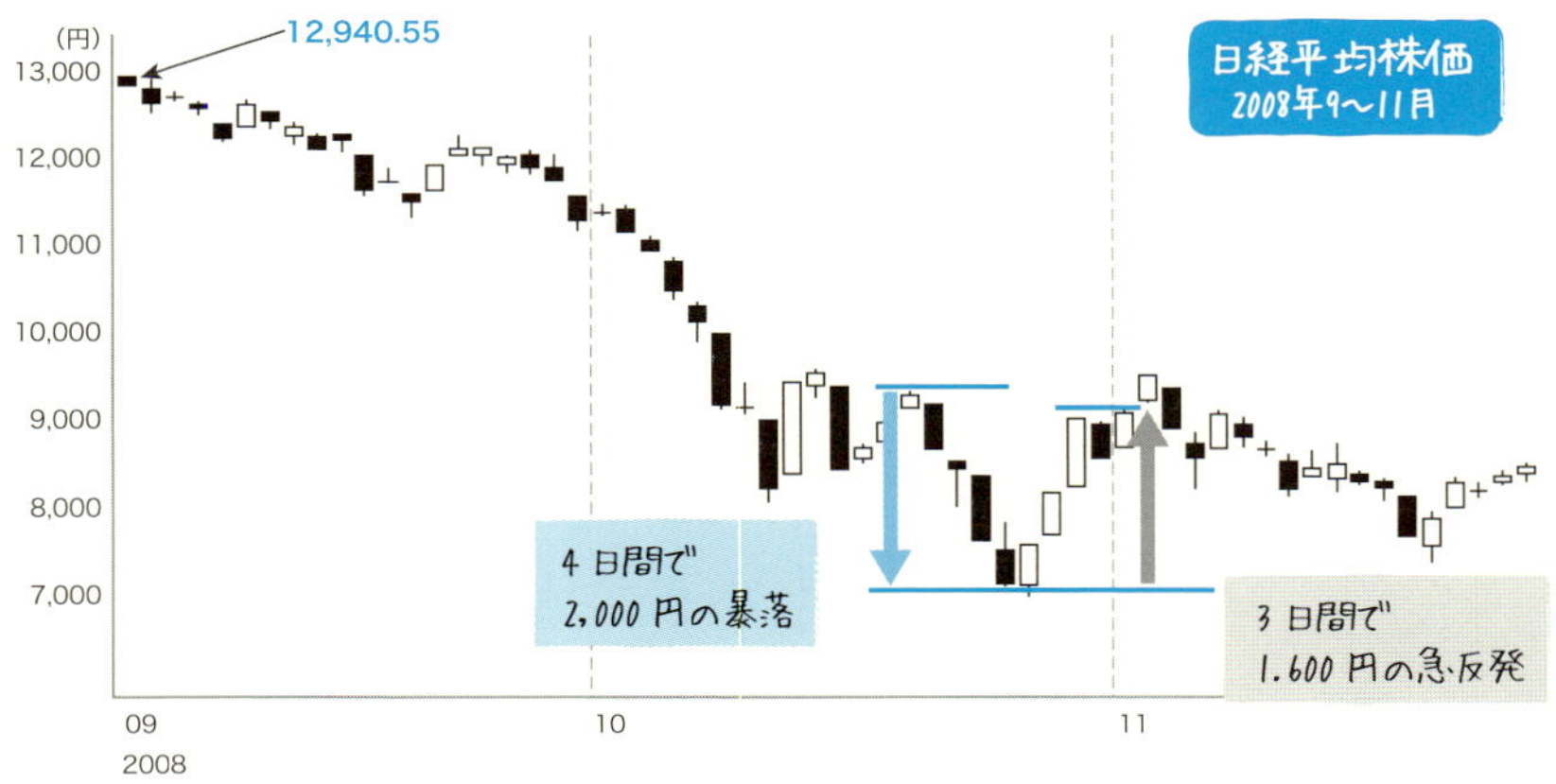

12C11000
急落初日（10月21日）の高値：140円
急反発初日（10月28日）の始値：25円
急反発3日目（10月30日）の高値：210円

急反発前の25円で新規売りしていたら、大変なことになっていました。

ここ10年の間で最も危険な事例は、このリーマンショックの中に散在しています。リーマンショック以外には、ここまでの急反発はほとんど発生していません。ということは「歴史的な大荒れ相場のときに手を出さなければ、致命傷を食らうことも少ない」ということです。

ただ東日本大震災のあとに、リーマンショックに順ずる大反発を目の当たりにしました。日経平均株価は、震災のあと（3月15日）に最安値をつけていますが、その翌日から4日間で1300円もの暴騰をしました。もちろん、震災のあとの大荒れの相場なので、手出しなどしてはいませんが、やはり「**こういう歴史的大惨事のときには売りポジションを持ってはいけない**」ということです。

なぜか？　あとでお話ししますが、こういうときは、逆に（オプションの）買いポジションが大きな利益を生むことになるからです。買いポジションの利益はどこから来ますか？　そうです。売りポジションだった人が払うのです。ここは、詳しくは4時限目の「ファープット買い戦略」

でお話しします。

リーマンショックや大震災は極端な例です。

「大荒れのときには手を出さない」というセオリーを順守していれば、切り抜けることができます。実際に当時、私たちは売りポジションを持っていませんでした。

しかし2016年の終盤に、想定外のタイミングで記録的な急反発を体験して、ダメージを受けることになりました。ここで、私の生々しい体験をお話ししておきましょう。思い出したくもない内容ですが、あなたの参考になると思うので、傷に塩を塗り込みながら打ち明け話をしましょう。

それは、米国大統領選でトランプ大統領が誕生したときのこと

実は、私はトランプ大統領の当選を予想していました（ここは少し自慢です）。大統領選の前は、全世界のメディアが「ヒラリークリントンの当選を確実視」していて、ヒラリー当選を当て込んだ株買いが入り、日経平均株価も上昇基調でした。

ヒラリー候補のスポンサー（資金面のサポーター）は、何といってもウォール街です。これでまたウォール街が勢いづくとして、株価上昇を引き起こしていたわけです。

一方トランプ候補は、むしろウォール街を敵に回すような発言をしていました。アンチ・ウォールストリートを標榜し、イエレンＦＲＢ議長を更迭するとも言っていました。

予想どおりにトランプが大統領に当選したら、日経平均株価は２０００円以上の急落をすると

考えていたのです。また、予想がはずれてヒラリーが当選したとしても、すでに株価が上げてきたことで、それ以上の株価上昇は起こらないとも読んでいました。となれば、大統領選で相場が荒れるとわかっていながらも、このときばかりは安全策を取ることもなく、通常の体制でコールを売っていました。

そして選挙結果は、予想どおりトランプが当選しました。案の定、日経平均株価は急落です。コール売りポジションの利益も膨らんで、まさに読みどおりだったのです。ここまでは。

日経平均株価はトランプ当選をもって1000円の急落を見せました。でも予想していたのは2000円の下落ですから、まだ道半ば。さらなる下落を待っていました。しかし、突然株価は急反発をしはじめ、なんと翌日までにはもとの水準に戻ってしまったのです。その戻りの速いこと！ ポジションを持っていたコール売りは、あっという間にロスカットに追い込まれました。このときばかりは、私も大きく反省させられました。

● トランプ当選後の急反発

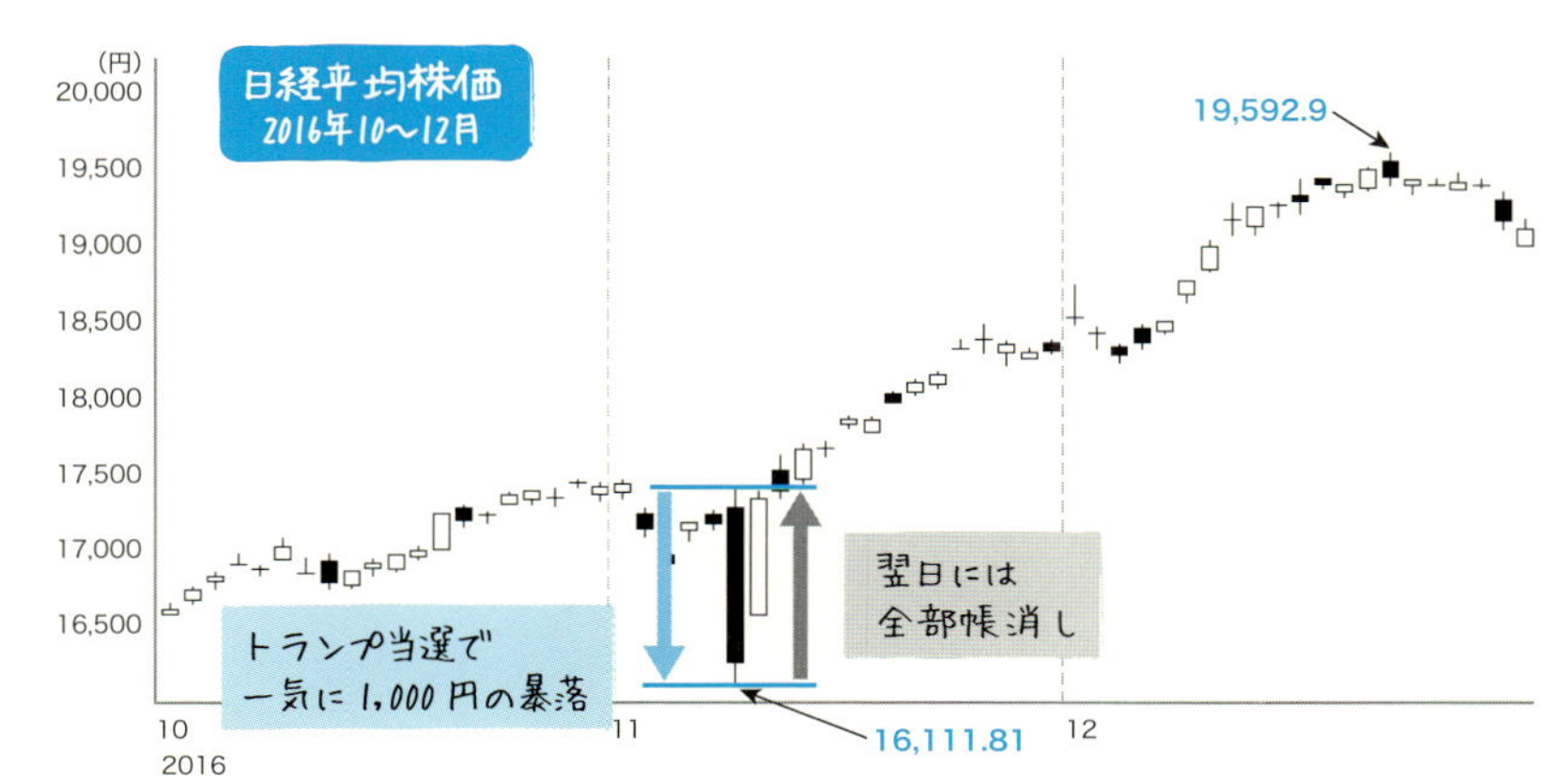

リーマンショックのときは、3日で1600円の急反発でした。トランプ大統領誕生直後の反発幅は1000円でしたが、1日で戻ってしまったのですから、ある意味、そのインパクトはリーマンショックに匹敵するくらい大きかったのかもしれません。

この失敗経験は、私の戦略間違いから生まれました。きちんとリスクの度あいを測り、日経平均株価が1000円下げた段階で、勝ち逃げの体制に入っておけばよかったのです。こういうことが起こってしまうのもトレードの世界です。

また「**トレード戦略というのは、不変のものではなく、投資環境の変化にあわせて柔軟に運用しなければならない**」のです。

このトランプ相場を経験して、またトレード戦略の一部を見直しました。

4 エントリーを見あわせる要件③ 大きなイベント

トランプ相場における失敗例は、「**急落後の急反発を警戒しなかった**」というよりは、「**大きなイベントを警戒しなかった**」ことから生じました。

トランプ当選が決まって日経平均株価が1000円も急落したあとに、コール売りのポジションを維持したという意味では、急反発への警戒を怠ってしまったといえます。しかし、それよりも「**日経平均株価が2000円暴落すると想定して戦略を立ててしまった**」ことのほうが敗因となったと考えられます。

本来ならば、これだけの大イベントがはじまる前に、コール売りのポジションは手仕舞いしておいて、当日は「静観」できるような安全策をとるべきでした。

「大きなイベントによって相場変動が起こる可能性が高い場合には、あらかじめ安全策を取る」ということを新たにトレードルールに加えました。

具体的には、**「日銀やFRBの金融政策の変更」「先進国での重要な選挙や国民投票」**などが挙げられます。米国だけでなく欧州や中国のイベントにも注目しておきます。これらのイベントはあらかじめ日程がわかっているので、いくらでも事前に安全策をとることができるというわけです。いつでも、どんなときでもチャレンジ（利益追求）をする必要はありません。リスクの少ない時間帯のほうが圧倒的に多いのですから、安全第一でトレードをしていきましょう。

乗るか降りるか迷ったときはどうする？

ここまで、エントリーを見あわせる要件として、3種類挙げてきました。相場は生き物です。今目の前にある相場が、エントリーを見あわせるべき相場なのか、意外とそうでもないのか、見分けがつきにくい場合もあります。

確実に**「安全策を取らなければまずいと判断した場合には、エントリーをしない」**が正解です。しかし迷ったときは、**「エントリーの枚数を制限する」「より安全な銘柄でエントリーする」**といった方策を選ぶこともできます。

ひとつひとつ経験を積みながら、自分なりの判断基準を培っていってください。

05 コール売り戦略 コールオプションの銘柄の選び方

1 お勧めの証券会社と口座開設の注意点

オプションをトレードするためには、専用の「先物オプション口座」を開設する必要があります。これから口座を開設するのであれば、迷わずネット証券にしてください。ネット証券なら手続きも簡単で、申込完了と同時に口座開設も完了し、すぐに取引がはじめられる場合もあります。

本書ではＳＢＩ証券を推奨しています。口座をつくると非常にすぐれたトレードツール「ハイパーＳＢＩ」が使えるようになるので、お勧めします。

口座開設をするためにクリアしなければならない条件は左頁の3点です（ＳＢＩ証券の場合）。ただし、証券会社は「合格基準を公表していない」ので、ここに明示することができません。それぞれの項目に「足切り基準」があるのではなく、総合的に判断している可能性もあります。

❶ 年齢制限がある
80歳までとなっていますが、75歳以上であれば、電話によるヒアリングが必要になるようです。

❷ 株式投資の経験が必要
株式投資もしたことがないとなると、口座開設は難しいです。信用取引の経験もあったほうが無難かと思われますが、必須の要件かどうかは証券会社によって違います。

❸ 一定額の金融資産が必要
ある程度の金融資産を保有していることが求められますが、合格基準はシークレットになっているのでわかりません。申告額が極端に少ないということでなければ「可」とされるでしょう。

2 銘柄選択の実際

売りたいコールを特定する流れ

さて、ここからはいよいよトレードの具体的な手順をお話ししていきます。

本書ではＳＢＩ証券を例に挙げてお話ししますが、おおかたの証券会社はインターフェイスが違うだけで、設定する項目は大体同じなので、口座を持っている証券会社で実践してみてください。

まずは、124頁参照の3つの条件に合致したコールを探します。具体的には、「限月」と「権利行使価格」を決める作業ですが、意外と奥が深く、ここでの手順には多くのノウハウが詰まっています。

❶ 限月を特定する

まずSQ日から逆算して、条件に合致する限月を特定します。**「SQ日までの残日数（営業日ベース）が20～50日になる限月」**を選びます。

たとえば、本日が3月9日だったとして、各SQ日までの残日数を見てみると次のようになります。

3月SQまで：1日
4月SQまで：27日
5月SQまで：47日
6月SQまで：67日

ということは、4月限と5月限が該当しますが、遠い限月のほうが権利行使価格までのマージンが大きくなり安全性が高いので、初心者には5月限を推奨します。

❷ 権利行使価格を決める

権利行使価格を決めるには、まずいくらのコールを売るのかを決めなければなりません。具体的には、「15円前後のコール」か「20円前後のコール」を売るわけですが、**「初心者のうちは15円を選んだほうが無難」**でしょう。（下図参照）

これで、新規売りをするコールが（とりあえず）特定できました。新規売りをするのは、「**5C21750**」ということになります。しかし、これで最終決定というわけにはいきません。まだ大事なプロセスが残っています。

STEP 1 売りたいコールを探す

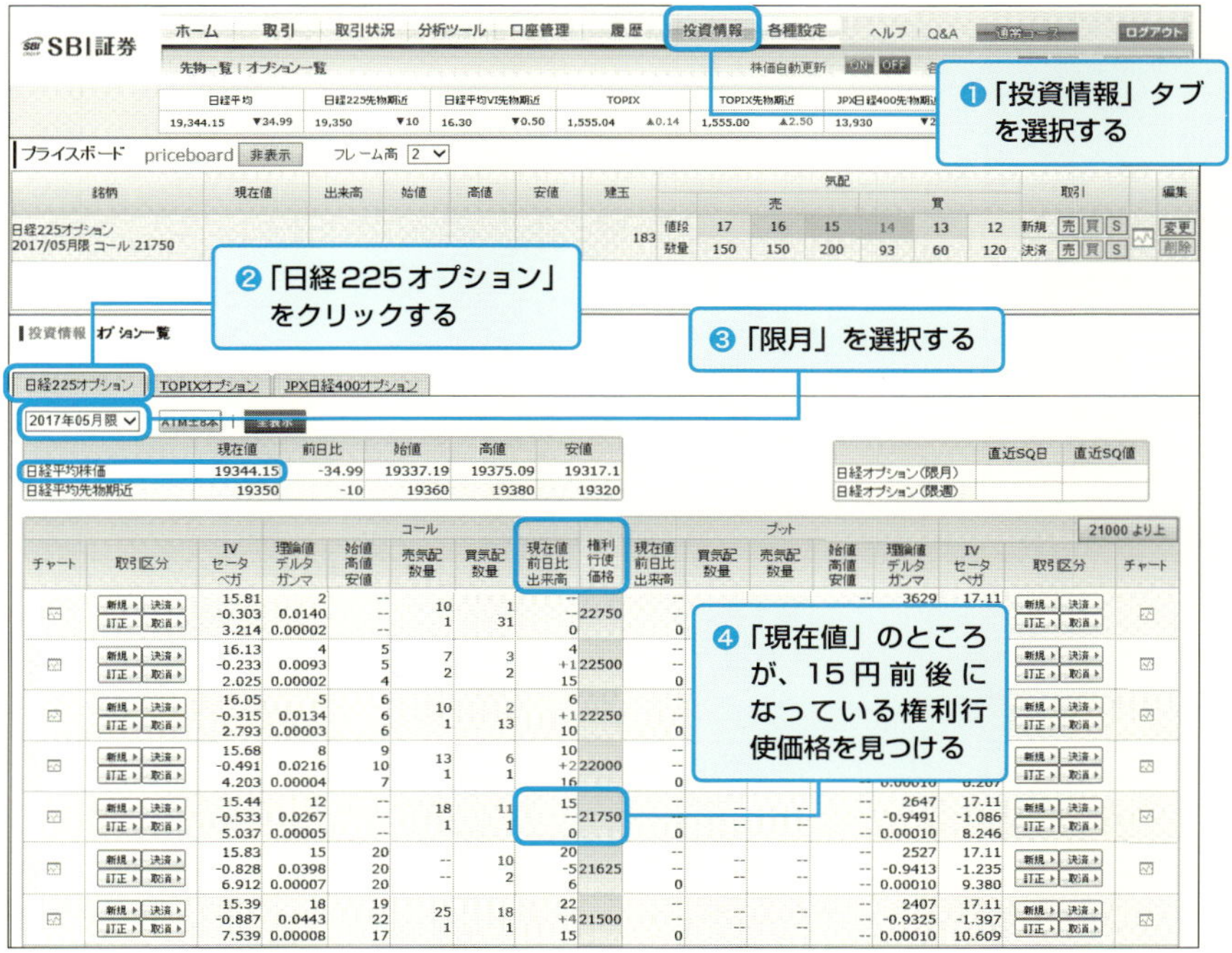

③ 特定したコールを本当に売っていいかどうかの確認作業をする

この確認作業を怠るとろくなことにならないので、面倒くさがらずにやってください。具体的には、**「特定したコールの権利行使価格が、現在の日経平均株価からどの程度離れているかをチェック」**します。

124頁の3つのルールのうち、「③権利行使価格までの必要マージン」に注目してください。一番重要なルールは、この「必要マージン」です。

たとえば、今現在の日経225先物が2万円だった場合、権利行使価格が2万5000円のコールを売るのと、2万3000円のコールを売るのとでは、どちらが安全ですか？　答えは明らかですね。

日経225先物が5000円上がっただけで、権利行使価格2万5000円のコールはITMにインするリスクに直面し、プレミアムが急上昇します。一方、権利行使価格2万3000円のコールはまだまだ安全圏です。要するに、権利行使価格はなるべく遠いほうが安心・安全なのです。

しかし、あまりに遠い（ファーな）コールは、プレミアムが安すぎます。

15～20円のコールを売ろうとすると、ある程度は日経225先物の現在値に近い権利行使価格を選ばざるを得ません。その際に、権利行使価格をどこまで日経225先物の現在値に近づけてよいのかを決めたのが、③のルールなのです。③のルールに実際の数値をあてはめてみましょう。

③の式

権利行使価格までの必要マージン（2000〜3000の範囲を出ないように調整します）**＝日経225先物の現在値×ＨＶ**（ヒストリカルボラティリティ）**×０・７**（この数値は環境変化によって変動します）

たとえば日経平均株価が2万円、ＨＶが15％とすると、権利行使価格までの必要マージンは2100円となり、新規売りしていいのは、2万2100円以上の権利行使価格のコールということになります。

ＨＶの計算・管理にはエクセルを使うことをお勧めします。ネットで検索すると具体的な方法を簡単に見つけられるので、チャレンジしてください（私は「期間設定」を比較的短い20日としています）。エクセルが苦手な方は、相場状況に合わせて15〜20％程度の数字を使いましょう。

❹ そのコールを売るために必要となる証拠金を確認する

この2時限目の112頁で約束してもらった「3つの約束」の2つ目、「**資金管理のルールを徹底する**」を読み返してください。

「**資金に余裕がない状態で売り建てることは禁止**」です。

証拠金が足りない場合は、この「コール売り戦略」を行うことは諦めてください。「**ほかの戦略に乗り換えるか、もしくは軍資金を確保してから参戦する**」ようにしてください。

証拠金が足りているかどうかを確認するには、ＳＢＩ証券では「ＳＰＡＮシミュレータ」を使います。

ＳＰＡＮシミュレータで、「必要委託証拠金」の金額を確認すると、20万３６００円となっています。これが、**5C21750**を新規売りする際に必要となる証拠金です。「３つの約束」でお約束いただいたのは、この「**必要委託証拠金の３倍以上の軍資金があること**」でした。

軍資金は「必要委託証拠金」の上に「受入証拠金」として表示されています。このケースでは、受入証拠金が62万円以上必要だということになります。

もし受入証拠金が50万円しかないというのであれば、この時点で諦めてください。**5C21750**を新規売りすることは私が禁止します。

受入証拠金が30万円しかなくても、証券会社は売らせてくれます。しかし、私が禁止するのです。それは、あなたのためです。

さて、ここまでのプロセスをすべてクリアしたなら、いよいよトレードの開始です。

STEP 2 証拠金を確認する

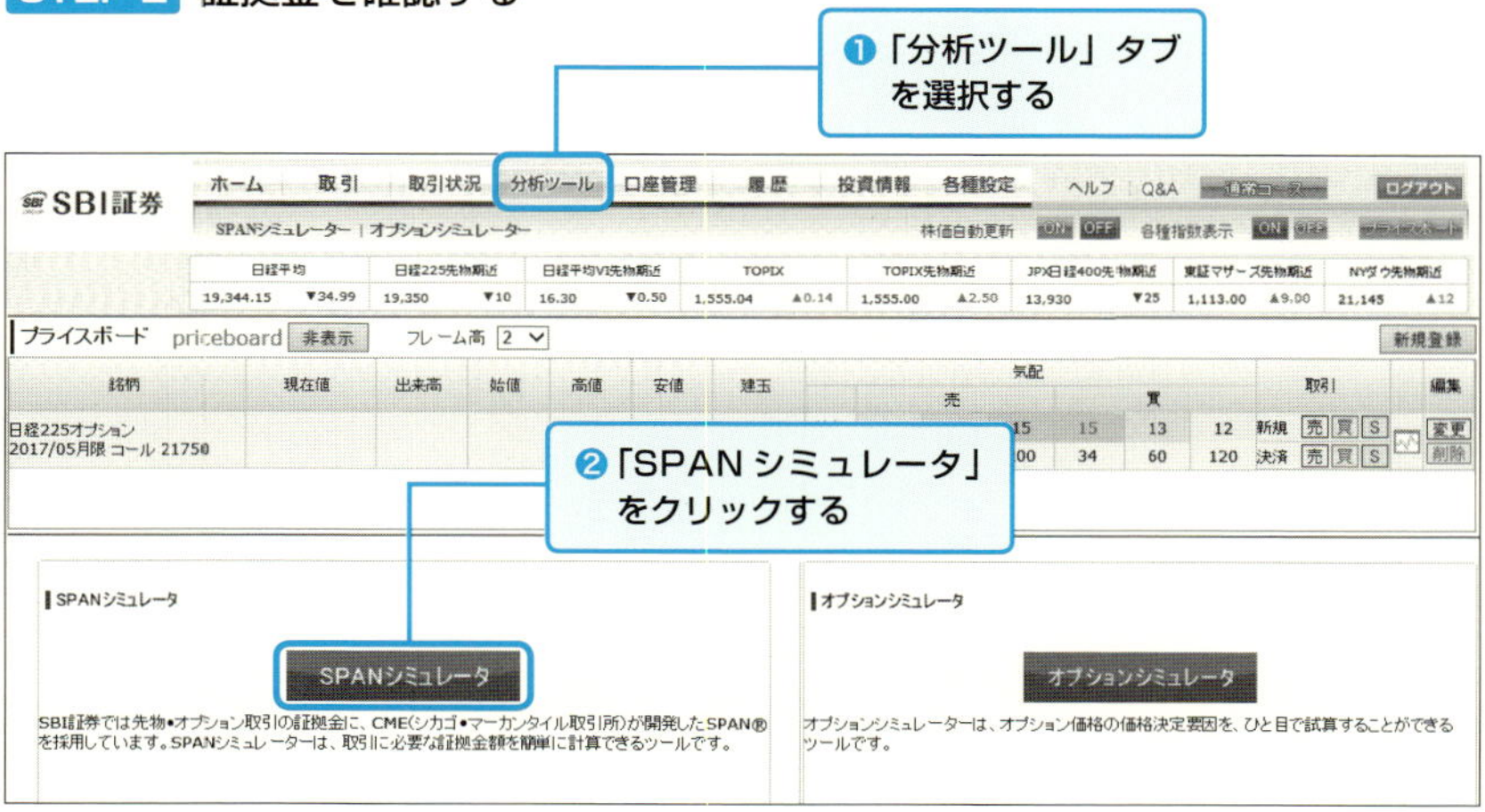

STEP 3 必要委託証拠金を確認する

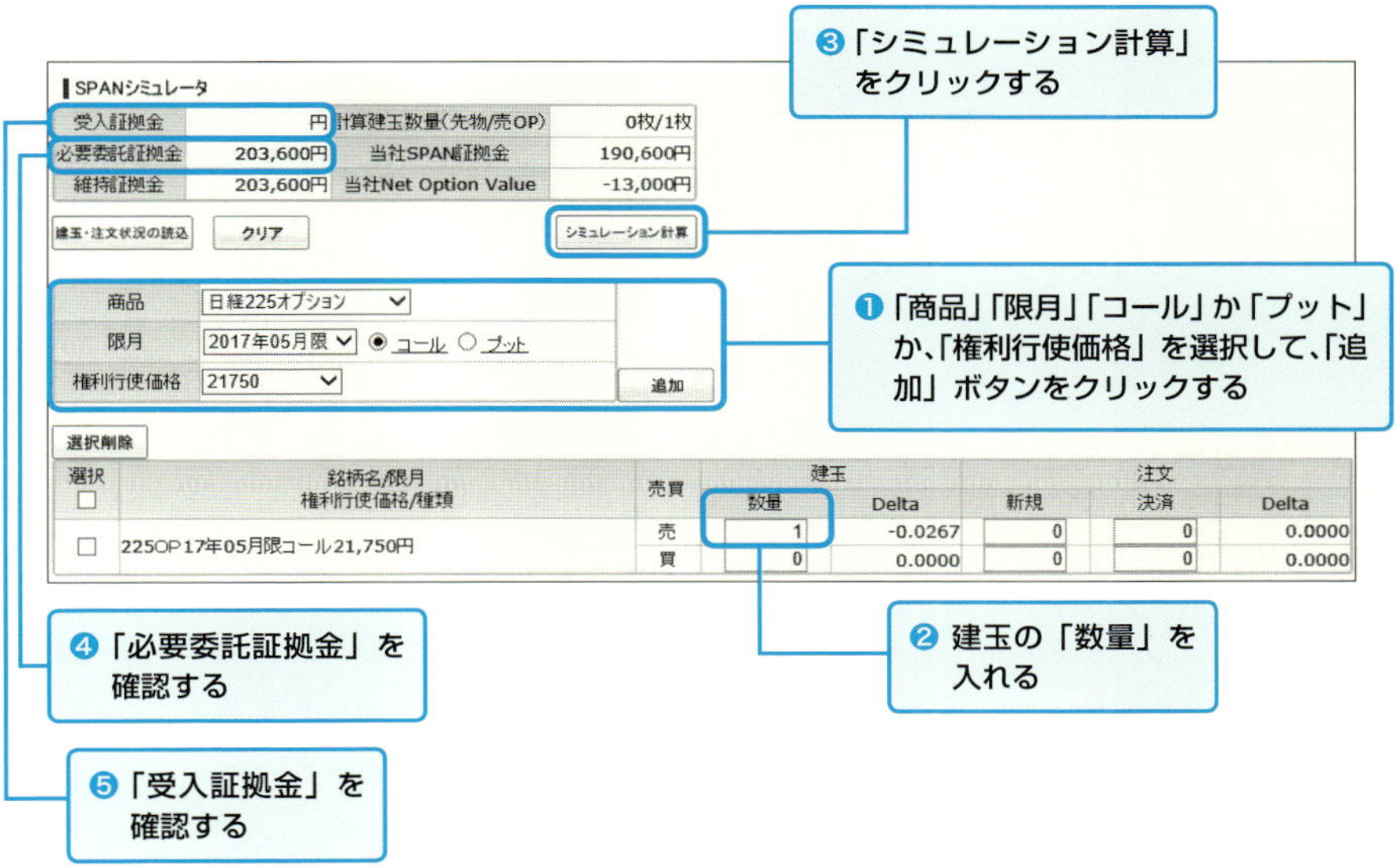

❶ SQまでの残日数が50〜20日
❷ 15円前後のコール
❸ 必要委託証拠金の3倍以上の軍資金
❹ 権利行使価格までのマージン2,000円以上

ここからはみ出してはいけません！

06 実際に売る 画面の指示にしたがってコールオプションを売ってみよう

1 コールオプションの売り注文のしかた

ＳＢＩ証券のサイトには「プライスボード」という便利な機能が用意されています。非常に見やすく、扱いやすいのでお勧めします。

まずはこのプライスボードに **5C21750** を表示させます。右上にある「新規登録」をクリックして **5C21750** を選びます。プライスボードに銘柄が表示されると、「気配」のところに売り手と買い手の注文状況が出ています。この気配の一覧（板）を見ると15円の売り注文が4枚、14円の買い注文が39枚入っているのがわかります。15円で売りたい人（あなた）と、14円で買いたい人が、互いに相手の出方を見ている状態です。しかしこのケースだと、売りに出している人のほうが圧倒的に少ないので、15円の指値で売り注文を出しておけば、遠からず買い取ってくれる人が出てくるのではないか？ と、判断できます。注文の出し方は左頁のとおりになります。

STEP 1 新規売りの準備をする

❶「新規登録」ボタンをクリックして売りたいコールオプションを選ぶ

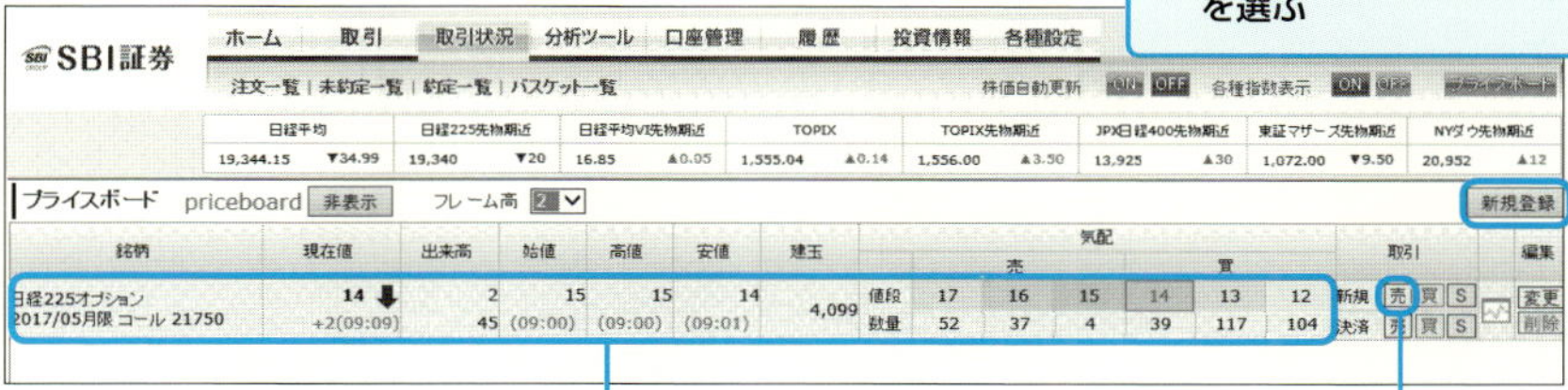

❷「プライスボード」に売りたいコールオプションが表示される

❸「売」ボタンをクリックする

STEP 2 注文情報の入力と発注をする

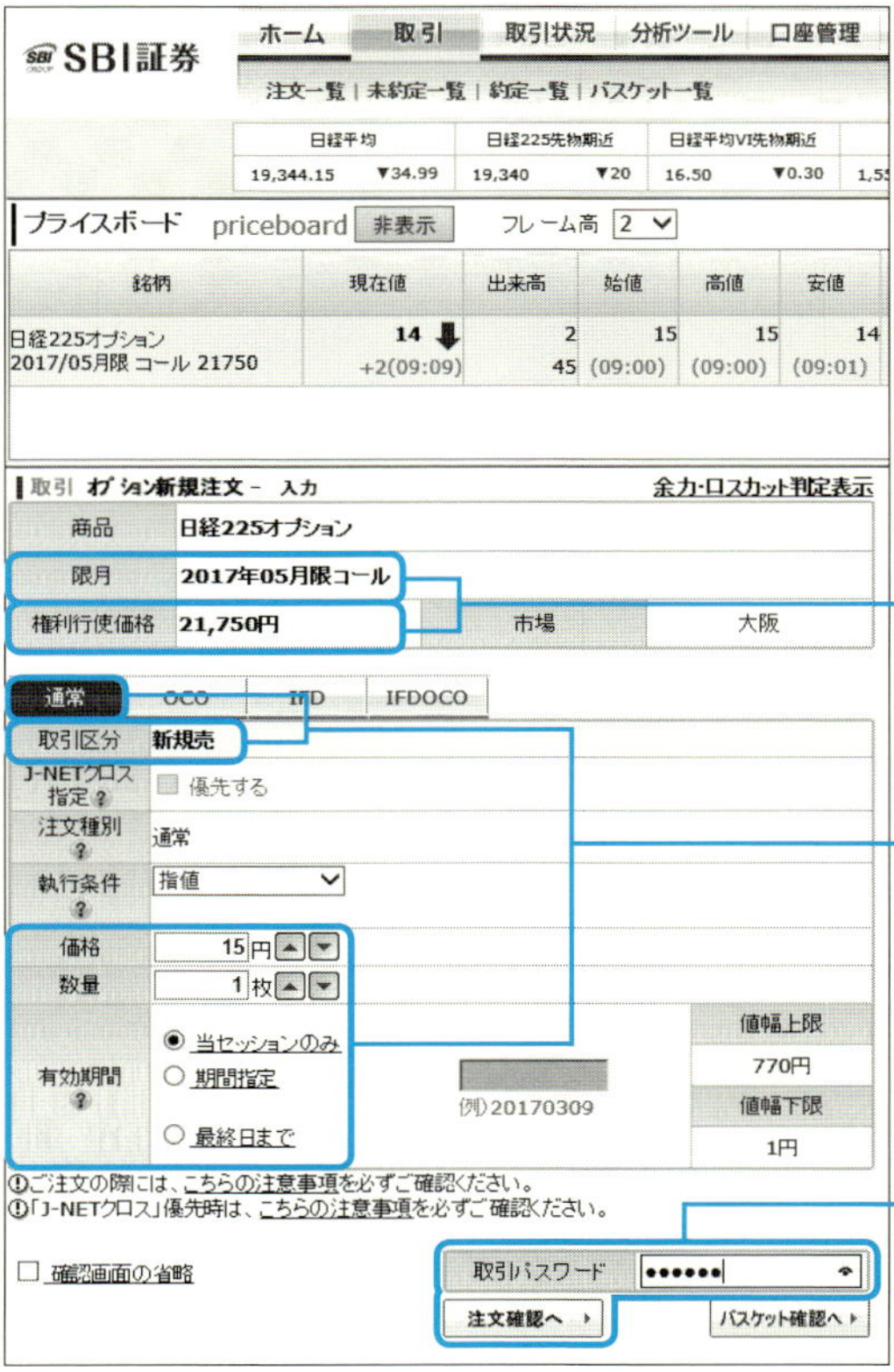

❶ 銘柄を選択する

❷「通常」タブをクリックして「取引区分」を確認したら、「指値の価格」「売る数量」を入力して「有効期間」を指定する

❸ 最後に全部の項目を間違いがないかチェックしたら、「取引パスワード」を入力して、「注文確認へ」をクリックする

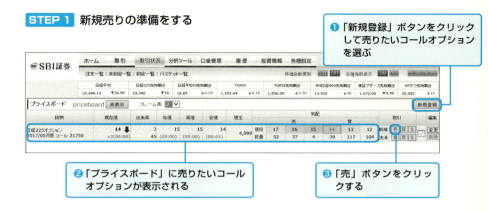

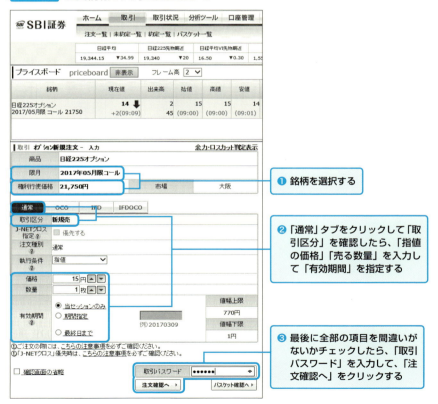

07 実際に買戻す コールオプションの利益確定ルール

1 クロージング（利益確定）ルール

エントリールールに沿って売り建てたコールのプレミアムが値下がりをして、10円程度の利幅が取れたら利確（利益確定）の返済買い注文を出します。

利益確定　5〜10円の利幅で利益確定（返済買い注文）

「15円で新規売りしたコールのプレミアムが5円程度に値下がりしたら、もしくは20円で新規売りしたコールが10円程度に値下がりしたら、利益確定の返済注文」を出しましょう。「**基本は値幅10円**」です。

経験を積むにしたがって、どこで利益確定をすれば安全かつ効率がいいのかがわかってきたら、状況に応じてそれが7円であっても12円であっても構いません。

このパターンは通常、月間数回以上は繰り返すことができます。会社員の人でも、売り建値より10円下のところに指値買い注文を入れておけば、勝手に利益確定をしてくれます。

2 ゼロ円を待たずに利確する理由

5円や10円にまで値を下げたコールは、ＳＱ日にゼロ円になる確率が高まっているので、そのまま放置しておいてもいいのですが、10円以下になってきたら早めに利確をすることにしています。その理由は、「**プレミアムがひとケタになったオプションがゼロ円になるには、時間がかかる**」ためです。

ゼロ円になるのはＳＱの日です。ＳＱまでの残日数が20日あったとしましょう。その20日を、たった数円稼ぐために使ってしまうのは非効率です。早めに利確をして、次の20円を売っていけば、ＳＱまでにもう1回、いや2回、3回と利確ができるかもしれないのです。

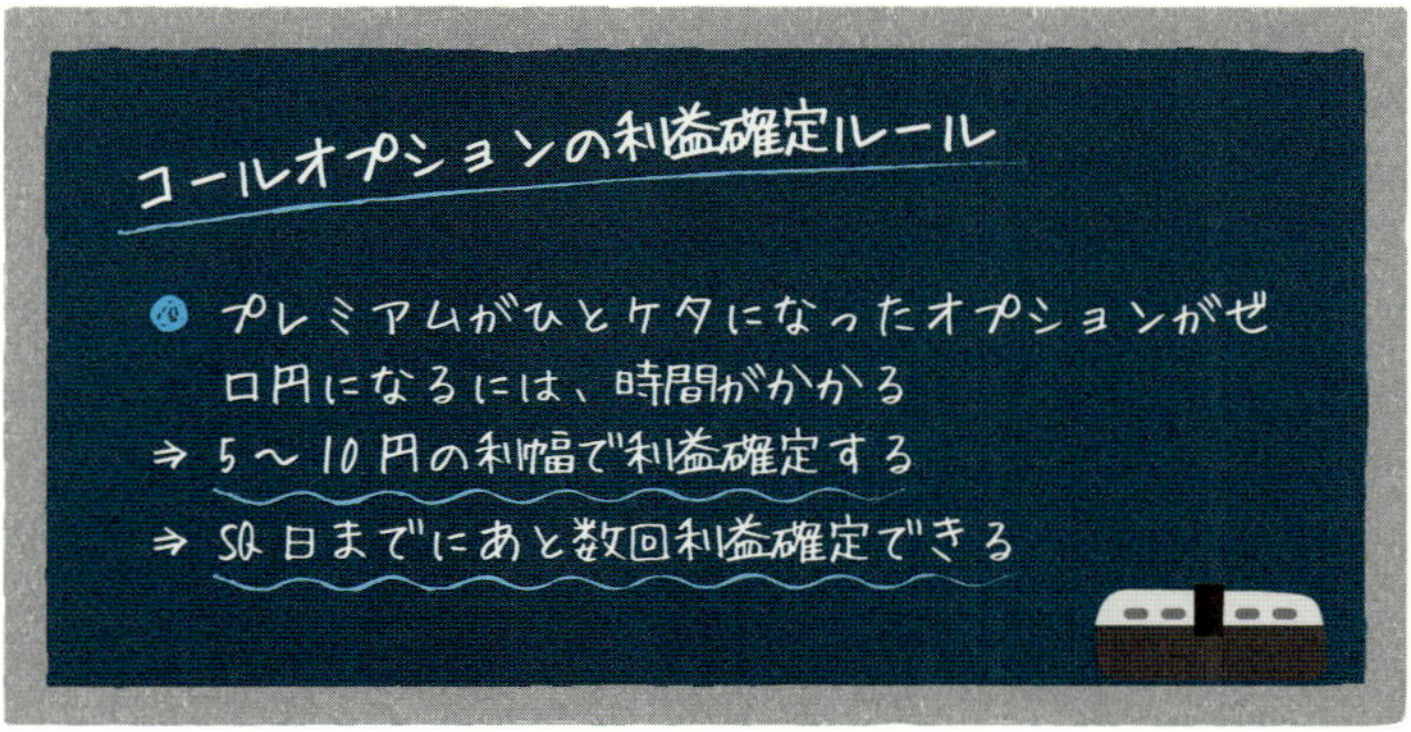
コールオプションの利益確定ルール
プレミアムがひとケタになったオプションがゼロ円になるには、時間がかかる
⇒ 5〜10円の利幅で利益確定する
⇒ SQ日までにあと数回利益確定できる

私の経験では、ひと月の間に（ひとつの限月だけで）20回も利確できたことがあります。10円幅で20回。ということは、ずっと1枚ずつ売っていたとしても20万円の利益を得られたということです。2枚ずつなら40万円です。こんな経験をしたら、きっとあなたもコール売り戦略のとりこになりますよ。

15円で新規売りをして、SQまで放置するということは、その限月は「15円を1回利確」で終わってしまうということです。そうではなく、たとえば10円幅を3回利確できれば、利益は倍になります。

下図のように「同じコール」を何度もトレードすることで利益を増やすことができるのですが、これは、あくまで視覚的にわかりやすく表現したまでで、実際は「同じコール」を複数回エントリーすることはめったにありません。「**利益確定をしたタイミングで、その時々に最適なコールを選定し直すので、次々と、権利行使価格や限月の違ったコールに乗り換える**」ことになります。

● 10円幅で利確を繰り返すしくみ

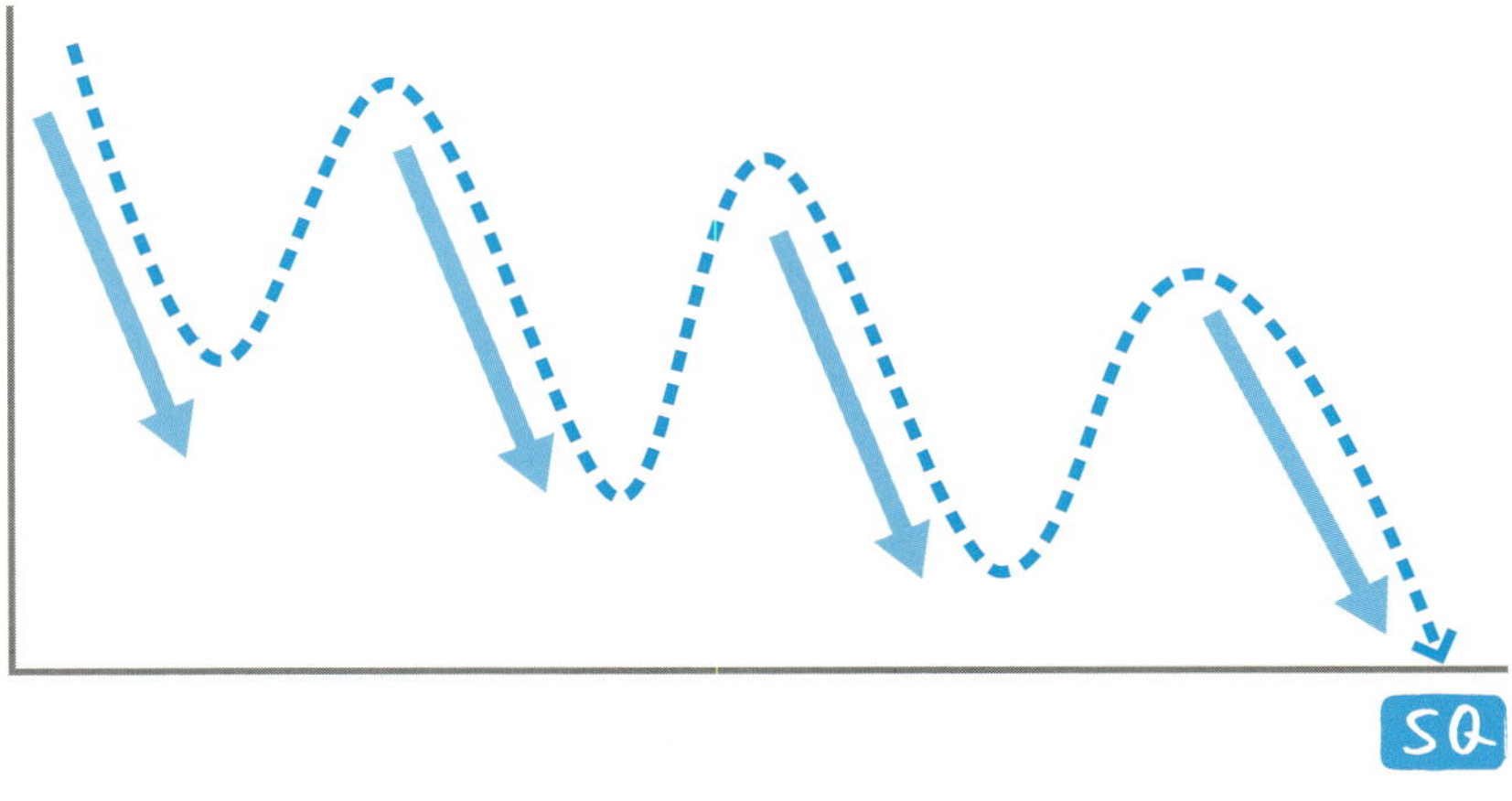

3 買戻し注文のしかたをマスターする

買戻しの手順はとても簡単です。プライスボードが表示されている画面に「建玉一覧」を表示したら、買戻しをする銘柄（ここでは**5C21750**）にチェックを入れて、「一括決済」するだけです（次頁 STEP 1 参照）。

利益確定の返済買い注文は（成行き注文で行う場合もなくはないですが）、「**基本は指値注文**」です。

たった10円の利益を取りに行くわけですから、きっちりと10円幅が取れるように、「**10円利益が取れる値段で指値注文を入れる**」ようにします。プロの人の中には「1円の利益」より「時間の節約」を優先して成行き注文主体の人もいますが、私たちは慌てる必要がないので、指値注文をしてじっくり約定を待ちましょう。

仕事柄、勤務中にPCやスマホを見ることができない人も、あらかじめ利益確定の指値注文を出しておくと安心ですね。

その場合、STEP 2 のように、注文の有効期間を「最終日まで」に設定しておけば、場が引けるたびに注文を入れ直す手間が省けて便利です。

STEP 1 持っているオプションを買戻す

❷「建玉一覧」をクリックすると持っている銘柄が「日経225オプション一覧」に表示される

❶「口座管理」タブを選択する

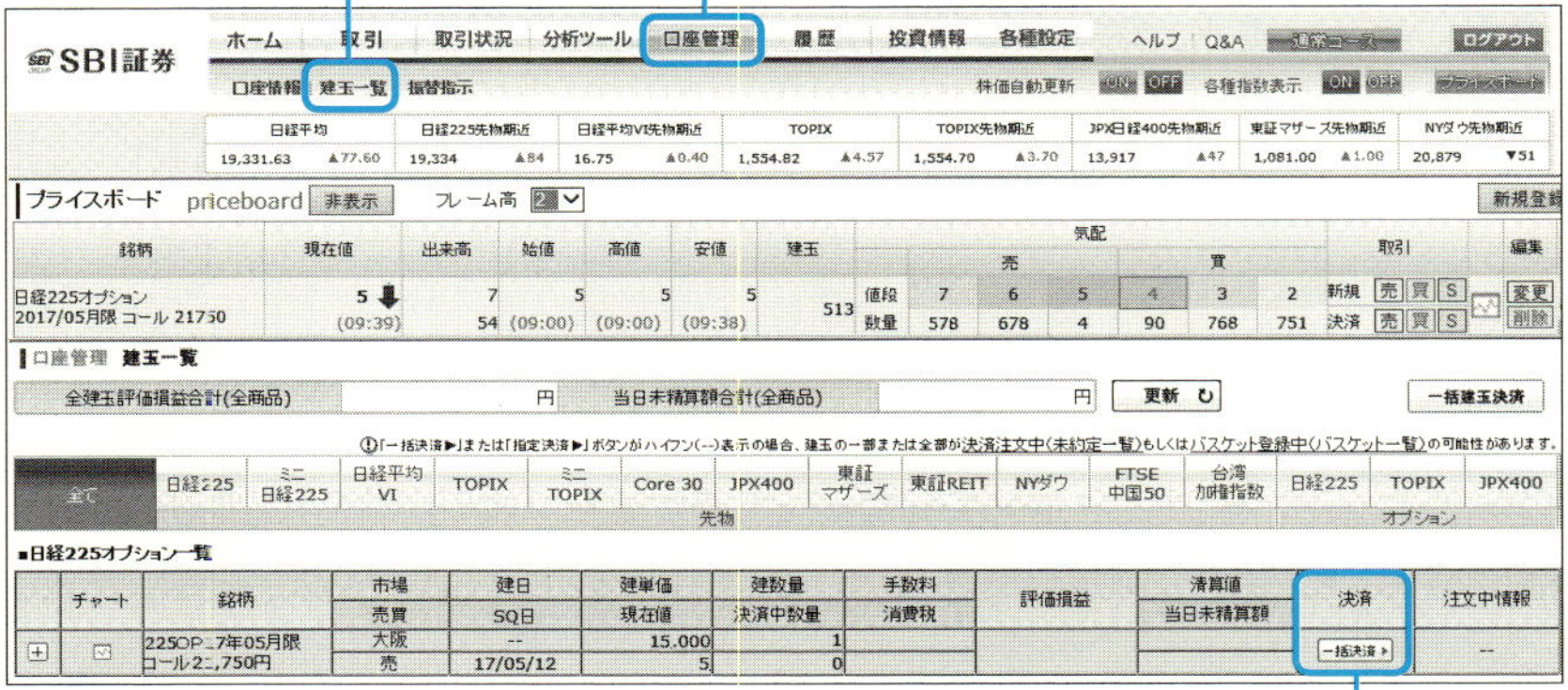

❸ 右端の「一括決済」ボタンをクリックする

STEP 2 注文の有効期間を指定して注文する

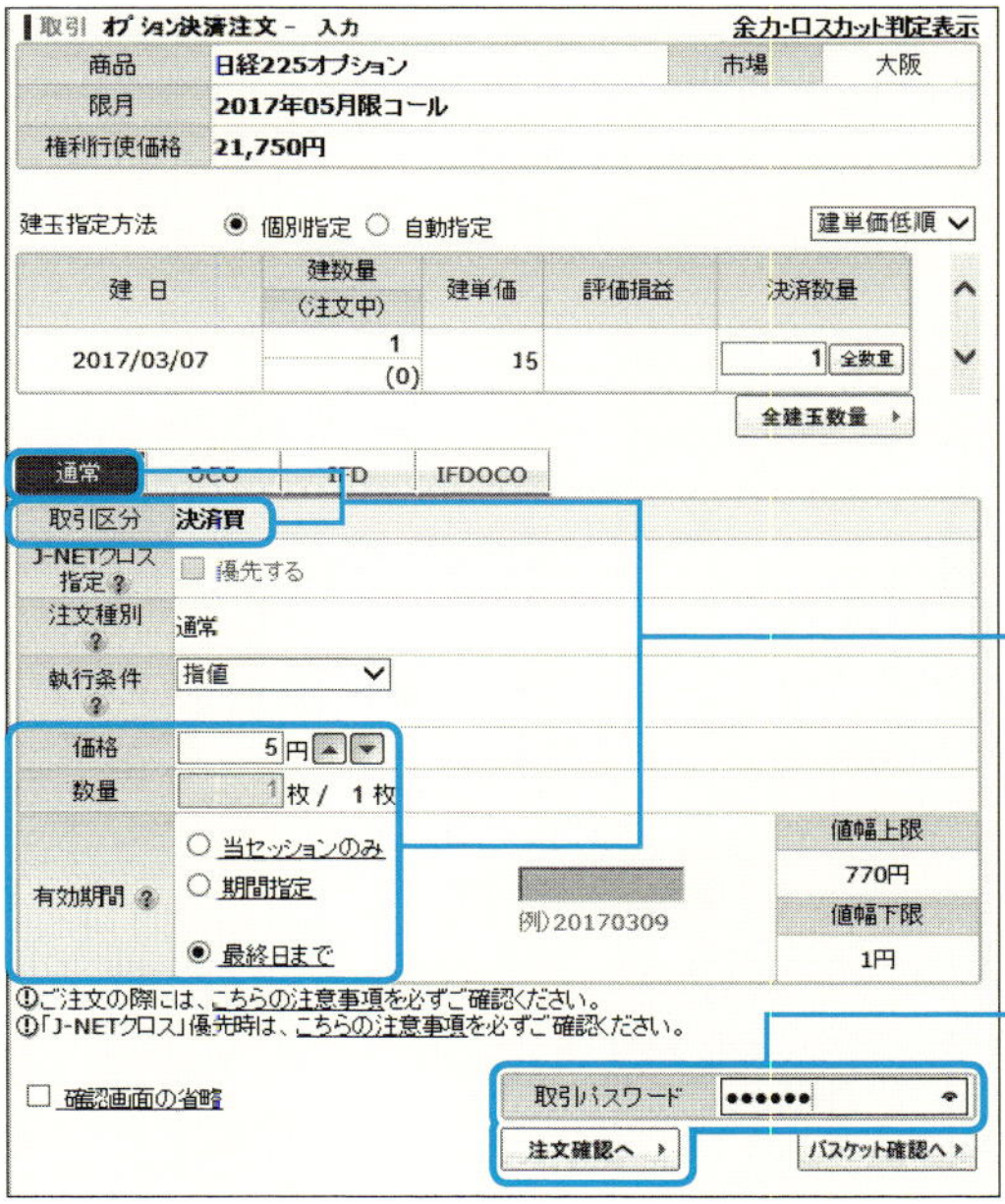

❶「通常」タブをクリックして「取引区分」を確認したら、「指値の価格」「買戻す数量」を入力して「有効期間」を指定する

❷ 最後に全部の項目を間違いがないかチェックしたら、「取引パスワード」を入力して、「注文確認へ」をクリックする

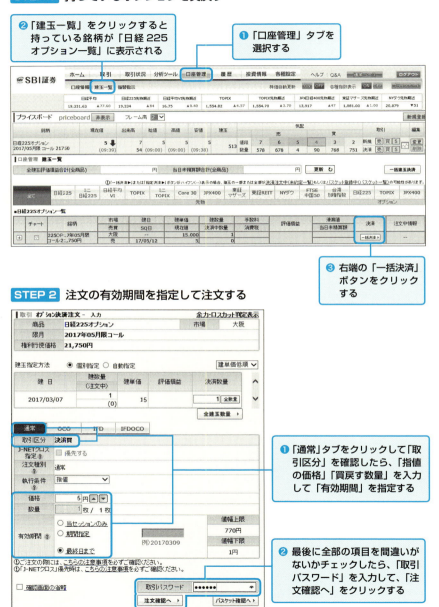

10円程度の利幅を確実に
コツコツ利益確定してい
くのが大切です！

08 コール売り戦略のヘッジ対応のしかた

1 ロスカットルールとヘッジ対応

売り建てたコールのプレミアムが素直にゼロ円に向かわずに、あなたを困らせた場合の対応方法をお伝えします。

株のロスカットとはわけが違う

株式投資の達人は必ず「ロスカット」のルールを持っています。ロスカットをしないのは初心者の特徴です。買った株が値下がりしても、「きっと今に戻る」とか、「こんなに損しては売れない」とか、ぶつぶつ言いながらなかなか売ろうとしません。そして塩漬け株を山のようにつくってしまうのです。

一方達人は、たいてい買った値段の少し下（5％下など）にロスカットポイントを決めておいて、そこにタッチしたら否応なく手じまいます。こうすることで、「**ダラダラと損失が膨らむことを避ける**」のです。潔いですし、1つひとつのトレードを評価して、その後のトレードに活かそうという姿勢が見てとれます。

さて、コール売り戦略ではどうでしょう？　コールを売ったプレミアムの少し上あたりにロスカットポイントを置いてみましょうか？　これがそうはいかないのです。オプションの場合はかなり事情が違います。

オプションは株より値動きが大きく、上下に振られる幅が株の何倍にもなります。たとえば、コールを20円で売ったとして、10%上の22円に「**ロスカットを設定しておくと、ほとんどのトレードがロスカットで終わってしまう**」ことになるでしょう。売建て値から10円プレミアムが下がれば利益確定となるのですが、そこに至る前に、コールの値段はピョンピョン飛び跳ねるのです。

いったん30円まで上がることも多いし、50円にも到達してハラハラドキドキすることもありますが、結局ほとんどのコールが10円にまで下げて利益確定となるので、「**早まってロスカットなどしてはいけない**」のです。

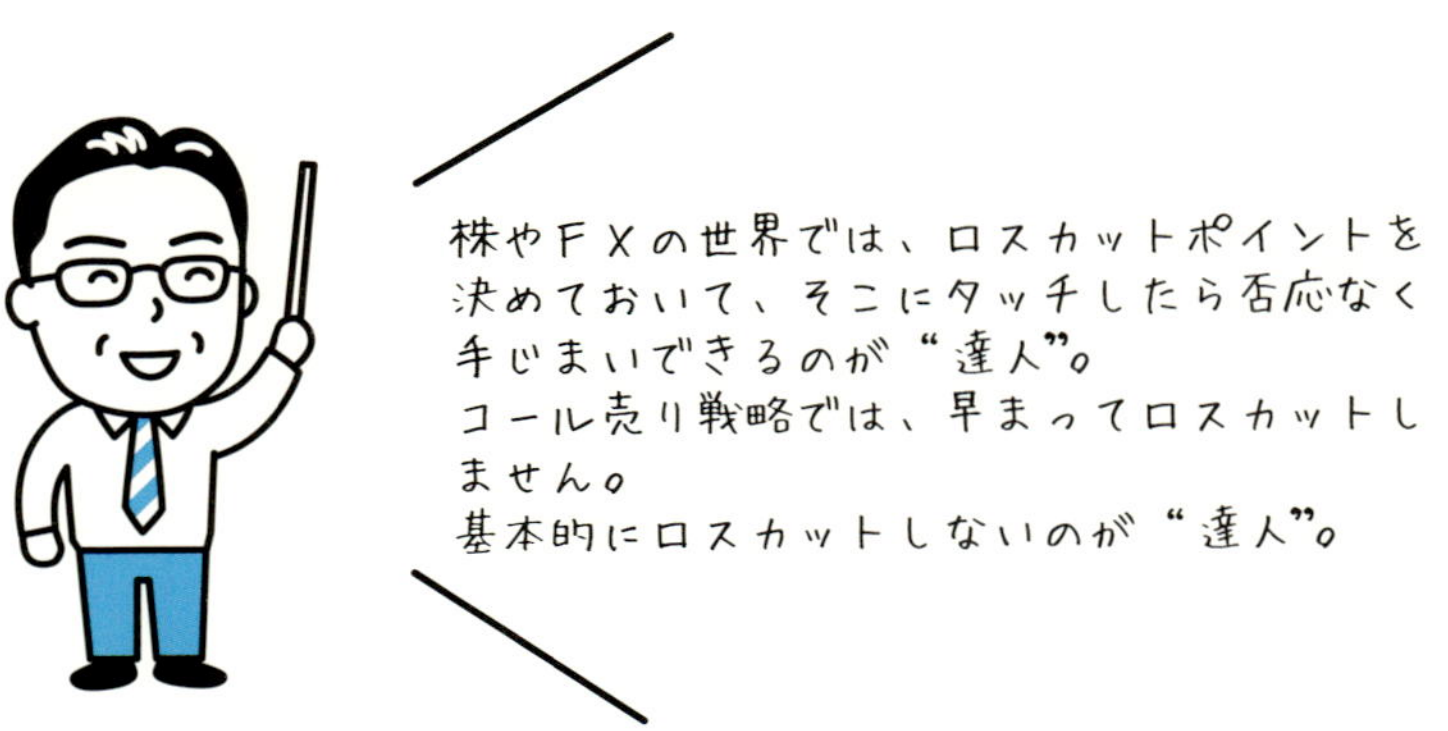
株やFXの世界では、ロスカットポイントを決めておいて、そこにタッチしたら否応なく手じまいできるのが“達人”。
コール売り戦略では、早まってロスカットしません。
基本的にロスカットしないのが“達人”。

よって、このコール売り戦略では、基本的には**「ロスカットをしない」**こととしています。

ロスカットはしない⁉

この戦略では、踏みあげられてきたときに損失を確定するのではなく、損失をふくらまさないようにヘッジ手段（09で詳しくお話しします）を駆使して最小の損失にとどめる努力をします。

しかし、踏みあげられたときに的確なヘッジ手段を講じるためには、できれば日中の時間帯に相場を監視できる状態にあったほうが有利です。会社員で「夜間しかスマホやパソコンを見ることができない」という人は、ヘッジ対応がタイムリーに行えない場合があります。

私の生徒さんにも「昼休みと夜間しかチェックできない」という人が少なくありませんが、いろいろ相談を受けていると、やはりそれなりに苦労をされているようです。「自分にはヘッジ対応が無理だからロスカットを設定している」という人もいます。

このケースでは、かなり高い値段に「逆指値のロスカット返済買い注文」を入れることになります。たとえば80円とか、１００円とか……。ずいぶん高い値段に入れると思いませんか？これは、低い値段だとロスカットになってしまう回数が増えてしまい、最終的な損失の額が大きくなるためなのです。

20円で売り建てたコールが１００円でロスカットとなったとしましょう。確定した損失は80円。金額に直すと1枚あたり８万円です。ひと銘柄1万円ずつ地道に稼いできたものが、ここでロス

カットとなってしまうと、8回分の利確を帳消しにしてしまうことになります。

しかし、20円のコールが100円まで上昇するケースは極めて稀です。2015年は日経225の急騰が多発して踏みあげられるコールも多かったわけですが、それでも100回近くのトレードの中で数回程度だったと思います。

8回分の利益を帳消しにするロスカットが、年間5回起こったとしましょう。そうすると40回分の利益が失われるわけです。しかし、残りの数十回分の利益は手元に残るという事実を忘れてはいけません。「**基本的にロスカットはしない……これがこのコール売り戦略の基本ではありますが、潔くロスカットを受け入れるという考え方でもまったく問題ない**」といえます。

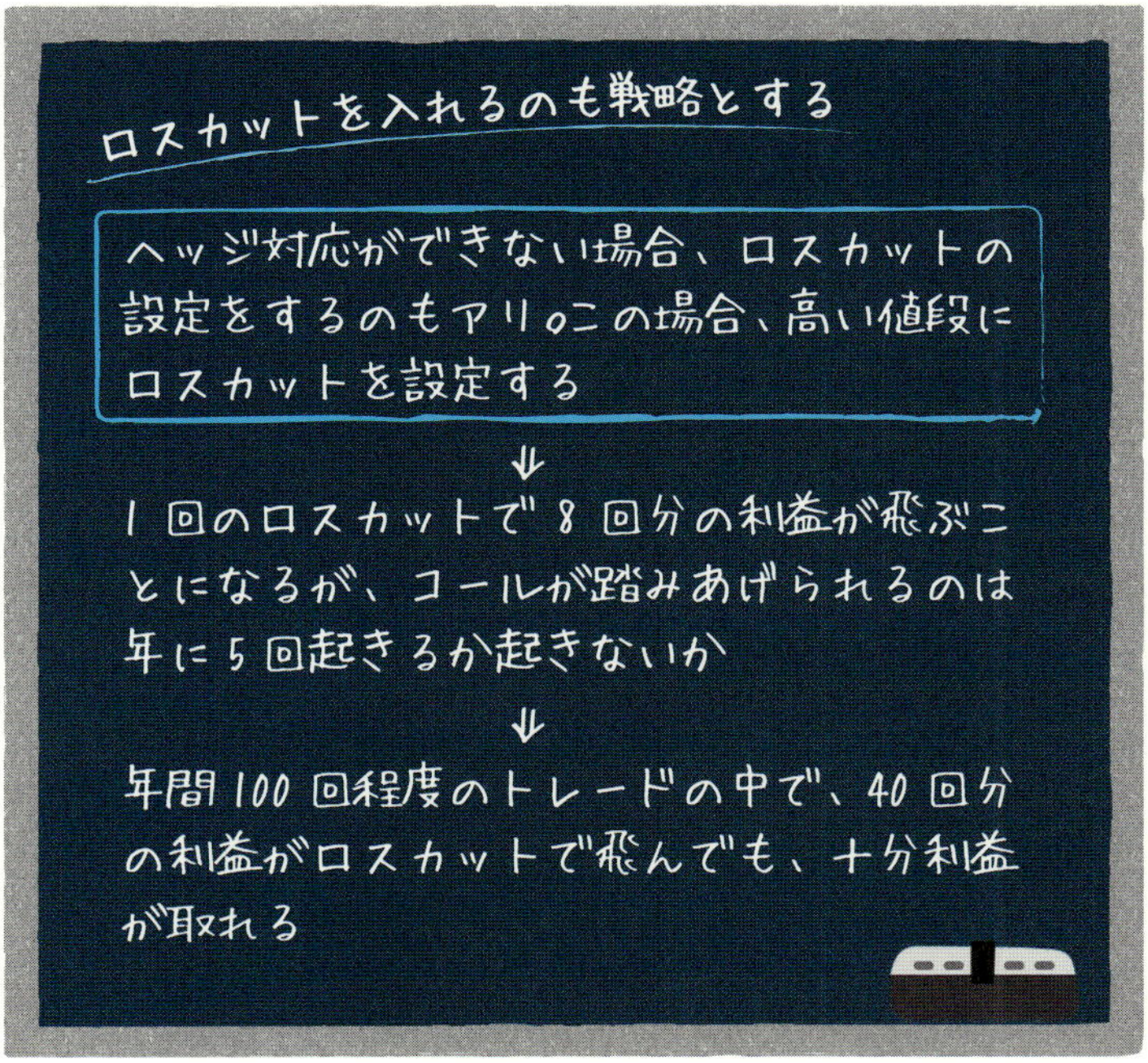
ロスカットを入れるのも戦略とする
ヘッジ対応ができない場合、ロスカットの設定をするのもアリ。この場合、高い値段にロスカットを設定する
↓
1回のロスカットで8回分の利益が飛ぶことになるが、コールが踏みあげられるのは年に5回起きるか起きないか
↓
年間100回程度のトレードの中で、40回分の利益がロスカットで飛んでも、十分利益が取れる

09 コール売りが追い込まれるとき

1 リスク回避の基本方針

株トレードのリスク回避手段というと、主に「**ロスカット**」（撤退戦略）になると思います。そのバックボーンにある考え方は、「**そもそもトレードとは勝ったり負けたりを繰り返すものであるが、ロスカットによって負けるときの損失を小さく抑えることで、（勝ったときの利益のほうが大きくなり）手元に利益が残りやすい**」といったところです。

しかし、オプション取引では同じ考え方が通用しないのはお伝えしたとおりです。「**負けたときの損失を小さく限定するために、売値（新規で売った値段）のすぐ上あたりにロスカットポイントを設けてしまうと、非常に多くのトレードがロスカット（損失）で終わってしまう**」ことになります。

繰り返しになりますが、「**株トレードとオプション取引は別もの**」です。私の「コール売り戦略」では、次のような、株トレードではあり得ない考え方をバックボーンにしています。

❶まずは、やられない銘柄を徹底して抽出する

具体的には、（過去データを詳細に検証することで）15～20円前後だったプレミアムが、ＳＱまでの間に１００円を超えてしまうことがない（ほとんどあり得ない）コールの条件を整理し、それに合致したコールのみエントリー対象とする。

※環境変化によって、そのエントリールールは弾力的に運用する。

❷とにかくロスカットを避ける

最終的には「ＳＱにて無価値となる」ということを前提に、中途で踏みあげられても（プレミアムが上昇しても）ロスカットをしない。

※中途でプレミアムが数十円程度に上昇しても、（時間経過やＩＶの低下とともに）20円以下に戻るケースが大半。

ロスカットを避ける理由

1. 上下の値動きが激しいため、株やFXのように売値近辺にロスカット注文を入れておくとロスカットばかりになってしまう
2. 権利行使価格を超えないことに賭けているので、日経225先物が少々上がったところでいちいちロスカットする必要はない

③ 証拠金管理を徹底する

コールのプレミアムが最悪100円程度にまで踏みあげられても追証が発生しないように、厳格な資金管理ルールを設けておく。

④ いよいよのときは完全武装で戦う！

いよいよ「放置すると追証のリスクが高まる」と予想される場合は、2通りのヘッジルール（リスク回避ルール）で対応する。

2 ヘッジ手段は最初に頭に叩き込む

基本的なトレードルールについては、すでに前頁でお話ししましたが、くれぐれも「**この先を読むことなくトレードを開始するようなことはしないでください**」。

私の趣味のひとつである「登山」を例にお話しします。最近は登山人口が増えたこともあり、3000メートル級の山々でさえも高齢者や山ガールであふれかえっています。しかし高い山では時折、天候の急激な変化が起こります。特に春の北アルプスなどでは、雲ひとつない快晴からたった1時間で真冬の猛吹雪に切り

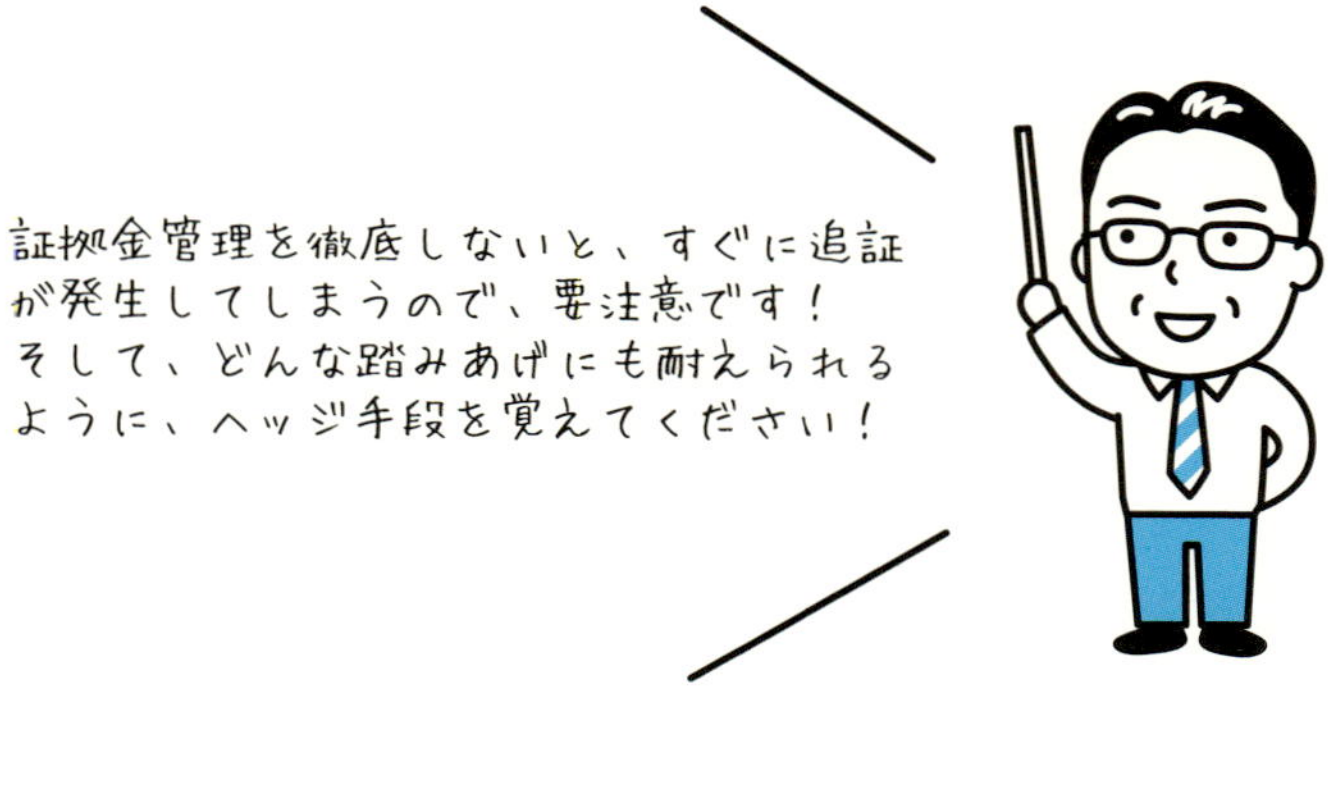
証拠金管理を徹底しないと、すぐに追証
が発生してしまうので、要注意です！
そして、どんな踏みあげにも耐えられる
ように、ヘッジ手段を覚えてください！

変わってしまうこともあります。ひととおりの登山グッズを買いそろえ、インターネットで山の情報を丹念に調べたからといって、まったくの初心者が独りで、あるいは同じ初心者同士で「残雪の北アルプス」に登山しようなどというのは、やはり無謀です。

残雪登山の必須アイテムである「アイゼン」や「ピッケル」をとりあえず持っていたとしても、その使い方がわからなければまったく意味をなしません。もし雪の斜面で足を滑らせてしまったときは、わずか1秒程度のうちにピッケルを巧みに操作し、自分の体が滑り落ちるのを止めなければなりません。山の斜面でこれを慌てることなく行うには、「実際の雪山の斜面で落ちる練習」をしっかりしておく必要があるのです。1度も練習をしたことがない人にとっては、その必須アイテムも「持っていない」のと同じになってしまいます。

これと同じことが、オプション取引にもいえるわけです。株やFXしか経験のない人にとっては、オプション取引は未知の領域です。本で登り方を読み、装備をひととおりそろえたからといって、いきなり雪の急斜面に取りついてはいけないのです。

そうそう滑落するものではないのかもしれません。またポカポカ陽気が1時間で氷点下の猛吹雪に変わることも、めったには起こらないことだとは思います。しかし起こり得ることである以上、起こったときの準備をしておくべきなのです。たいていそのようなときには気が動転し、できるはずのこともできなくなってしまいます。一方、「**必要な知識を整理し十分に練習を積んでおけば、冷静に対処できる**」ものです。その差は歴然としていますね。

本書で紹介する魅惑的なコール売り戦略をはじめるのであれば、いざというときの対処方法をしっかり頭に叩き込んでおいてもらいたいのです。コール売りをやっていて厳しい状況になるのは、天候の急変ならぬ、日経225の急変……すなわち日経225の大暴騰です。

「日経225が大暴騰をした場面を想定して、対応策を頭と身体に叩き込んでおく」ことが、「遭難しないための重要なポイント」というわけです。

3 やられた経験を共有する

本音をいうと、全員の人に**「まずは1度、やや大きめの損失を経験してもらう」**のが望ましいと思っています。もちろん老婆心からですが、やはり実体験で学んだことが1番身につくからです。しかし「オプションの売り」で負けたときの損失は、適切に対応できないとダメージが小さくはないので、それを経験しないで身につけられるなら、それに越したことはありません。

前節では、トランプ大統領誕生のときの失敗談をお話ししました。

普通は隠しておきたいことです。自分が負けたときのことなんて。しかし私は、あなたが非常事態に遭遇してしまったときに落ち着いて対応ができるように、なるべくたくさんの「できれば隠しておきたい体験」を開示しようと思います。

「コール売り戦略」は、高い勝率が売り物

通常、ロスカットに追い込まれるのは100回に1回程度です。すなわち、勝率99％というの

が目指すところです。逆にいうと、100回に1回しかやられないトレードルールをもってしてマーケットに挑んでいるということです。しかし直近の2015年、2016年は、相当なイレギュラー相場であったために不満足な結果に終わっています。

2015年が90勝4敗、2016年は105勝6敗。すなわち勝率は95％前後。なんと100回に5回も負けてしまったのです。アベノミクス官製相場、日銀の金融政策、トランプ相場など、異常暴騰する場面が何度も押し寄せたのが原因でした。

現在のトレードルールでのコール売り戦略では、1トレードの利益は（20円で売って10円で買い戻すとすると）、コール1枚あたり1万円（10円×1000円）です。しかし負けるときには、たいていの場合コール1枚あたり10万円程度の損失が発生します。

要するに、「**1回負けると10回分の利益が飛んでしまう**」のです。

1年間に100回のトレードを行ったとして、5回負けてしまうと、50回分の利益が吹っ飛びます。勝った回数は95回ですから、差し引き45回分の利益しか残らないということになります。45回分の利益というと、利益総額は45万円です。

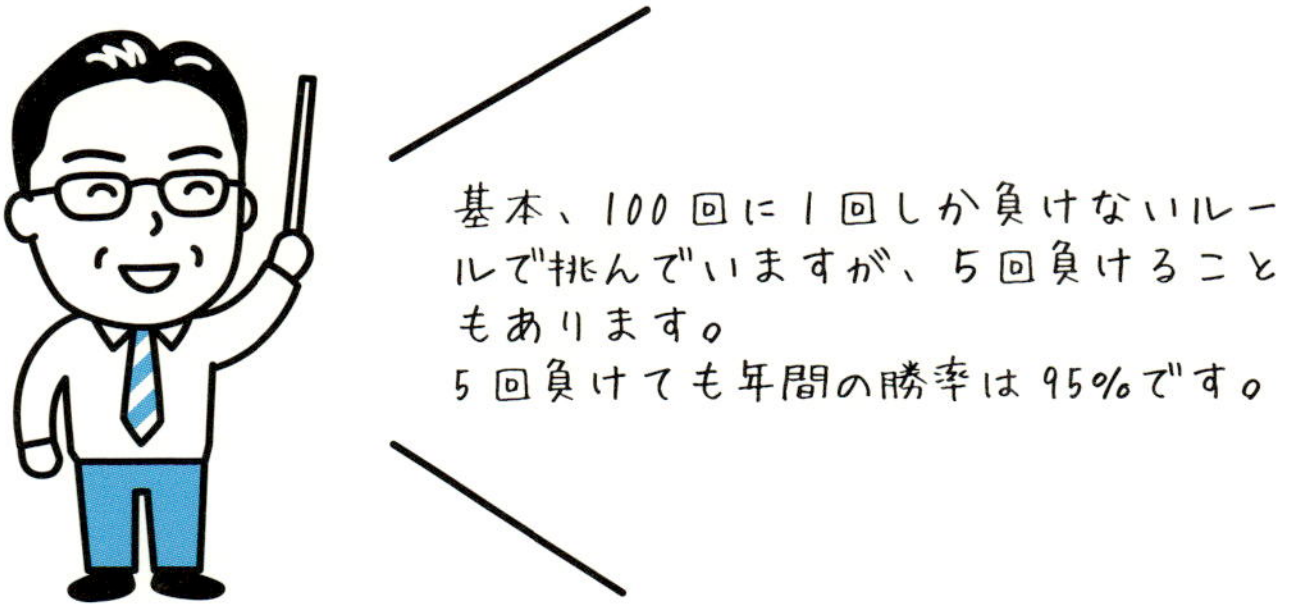
基本、100回に1回しか負けないルールで挑んでいますが、5回負けることもあります。
5回負けても年間の勝率は95%です。

年間100トレードも行うには、常時3銘柄程度のポジションを保有する必要がありますが、そのためには通常（安全を重視した私のルールでは）300万円の証拠金が必要になります。

「300万円の資金を使って45万円の利益ということは、年間の利益率は15%」です。実はこれでは非常に不満なのですが、この2年間の世界情勢ではいたしかたありませんでした。

負けるときのダメージは計り知れないからこそ、リスクヘッジをする

しかし利益率はさておき、**「実際に負けるときにはかなりの恐怖感を伴うので、精神的なダメージもかなりの負担」**になります。

たとえば、売っていた枚数が10枚だったら、自分の口座の中に100万円もの含み損が広がっている状態を目のあたりにすることになります。2016年にもそんな場面があったので、あえてその厳しかったとき

● 怒涛の上げを見せた 5C17750

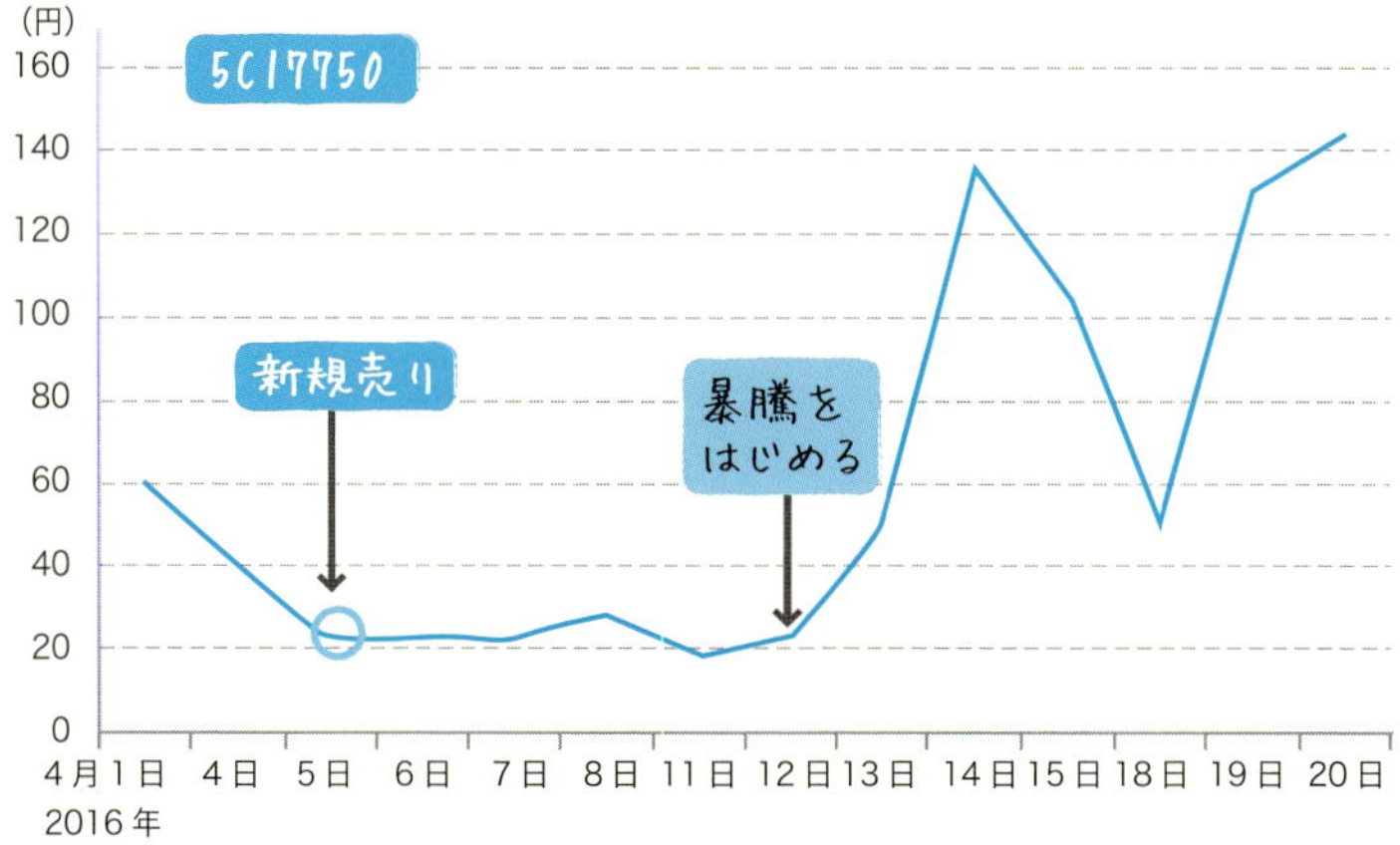

のことを振り返ってみましょう（前頁下図参照）。

４月５日に新規売りしたのは、**5C17750**という銘柄でした。この日の安値近辺、20円で売ったという記録が残っています。

その数日後の４月12日、アベノミクス相場が炸裂し、日経平均株価が突然の暴騰をはじめます。１万５７００円あたりだった日経平均株価が、３日間で１２００円幅の暴騰をしました。前頁下のチャートは、当時の**5C17750**のプレミアムの推移です。

20円だったコールのプレミアムは１００円に達し、さまざまな対応を余儀なくされたのです。生徒たちからも次々と不安の声が寄せられ、このときはメールや電話の対応でてんやわんやな状態でした。

４月12日からの暴騰は14日に入ると加速してきました。２２５は連日、数百円単位で上げが続きます。実はこれほどまでの急騰は、リーマンショックや東日本大震災の大暴落の急反発を除くとここ10数年の間、１度もなかったことでした。

次の参考動画では、２００４年からの日経２２５先物のデータを振り返り、今回の大暴騰がどの程度のものであったかを検

● **怒涛の上げを見せた日経 225 先物相場**

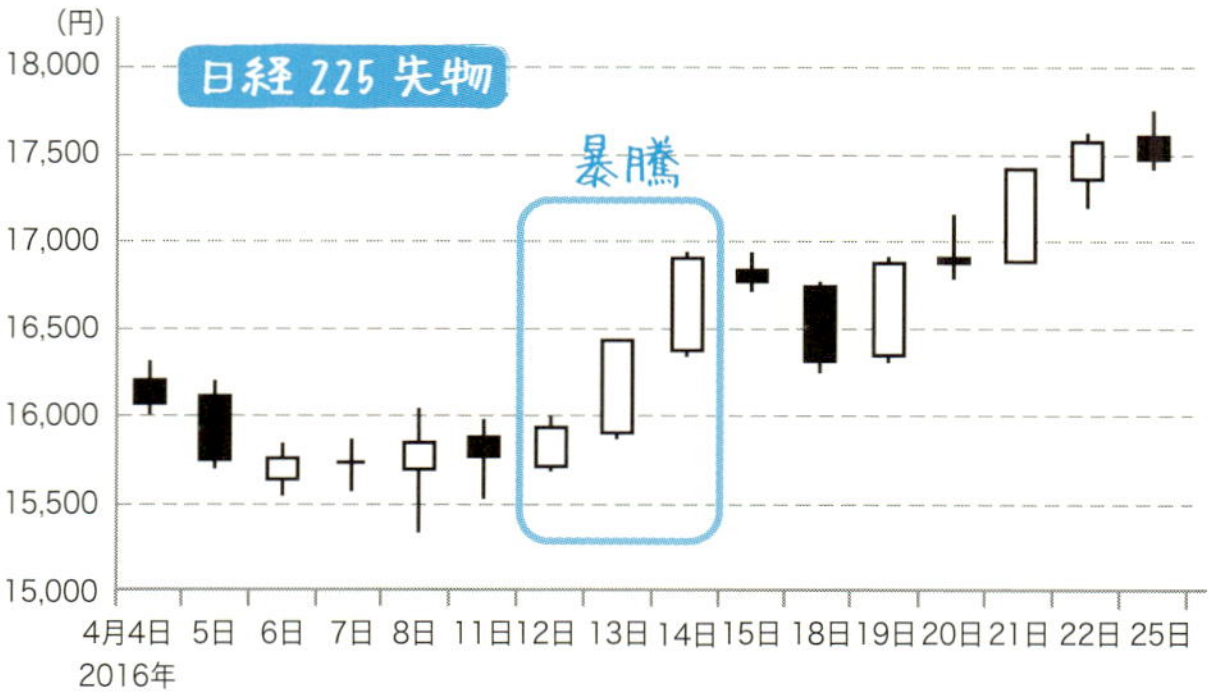

やがて400円をも超えてしまったコールオプション（5C17750）

日付	始値	高値	安値	終値
2016年4月5日	40	41	19	22
2016年4月6日	20	29	18	23
2016年4月7日	22	26	17	24
2016年4月8日	22	38	18	29
2016年4月11日	29	32	16	19
2016年4月12日	18	29	17	25
2016年4月13日	24	50	23	50
2016年4月14日	55	140	50	135
2016年4月15日	120	135	95	105
2016年4月18日	100	100	46	50
2016年4月19日	50	140	50	130
2016年4月20日	140	225	140	145
2016年4月21日	150	330	150	315
2016年4月22日	295	390	240	375
2016年4月25日	400	455	290	295
2016年4月26日	290	330	200	245
2016年4月27日	245	285	205	210
2016年4月28日	210	315	18	19
2016年5月2日	15	22	4	6
2016年5月6日	6	8	1	2
2016年5月9日	2	2	1	1
2016年5月10日	2	3	1	2
2016年5月11日	2	3	1	1

最終的にはゼロ円で清算されたので、放置すれば損失は出ませんでしたが、それは結果論です。コールのプレミアムが100円まで達したとすると、追証への警戒から何らかのヘッジ対応をしなくてはいけません。それが「カバードコール」と「両建て」です。

証しています。

参考動画
オプコアPRO会員専用動画
「225オプション・リアルトレード75」
http://u0u1.net/E7ef

動画では、日経225先物が4日間で1400円以上暴騰した回数を調べあげています。アベノミクスがはじまって以来、年に数回も起こってしまった「4日で1400円以上の暴騰」ですが、それ以前はまず起こり得ないことでした。

まさに非常事態とも呼べるこの状況を受け、4月14日からヘッジ（リスク回避）のための対応を開始しました。取った対応策は2種類。「**カバードコール**」と「**両建て**」と名づけたヘッジ手法でしたが、どちらも暴騰時には有効な手法なので、次の節で詳しくお話ししていきます。

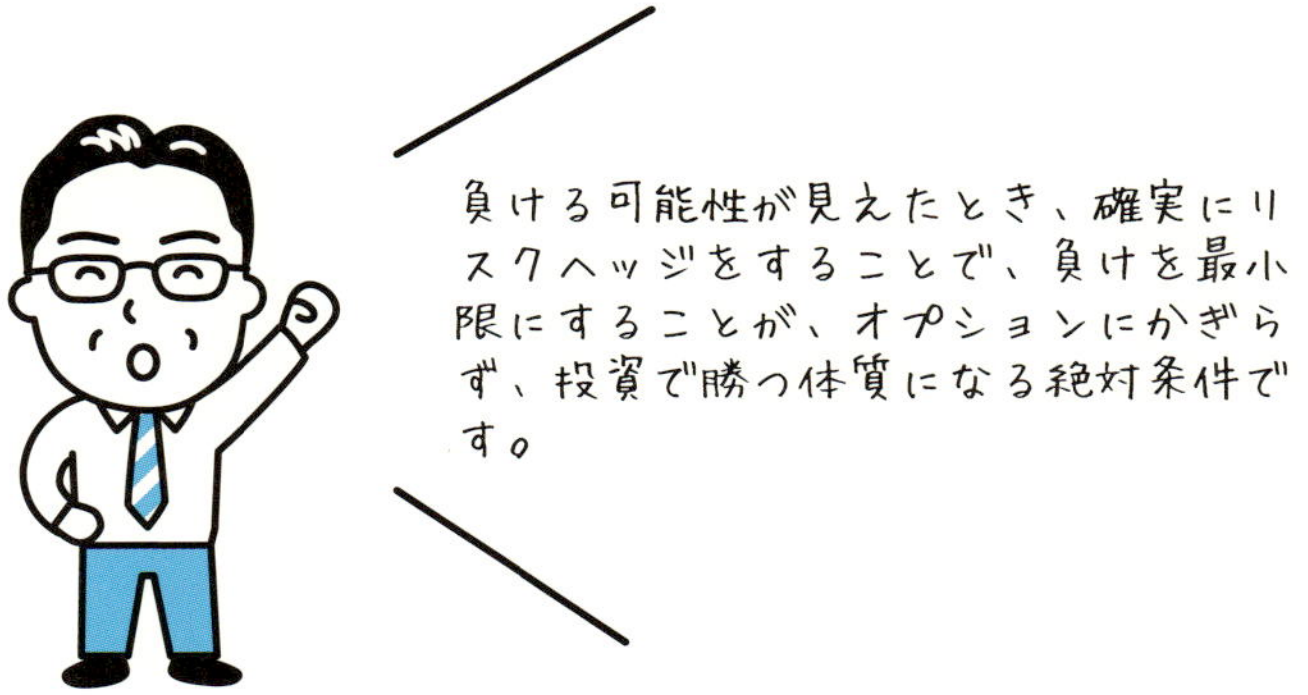
負ける可能性が見えたとき、確実にリスクヘッジをすることで、負けを最小限にすることが、オプションにかぎらず、投資で勝つ体質になる絶対条件です。

10 カバコ(カバードコール)

リスク回避のノウハウ①

1 カバコって何?

「カバコ」と聞いただけで、「ああ、あれのことね」となる人は少ないと思います。カバコというのは略称であって、正式名称は「**カバードコール**」です。カバードコールにしても、「聞いたことがある人」はさほど多くないのではないでしょうか。

カバードコールの定義はその投資対象によってさまざまですが、オプション取引の世界では次のような定義です。

「日経225先物の買い」と「コールの売り」を組みあわせた合成ポジション

「この本では合成ポジションには触れない」と声高らかに宣言していたのに、ここでちゃっかり

「合成ポジション」が登場してきた理由をお話しする必要がありそうです。

「スプレッド取引の戦略として合成ポジションをしかける場合は、最初から〝複数の銘柄を同時に仕込む〟のが基本」です。しかし今回の「カバコ」は、「**先にコールを売っていた状態で日経225の急騰に出くわしてしまい、リスクを回避するために日経225先物を買った**」ということなので、ねらいも目的も別ものです。

結果的に「カバコ」と同じスタイルになってしまったというわけですが、だからといって呼び名まで変えると混乱をきたすことになります。それで、日経225先物の買いをあててヘッジをしたこのポジションも「カバコ」と呼ぶようにしているのです。

2 カバコと両建てはどう使い分ける？

本書では、コール売りが踏みあげられた場合のリスクヘッジ手段として、「カバコ」と「両建て」の2種類を紹介します。もちろんそれ以外にもヘッジ方法はありますが、まずは基本となるこの

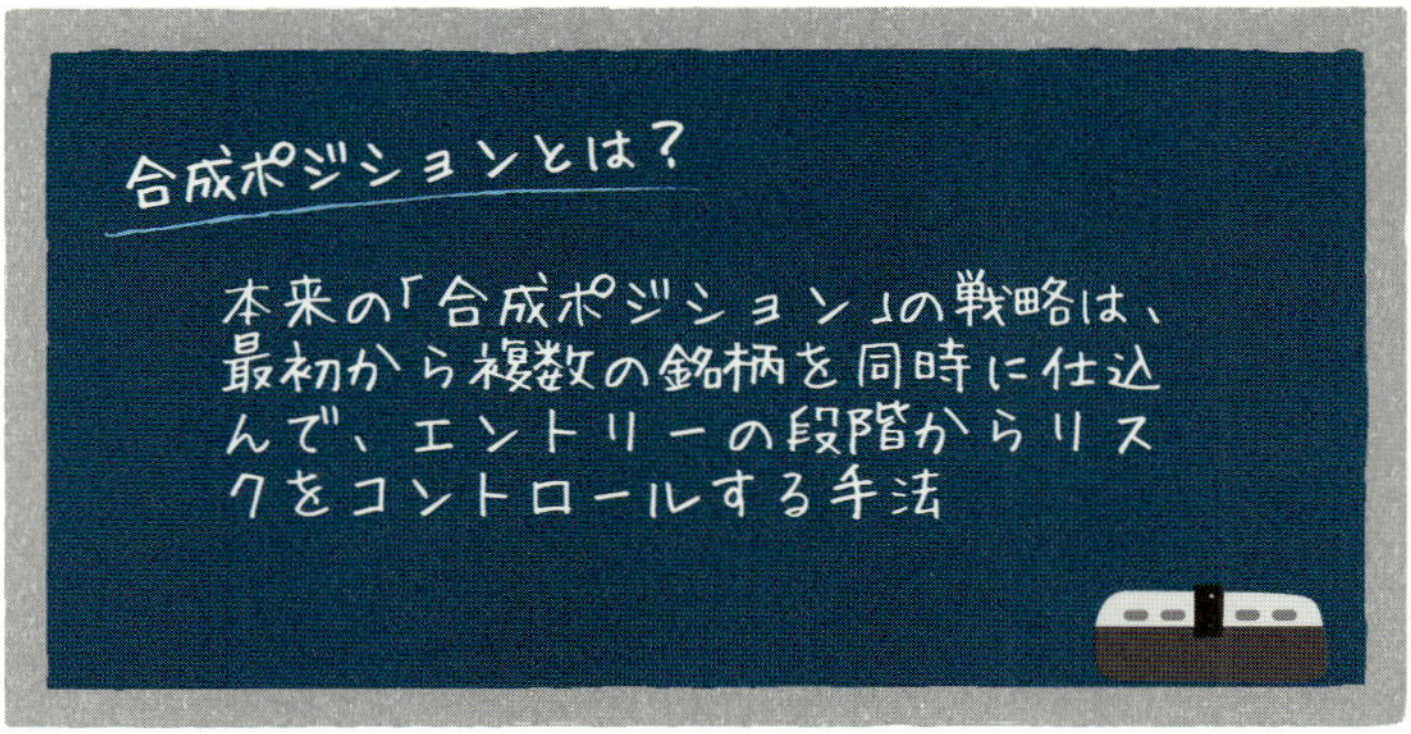
合成ポジションとは？
本来の「合成ポジション」の戦略は、最初から複数の銘柄を同時に仕込んで、エントリーの段階からリスクをコントロールする手法

2種類のヘッジ手段を、いつでも使える状態にしておきましょう。

「カバコ」と「両建て」の使い分けについて、ここでは基本だけお話しするので、まずは経験を積みながら時間をかけて、その深いところを自分で感じ取っていくようにしてください。

❶カバコ（カバードコール型）ヘッジ

日経平均株価は急騰（あるいは暴騰）という状態ではないが、今後も継続的に一本調子で上昇をしてしまいそうな場合に採用

❷両建てヘッジ

何か材料（日銀バズーカなど）が出たことで一気に暴騰するような場面で、コールのプレミアムが急騰してしまい、どこまで上がるのか見当がつかないような場面で採用

要するに「**日経平均株価の上げ方が〝ゆっくり〟なのか〝急〟なのかによって、2つの手段を使い分ける**」のです。実際には、その時々の環境によって微妙な判断を求められますが、基本的

● カバコと両建ての使い分け方

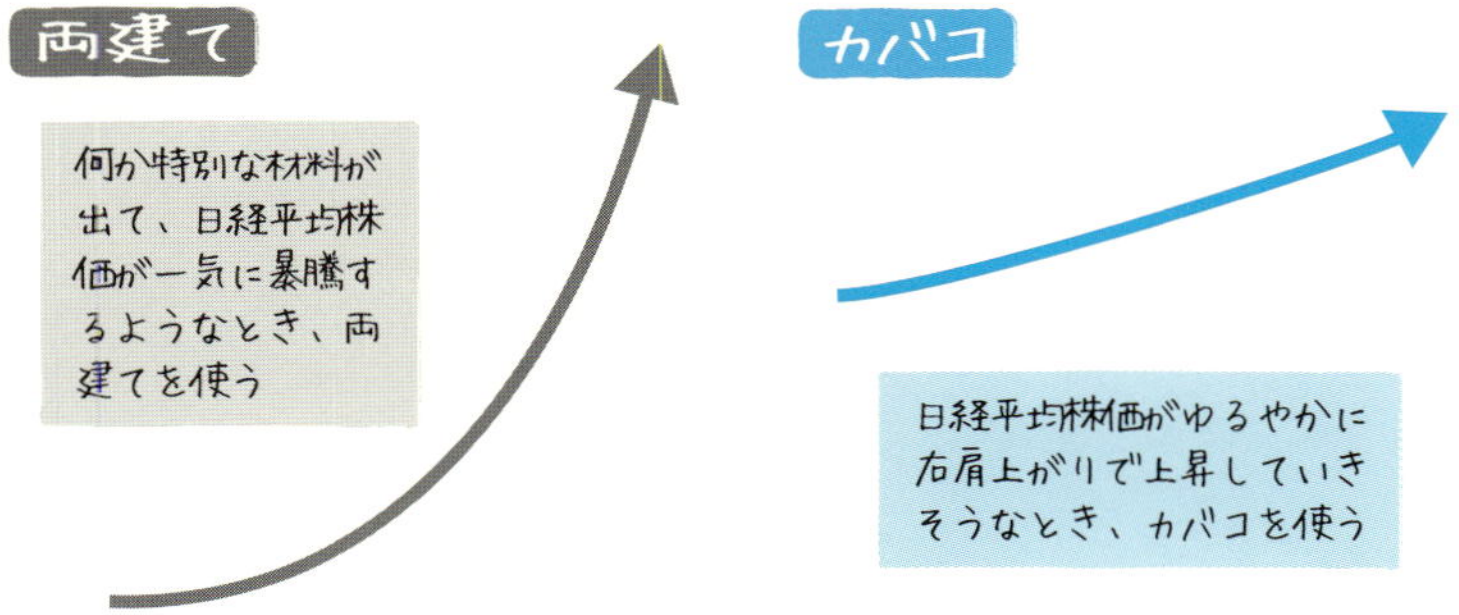
両建て
何か特別な材料が出て、日経平均株価が一気に暴騰するようなとき、両建てを使う
カバコ
日経平均株価がゆるやかに右肩上がりで上昇していきそうなとき、カバコを使う

にはそういう使い分けをするということです。

3 カバコによるヘッジの効果

それでは例題を用いて、カバコでヘッジをする効果を検証してみましょう。

ヘッジまでの状況

あなたがいつものように、「**20円程度のコールオプションを売り建て**」て、「**値下がりを待っていた**」とします。そのコールオプションは「**SQまでの残日数が30日ほど**」で、「**権利行使価格までは2000円ほど**」あります。「**IVも20％程度**」なので、「**きわめて平時の投資環境**」の中での「**コール売り**」です。

しかし、次第にコールのプレミアムが上昇しはじめました。気がつけば30円、そして40円と、含み損が広がりつつあります。40円になったということは、1枚あたり2万円の含み損ということです。あなたは5枚のコールを売っていたために、含み損の合計は10万円に拡大してしまいました。

特に日銀の政策発表のようなイベントもないことから、急騰や急落が起こる環境ではありませんでした。業界関係者の話によると、今回の日経平均株価の上昇は、「**公的年金の買いが大きく入っているため**」とわかりました。

新規で売り建てたときから、すでに日経平均株価は５００円ほど上げています。そしてあなたは不安になりました。公的年金の買いとなると、このまま株価が上がり続ける可能性もあります。プレミアムが40円程度では、通常はヘッジを検討するレベルではないのですが、今回は検討に入ることにしました。

ヘッジの組み立て

「コールオプションのプレミアムが、日経平均株価の上昇からどれだけの影響を受けるかを見るには、まず〝デルタ値〟を見る」必要があります。正確には、「デルタ」のほかに「ガンマ」「ベガ」「セータ」からも影響を受けるのですが、このケースではまず「デルタ」を見ておけばいいでしょう。

なぜかというと「セータ」は１日が経過するごとに含み損を少しずつ減少させるので、売り手にとってはむしろ味方です。また「ベガ」についてもあえて無視をします。なぜかというと、相場がジワジワ上昇するような場面でＩＶが急騰することはなく、逆にＩＶがジワジワ下げることが多いくらいですから、ここも無視でかまいません。では「ガンマ」は？　というと、日経平均株価が

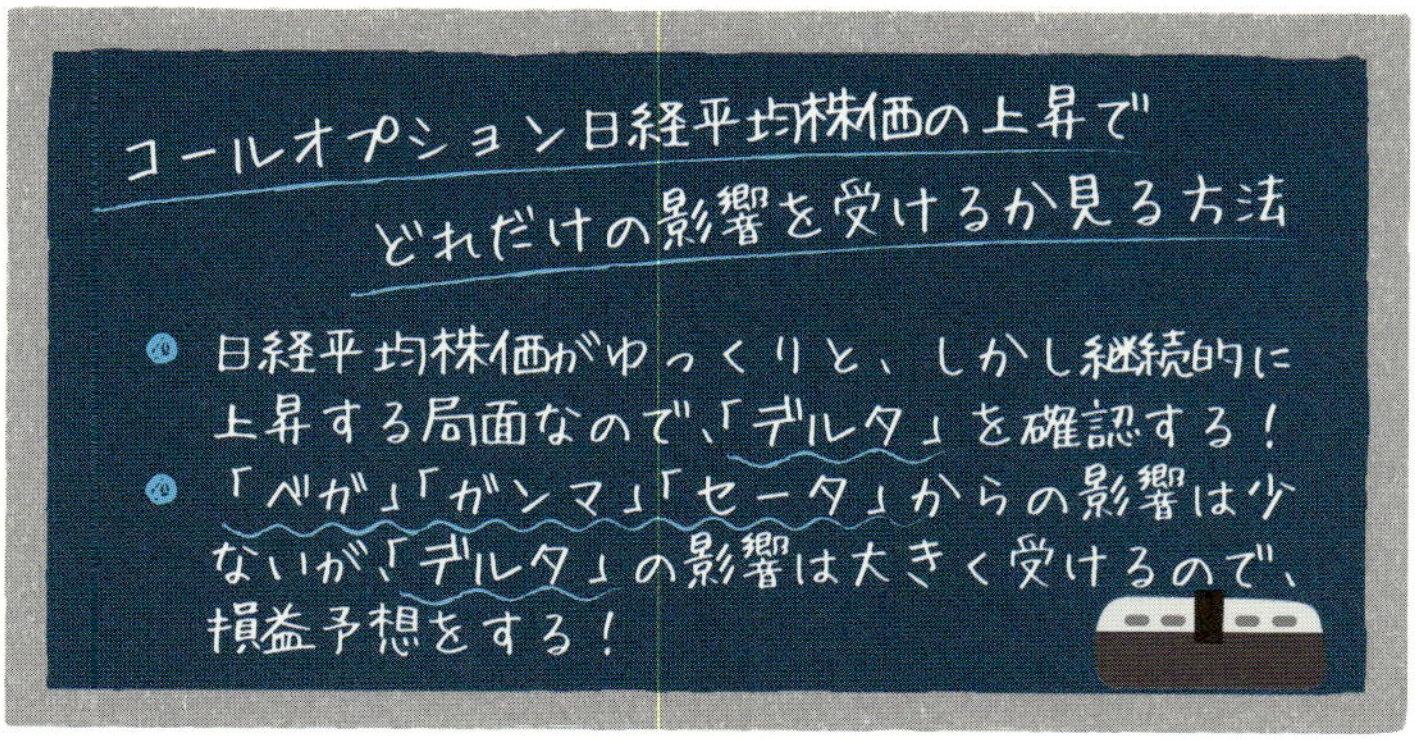
コールオプション日経平均株価の上昇で
どれだけの影響を受けるか見る方法
日経平均株価がゆっくりと、しかし継続的に上昇する局面なので、「デルタ」を確認する！
「ベガ」「ガンマ」「セータ」からの影響は少ないが、「デルタ」の影響は大きく受けるので、損益予想をする！

５００円くらい上げた程度ではデルタの10分の1程度のプレミアム上昇圧力にしかなりません。よって、これもとりあえず無視とします。

要するに問題にするのは、そのコールの「**デルタ**」です。そのコールのデルタ値を確認すると、「０・１」（売りポジションのデルタはマイナス０・１）となっています。この状態で日経平均株価が５００円上昇したとすると、デルタの作用でいくらの損失がもたらされるのでしょうか？（92〜95頁参照）

５００円×０・１＝５０円

コールのプレミアムに50円の上昇圧力がかかり、現在40円のコールが90円になってしまう可能性があるということです。

実際には、日々デルタ値そのものも変化するので、この単純計算のとおりにはなりませんが、概算値でイメージをつかんでいただきました。

20円で売ったものが90円です。含み損は1枚あたり7万円、5枚では35万円まで広がることになり、証券会社から求められる必

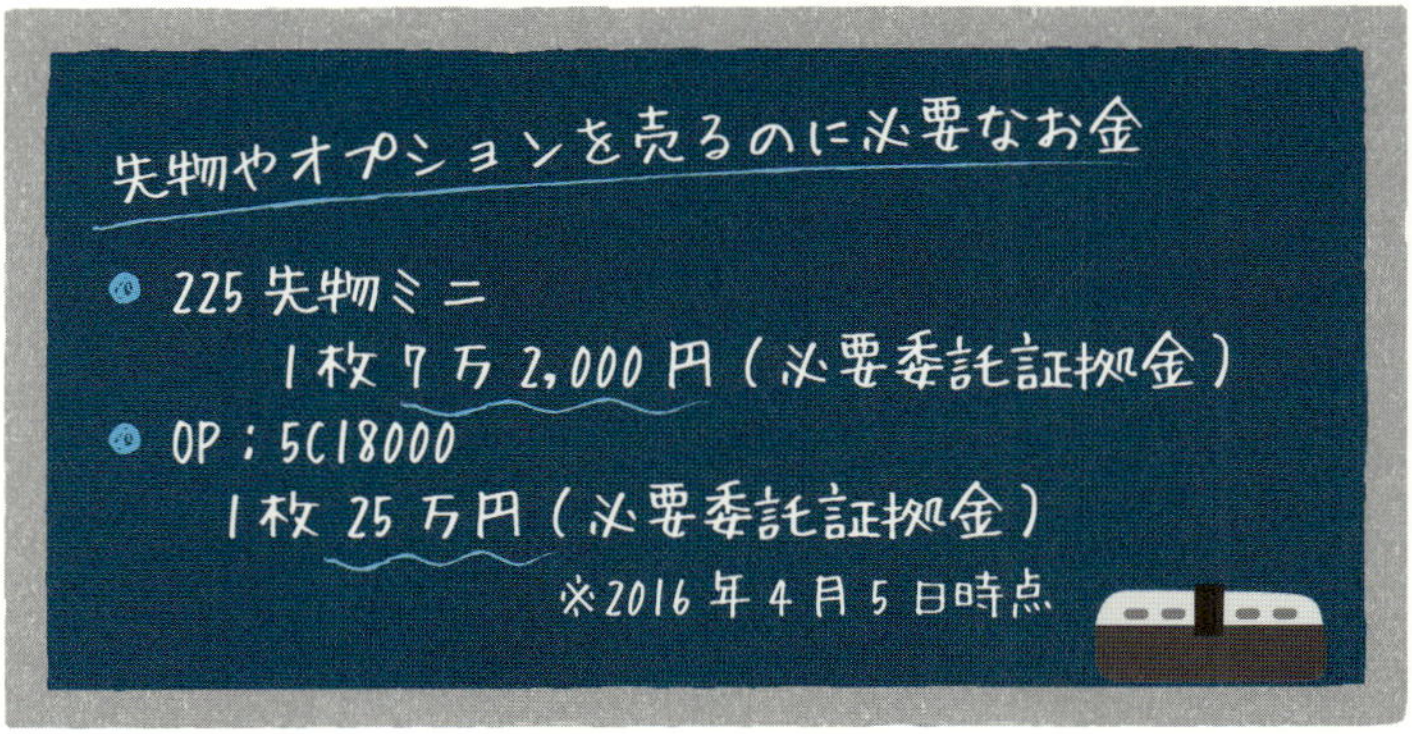
先物やオプションを売るのに必要なお金
225先物ミニ
1枚7万2,000円（必要委託証拠金）
OP：5C18000
1枚25万円（必要委託証拠金）
※2016年4月5日時点

要委託証拠金（前頁下の黒板参照）も増えてきます。

「なんとかしないとやばくないか……？」そんな危機感が芽生えてきました。さて、次はいよいよヘッジの構築です。

ヘッジの構築

要するに、このデルタ値が大きいことが問題だというわけです。５枚の手持ちだと、ポジション全体でのデルタ値は「マイナス０・５」になりますが、これだと、日経平均株価がわずか１００円上げただけでもプレミアムで50円分、すなわち５万円の含み損ができてしまうのです。しかしあなたは、日経２２５先物を買ってあわせることで、このデルタ値を下げることができるのです。

日経２２５先物にもデルタ値があります。日経２２５先物のデルタ値は「１」です。日経２２５先物（ラージ）を１枚買い持ちしていて、日経平均株価が１００円上がれば、日経２２５先物も当然１００円の利益となります。だから**「デルタ＝１」**というわけです。先物のデルタ値はいつでも「１」です。日経平均株価の上げ下げと、日経２２５先物の損益が正比例するということはそういうことです。日経２２５先物ミニに関しては、その10分の１

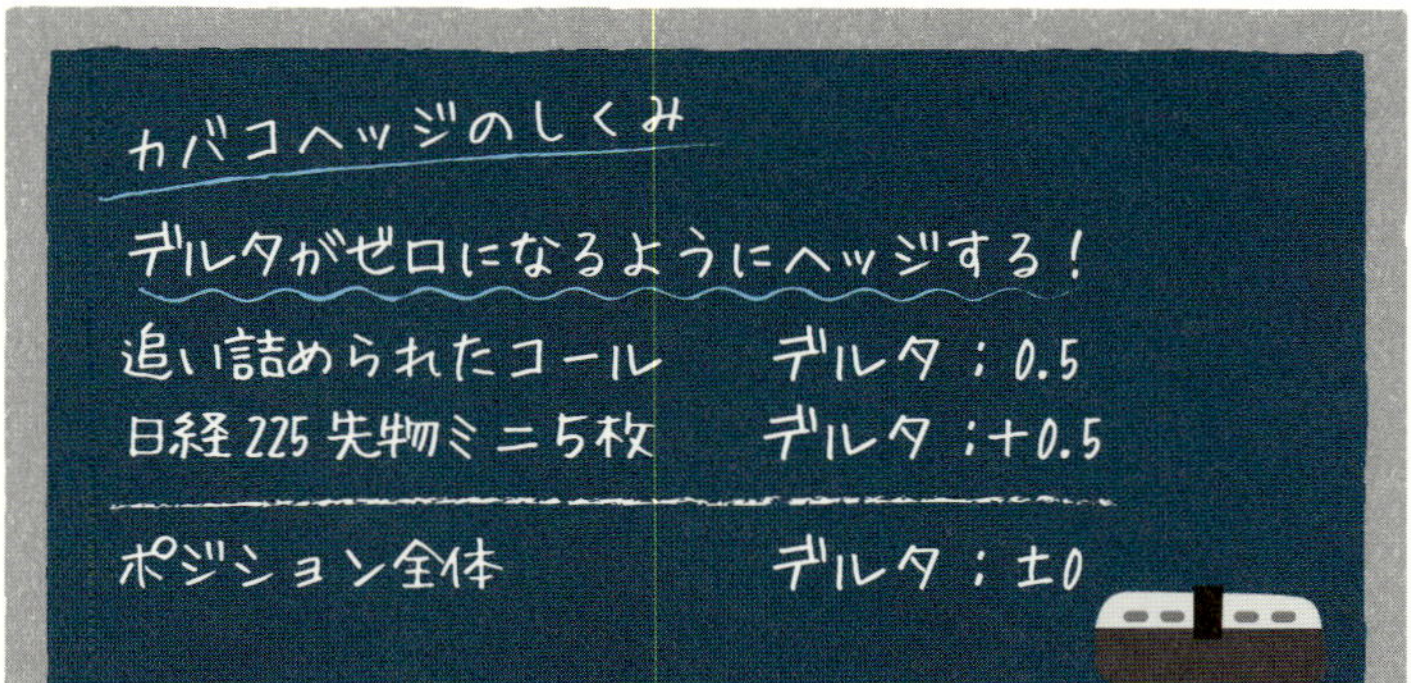

で、「デルタ＝０・１」になります。

要するに、先物ミニのデルタ値はプラス「０・１」なのです。だからあなたが日経２２５先物ミニを５枚買えば、ポジション全体に「＋０・５」の影響を与え、コール売りのポジションのデルタ値、マイナス０・５（売りポジションだとポジションのデルタ値はマイナスになる）と相殺しあって、ポジション全体としてのデルタが「ゼロ」になるのです。デルタがゼロであれば、日経平均株価が１００円上がろうが、５００円上がろうが、基本的には含み損がそれほど広がらないことになります。

何もヘッジをしなかった場合、日経平均株価に５００円上げられると、コール１枚あたり50円の含み損が出るとお話ししました。ヘッジをした場合に含み損が広がらないというのは、先物ミニがその分をカバーする含み益を計上してくれるからです。日経２２５先物ミニは、日経平均株価が５００円上がったときに50円の含み益を生み出すというわけです。

これが「カバコヘッジ」のイメージなのですが、このヘッジ方法を採用すると、逆に日経平均株価が下げていった場合に少々つまらないことになるので注意が必要です。

日経平均株価が下げるということは、膨らんだコールの含み損を減らすチャンスなのですが、買っている日経２２５先物が含み損となることで、結局トータルで「含み損が減らない」ということになってしまいます。

よって、この「**〝カバコヘッジ〟**」というわけです。**〝カバコヘッジ〟は、日経平均株価が継続的に上昇する確率が高いと判断したときに用いるヘッジ手段**」というわけです。

11 両建て

リスク回避のノウハウ②

1 両建てしたくなる恐怖のシーン

日経平均株価にジワジワ上げ続けられるときには「カバコ」、急騰・暴騰には「両建て」が有効だとお話ししました。でも世のトレーダーの中には、急騰にもカバコで立ち向かう人もいます。

しかし昨今のアベノミクス相場で、しかもアルゴリズムトレード（1000分の1秒の超高速機械取引）が炸裂すると、カバコでは対応が難しい非常事態となってきます。

では、こういうものにカバコで立ち向かうと、何がどういけないのでしょうか？

大暴騰が起きたら、デルタを見ているだけでは追いつかない

ジワジワと上げていく相場では、「デルタ」だけを見ておけばいいとお話ししましたが、それがロケット打ちあげのような（上昇速度が速い）急騰相場ともなると、「ベガ」や「ガンマ」も大活

躍をはじめます。要するに、**「デルタ、ベガ、ガンマが三つ巴でオプションのプレミアムを加速度的に押し上げてくるので、日経225先物の買いがもたらす利益では追いつかなくなる」**のです。

このような事象は、アベノミクス相場以前にはほとんど見られることはありませんでした。

しかし日米の異次元金融緩和政策が開始されたあとの数年に関しては、日銀やＦＲＢ（米国の中央銀行にあたる機関）が金融政策を発表するたびにロケット相場が起こっていたので、さらに鉄壁なディフェンスである「両建てヘッジ戦法」を用意しなくてはならなかったのです。

2 両建てヘッジ戦法の実例

両建てヘッジ戦法の基本的な考え方はこうです。突然ロケットが打ちあがり、日経平均株価が頭打ちの兆しが見えないまま上げ続け、「どこまで上げてしまうのか見当もつかない」といった状況に陥ってしまったとき、売っているコ

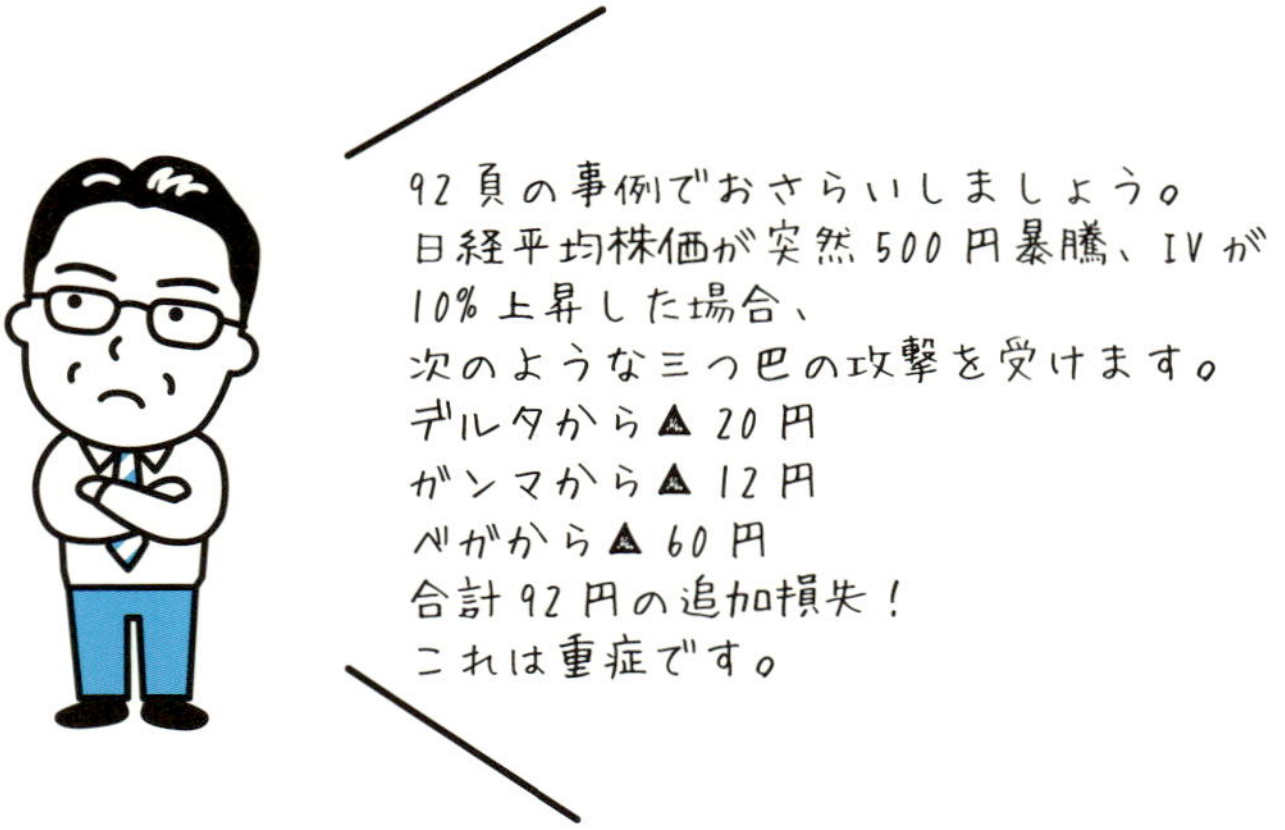
92頁の事例でおさらいしましょう。
日経平均株価が突然500円暴騰、IVが
10%上昇した場合、
次のような三つ巴の攻撃を受けます。
デルタから▲20円
ガンマから▲12円
ベガから▲60円
合計92円の追加損失！
これは重症です。

ールオプションと同じ銘柄を同じ枚数で買い建てて、損益をいったんロック（固定）して様子を見ます。

そして上昇相場が頭打ちとなり安全が確認できたら、適当なタイミングで両建てヘッジ分（買い側のポジション）を外して、再びコール売りでの利益をねらいにいくのです。

このやり方を「両建てヘッジ」と呼んでいるのですが、**「恐怖を感じるほどの異常な上昇相場では、非常に有効な手段」**となります。

東日本大震災のちょうど4年後の２０１５年3月11日、アベノミクス相場による上げ相場が突然はじまりました。急騰相場は連日収まらず、結局半月近くも上げ続けたのですが、特に当初の数日は「どこまで持っていかれるのかわからない恐怖感を伴う相場展開」となり、急騰５日目に「両建てヘッジ」を実施しました。

このときに踏みあげられたコールは、なんと

● 両建てヘッジをして最終的に利益を得るしくみ

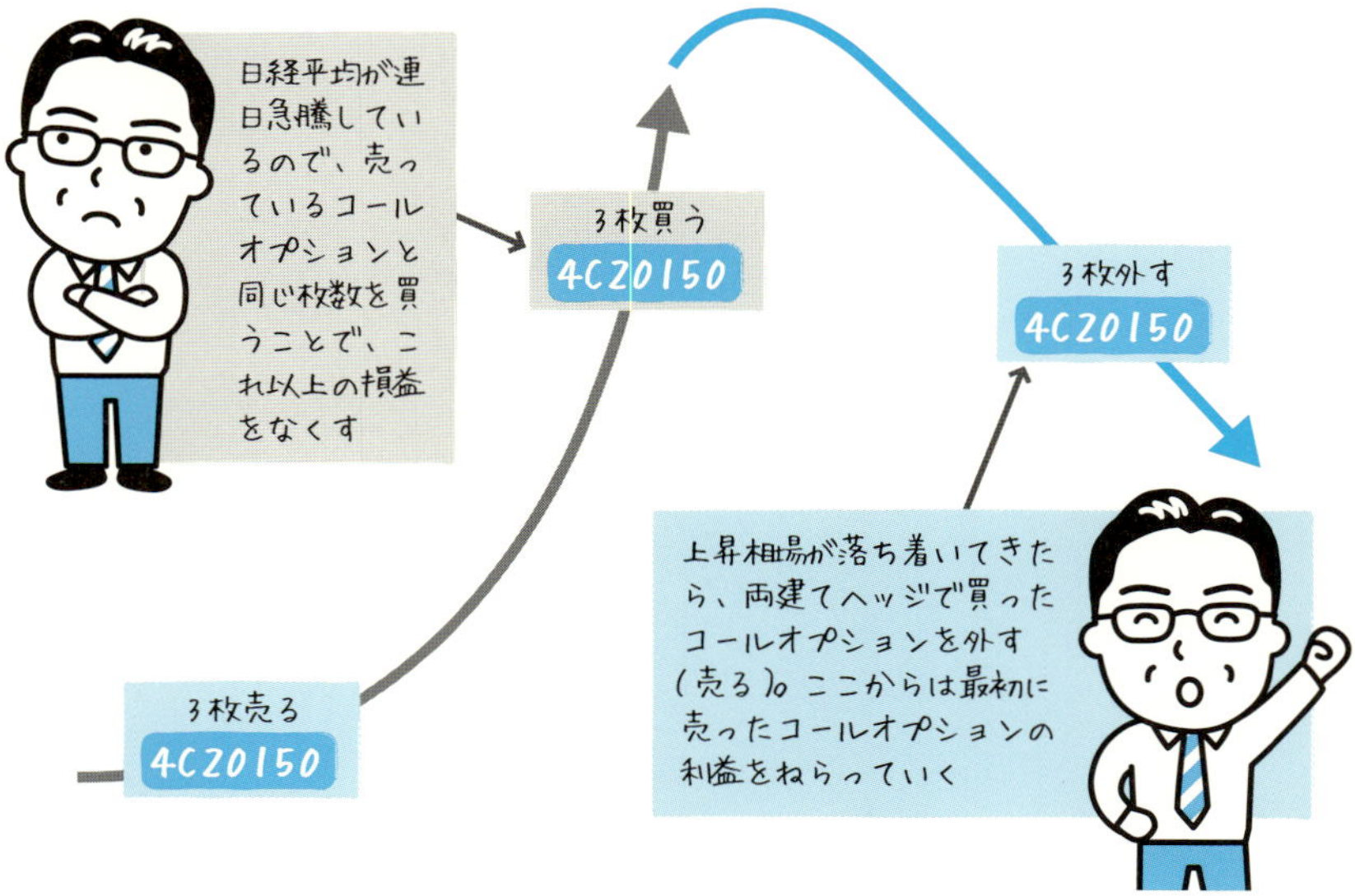

その急騰開始の前日に23円で売ったものでした。翌日の3月11日より5日間で日経平均株価は1000円の上昇となり、コールのプレミアムはあれよあれよという間に100円を突破してしまいました。この「**100円というのは、ヘッジを検討するひとつの判断基準（100円までにはヘッジに着手）**」になっています。

しかし、材料らしい材料もないままに上げ続ける株価の、信ぴょう性を疑っているうちに、少々判断が遅れました。両建て分として新たに買い建てたコールは115円でした。いずれにしてもこれで損益は完全に固定され、プレミアムがいくら上げ続けたとしても、92円の損失（115円－23円）より損が膨らむことはありません。

● **アベノミクスによる急騰相場時の両建てヘッジ例（4C20125）**

日付	始値	高値	安値	終値
2015年3月4日	49	49	32	33
2015年3月5日	32	37	27	36
2015年3月6日	38	56	37	54
2015年3月9日	55	62	29	30
2015年3月10日	30	36	20	21
2015年3月11日	20	28	16	19
2015年3月12日	19	42	18	39
2015年3月13日	39	88	34	80
2015年3月16日	78	98	73	80
2015年3月17日	83	113	80	108
2015年3月18日	103	133	88	133
2015年3月19日	128	130	63	98
2015年3月20日	100	103	73	93
2015年3月23日	93	133	90	130
2015年3月24日	128	128	100	115
2015年3月25日	115	128	60	90
2015年3月26日	93	93	37	37
2015年3月27日	34	93	26	49
2015年3月30日	44	56	29	46
2015年3月31日	54	69	23	24
2015年4月1日	30	34	9	12
2015年4月2日	12	26	10	17
2015年4月3日	14	20	11	17
2015年4月6日	17	23	6	8
2015年4月7日	8	27	8	26

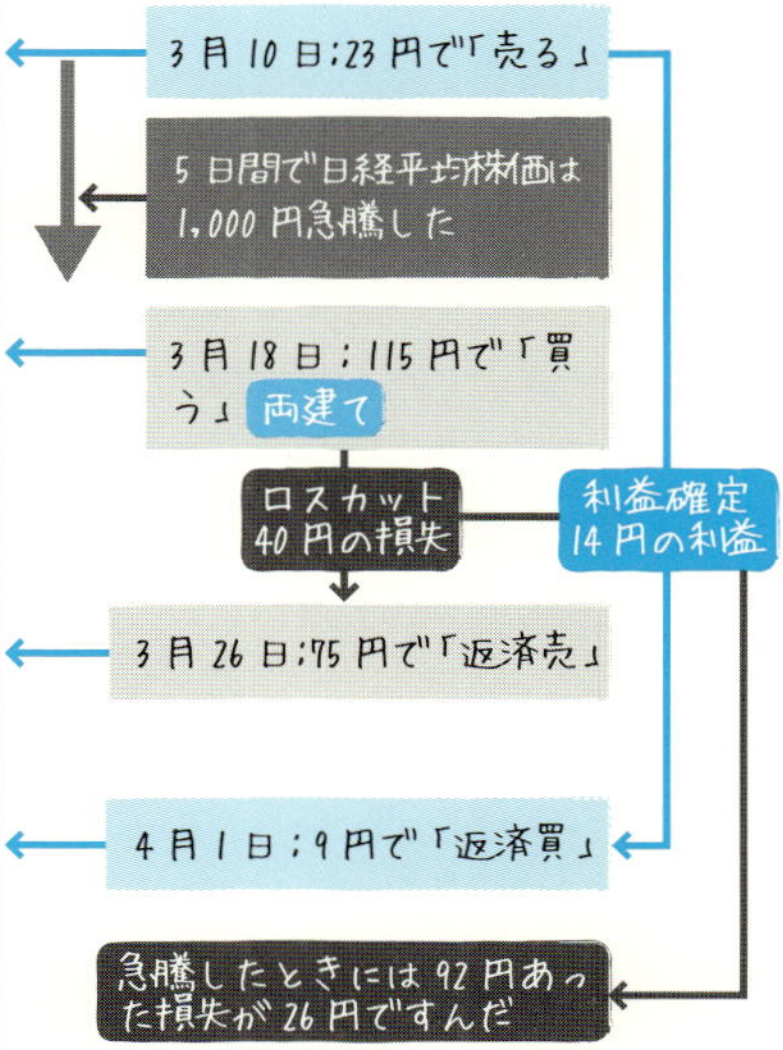
3月10日：23円で「売る」
5日間で日経平均株価は1,000円急騰した
3月18日：115円で「買う」両建て
ロスカット 40円の損失
利益確定 14円の利益
3月26日：75円で「返済売」
4月1日：9円で「返済買」
急騰したときには92円あった損失が26円ですんだ

もしこのまま日経平均株価が上げ続けてＳＱ日を迎え、権利行使価格の２万１２５円を超えて「イン」するようなことになれば、この両建ては同時に決済してロスカットという結果に終わります。実際に２０１６年の４月には、コールのプレミアムが数百円にまで暴騰が続き、そのままロスカットで終わったケースもありました。

しかしこの２０１５年３月のときは、日経平均株価の上昇は１万９７００円あたりで止まりました。売っていたコールの権利行使価格までの距離（マージン）は４２５円残っていたため、コールのプレミアムは結局１３３円で頭打ちとなりました。

その後プレミアムは反落傾向を強めてきたため、両建てヘッジとして買い建てたコールを75円のときに手じまいました。そしてそのままコールのプレミアムは下落を続けたため、最終的には、３月10日に売り建てたコールを９円で利益確定することができたのです。

このときの損益状況は次のとおりです。

● 売り玉　23円で売り　⇓　9円で利益確定　⇓　14円の利益
● 買い玉　１１５円で買い　⇓　75円でロスカット　⇓　40円の損失
⇓
合計　26円の損失

結局損失にはなりましたが、「**両建てヘッジを冷静にオペレーションできたことで、26円の損失で終えることができた**」のです。このように、ヘッジ手段を取った以上、多少の損失が出ることは致し方ありません。損失を最小限にとどめるための必要コストと考えてください。**「コール売りで利益を得続けるための必要経費」**というわけです。

「トレードではすべて勝とうと思ってはいけません」。貪欲すぎると、いい結果にはなりません。勝つトレードもあり、負けるトレードもあり、しかし手元の資金は着実に増えていく。ぜひこういう姿を目指していただきたいと思います。

3 コール売り戦略で成功するために

さて、魅惑のコール売り戦略についてのお話しはここで終わりです。このコール売り戦略は、私にとっても、あなたにとっても、1番大切な利益の源泉であり、柱となる戦略です。

平時の相場環境では、ほとんど負けることなく「利確」が連続するこのコール売りですが、やはりポイントとなるのは「**暴騰相場に遭遇してしまったときにきちんと対応することができるか否か**」です。

どんな暴騰相場に出会ってしまったとしても、慌てず、的確

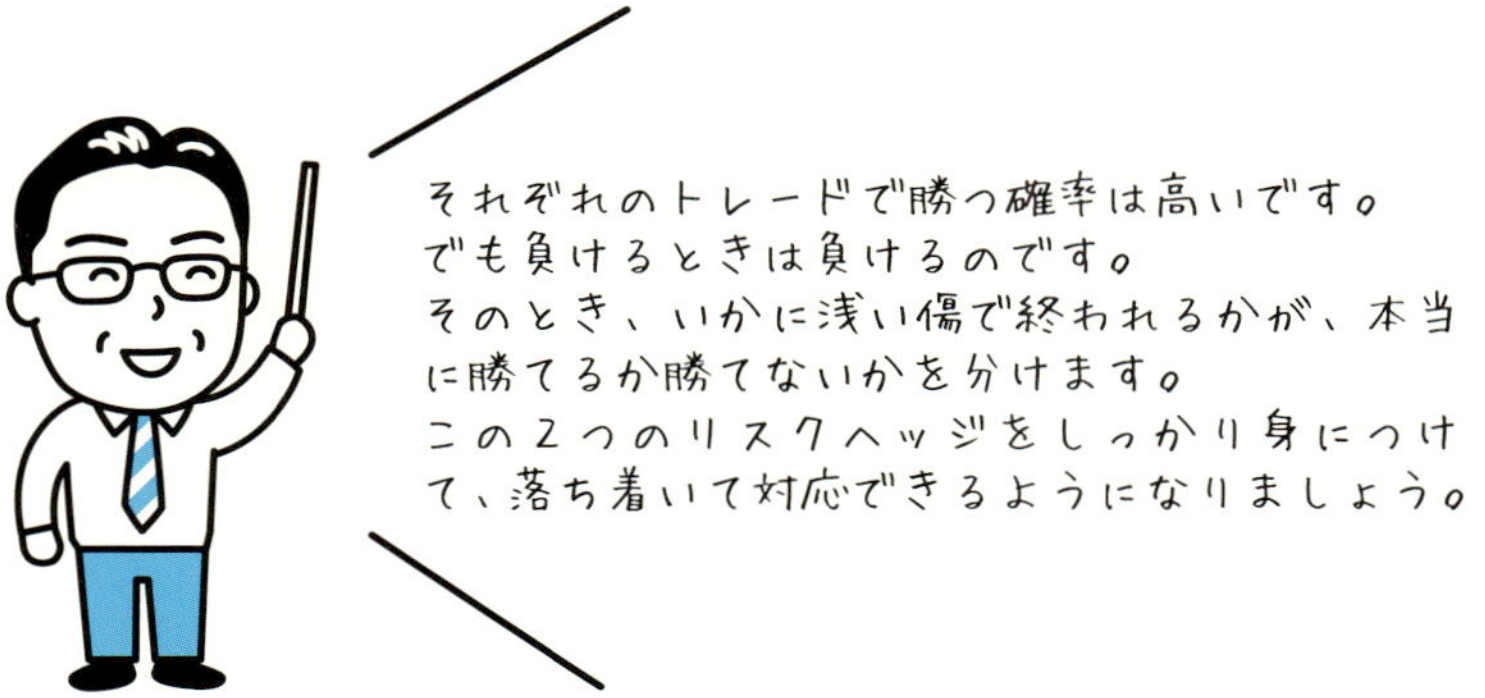
それぞれのトレードで勝つ確率は高いです。
でも負けるときは負けるのです。
そのとき、いかに浅い傷で終われるかが、本当に勝てるか勝てないかを分けます。
この2つのリスクヘッジをしっかり身につけて、落ち着いて対応できるようになりましょう。

に対応できれば少ない損失で切り抜けていくことができるのですが、その境地に到達するためには、やはり「経験を積むこと」が大事です。あせらず一歩一歩進んでいってください。

また、新しい生徒さんからよくこんな質問を受けます。「自分は会社員で、日中ほとんどトレードができないけれど大丈夫か？」というものです。もちろん、日に何度かトレードできるチャンスがある人のほうが有利だとは思います。朝の通勤時間帯、お昼休み、夜の時間帯しかトレードできないのであれば、「逆指値注文」を駆使するなど、工夫して立ち向かってみてください。

オプション取引、特にこの「コール売り戦略」は、なめてかかるとたいてい怪我をすることになりますが、**「きちんと勉強して、3つの約束を守って、ヘッジ手段を完全に理解し、慎重かつ冷静にトレードをしていけば、必ずや〝お宝戦略〟として、あなたの人生の強力なサポーターとなっていく」**ことでしょう。

でも、そうなるかそうならないかは、あなた次第です。

すべては自己責任だということをお忘れなく。

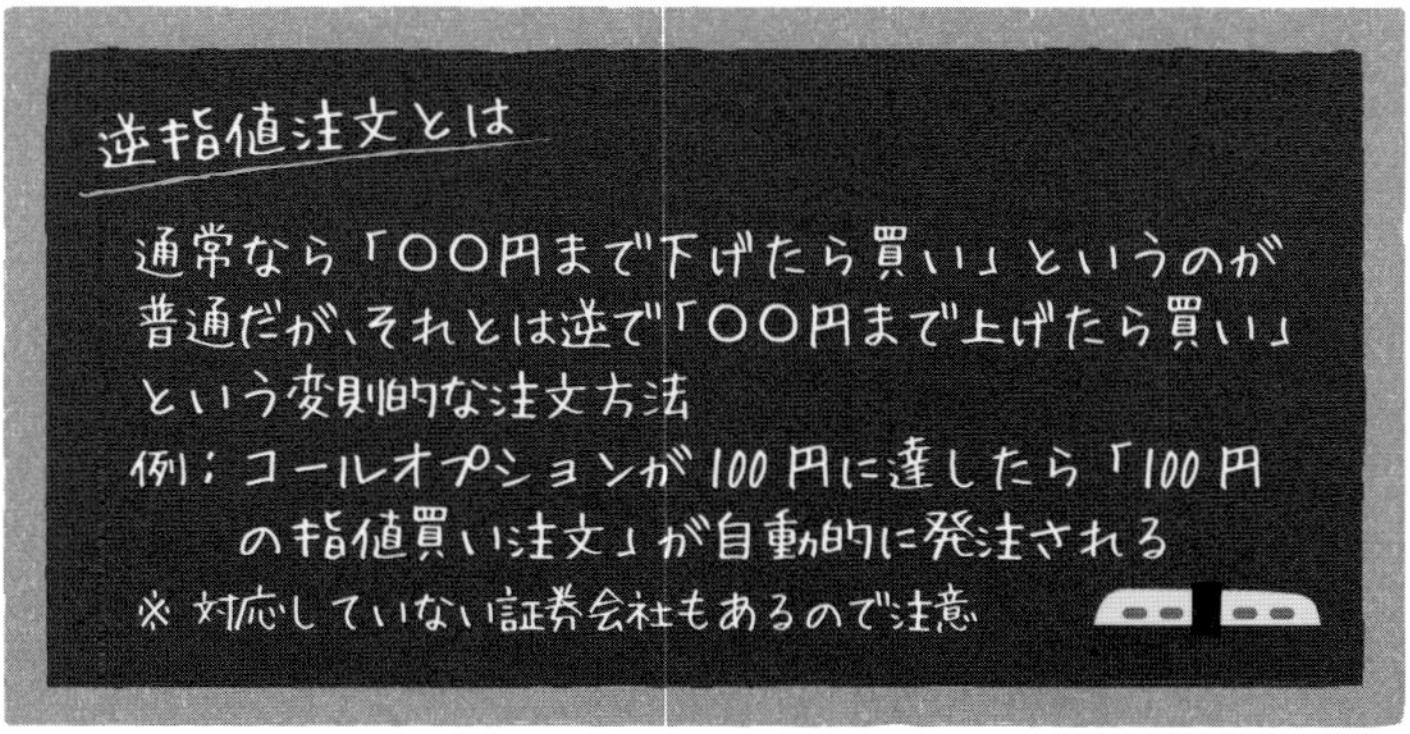
逆指値注文とは
通常なら「〇〇円まで下げたら買い」というのが普通だが、それとは逆で「〇〇円まで上げたら買い」という変則的な注文方法
例：コールオプションが100円に達したら「100円の指値買い注文」が自動的に発注される
※対応していない証券会社もあるので注意

3時限目

お小遣いからはじめられるニアップト買い戦略

30万円からはじめられて、短期間で利益確定できる！バックテストの成績もいい、すぐに試したくなる投資方法です！

01 30万円からはじめられるニアプット買い戦略の魅力

1 この戦略は2つの目的から生まれた

本書では日経225オプションについて、あまた存在する投資戦略の中から3つに絞り込んで紹介しています。そのうちのふたつ、**「コール売り戦略」**と**「ファープット戦略」**は、常日頃私が実践をしている戦略です。

一方ここで紹介する**「ニアプット買い戦略」**というのは、この本を執筆するにあたって、「お小遣い程度の資金でトレードを楽しめる戦略」をどうしても提案してみたいと思い立ち、考案した戦略です。安定して利益を出せるのは「コール売り戦略」ですが、これには少なくとも100万円程度の資金があったほうが安心です。しかし、まだよくわかっていないオプション取引に、いきなり100万円を投資するのは怖いと思う人も少なくないと思います。

また、4時限目で紹介する「ファープット買い戦略」については、わずか1万円2万円のお小遣いではじめられる戦略ではありますが、なにせこの戦略は基本的に「買ったあとは放置するだけ」なので、マーケットを相手取ってトレードをしている実感があまり持てません。

そこで、次の条件に合致した、まったく新しい戦略を開発することにいたしました。

❶ 値動きのタイミングをとらえて、短期間に利益を確定できる売買ルールであること
❷ 30万円程度の軍資金があれば継続して楽しんでいけること

この2点を念頭において、私は新しいトレードルールを模索しました。それはひとえに、大勢の若い人に日経225オプションのファンになってもらいたいという思いからでした。

2 ニアプット買い戦略は過去のデータから編み出された

戦略を公開する前に、ひとつ大事なことをいいます。当戦略は、過去の日経225オプションのデータを使ったトレードシミュレーションから生まれました。すなわち、「**架空の取引から編み出されたもの**」だということです。

この「過去データを使ったシミュレーション」のことを、業界では「**バックテスト**」と呼びます。バックテストでいい成績を収めることが新しいトレードルールをつくるときの大きな条件になります。ただし、バックテストでいい結果が出たからといって、実際のトレードで同じ成果を得られる保証はどこにもありません。

よって、通常はバックテストで検証したあと、少ない資金で実際に走らせてみて、本当にバックテストと同じ結果が得られるかどうかをさらに検証するのです。

この「ニアプット買い戦略」も、バックテストの成績がかなり優秀だったので、ひとつのサンプルとして紹介する価値はあると判断しました。

3 自分なりのトレードルールをつくる練習にもなる

また、この章を通じて、「**自分なりのトレードルールをつくる楽しさ**」を知ってください。自分で考案したトレードルールで利益があがるのは、実にうれしいものです。また「**トレードルールをつくる過程では非常に多くのことを考えるので、トレードの達人に近づくためには重要なプロセス**」になります。

そんな背景から、この3時限目では「ニアプット買い戦略」ができあがるまでのストーリーを紹介することにします。あなたも、ここで紹介する考え方や手順を真似して、ぜひオリジナルの投資ルールづくりにチャレンジしてください。

とはいってもいきなりトレードルールを自作するのがハードルが高いようであれば、ここで紹介する「ニアプット買い戦略」を自分なりにアレンジしてみることから、はじめてもいいかもしれません。

その昔、日本が技術大国に成長して高度成長を達成することができたのは、他国の製品を模倣したり、改良したりすることに余念がなかったからです。それを今盛んにやっているのは、何を隠そう中国です。日本の新幹線を分解して学ぶことで、あっという間に「似たようなもの」をつくれるようになったとか。今では、敷いた新幹線のレールの長さは日本を凌駕しているというから驚きですね。

私が最初にシステムトレードを志し、株式投資のトレードルールをつくったときも同様で、まずは人様のつくったルールをよく学んだものです。同じように、テクニカル指標の勉強にも余念がありませんでした。その面白さにはまり込んだ私は、次第にエクセルのマクロを使って分析をするようになり、どんどん深み（マニアックな世界）にはまっていったのです。

そのころは、いつ寝ているんだかいつ起きているんだかわからないような生活を半年以上続けていたかと思います。しかし、そのときの経験はトレードと向かいあう私に、スジガネを1本通してくれました。

いやいや、そんなことできないし、何をしていいかもわからないよ。そうです。それが普通です。私のこの話は、初心者の人には変にプレッシャーがかかってしまうような極端な話ですから、ここはマネする必要もありません。

こんなことをしなくてもトレードで成功することは可能なので、「**まずは気軽に、この先紹介するニアプット買い戦略のトレードルールを、最初は極めて少額からやってみてください**」。

02 ニアプット買い戦略のトレードルール

※ニアプット買い戦略は2020年現在、一時的に休止しています（あとがき参照）。

1 ニアプット買い戦略のコンセプト

この戦略を考案するにあたり、私がまず考えたことを整理してみます。

❶証拠金のいらない「買い戦略」であること
❷プレミアムが高すぎず、かつ低すぎないこと
❸より値動きが大きいプット側を使うこと

では、それぞれ見ていきましょう。

この戦略ではプットを買います。日経平均株価が値下がりすれば、利益が出やすい状態になります。

❶証拠金のいらない買い戦略であること

すでにおわかりの人が多いとは思いますが、「売り戦略」の場合は、エントリーする際に証拠金が必要となります。もし万が一、損失が膨らんだ際に追証《おいしょう》（追加証拠金）を発生させないためには、ある程度の資金を用意しておかなければなりません。その点で、「お小遣いからはじめられる」という条件に合致するのは、証拠金の必要がない「**買い戦略**」ということになります。

❷ プレミアムが高すぎず、かつ低すぎないこと

たとえばプレミアムが１５０円もするプットオプションを買った場合、１枚買うだけで15万円もの資金が必要になります。運よく利益をあげていければいいのですが、最初に大きく負けてしまうと、軍資金を一気に失うことになります。

また、プレミアムが安すぎる場合も問題です。たとえば5円のプットオプションを買うには、わずか５０００円投ずるだけです。しかし、５円のものが10円になって５０００円の利益を得るためには日経平均株価のある程度の急落局面が必要ですし、期待した急落が来なければたいていは負けで終わります。負けが続くのは楽しくないですよね。

完全初心者がオプションをはじめるときの心得

1. 証拠金が必要なトレードというのは、それなりのリスクがある
2. しっかり学ぶこともなく、証拠金が必要な「売り戦略」に大きな資金投入をすることは自殺行為
3. まずは買い戦略で、オプションの値動きに慣れる！

ニアプット買い戦略のターゲット価格帯は50円前後です。**「40円から60円の間のプットオプションを買って20円幅の利益をねらう」**というイメージ設定をして、このトレード戦略の有効性を探っていきましょう。

③ より値動きが大きいプット側を使うこと

オプションを買う戦略は、もれなく**「タイムディケイ（下の黒板参照）との戦い」**です。コールであってもプットであっても、オプションの買い戦略は毎日セータ値の分だけ足を引っ張られます。つまり時間をかけると不利になるので、早期に決着をつける必要があるわけです。

決着をつけるためには、プレミアムに、買値より20円上げてもらわなければならないのですが、コールが上がるには日経平均株価に上昇してもらう必要があり、プットが上がるには下落してもらう必要があります。そう考えると、**「通常の相場なら急騰時よりも急落時のほうが日経平均株価に値幅が出るので〝プット側が勝ちやすい〟」**ということになるのです。

加えて、同じプットであっても、期近よりも期先（限月に

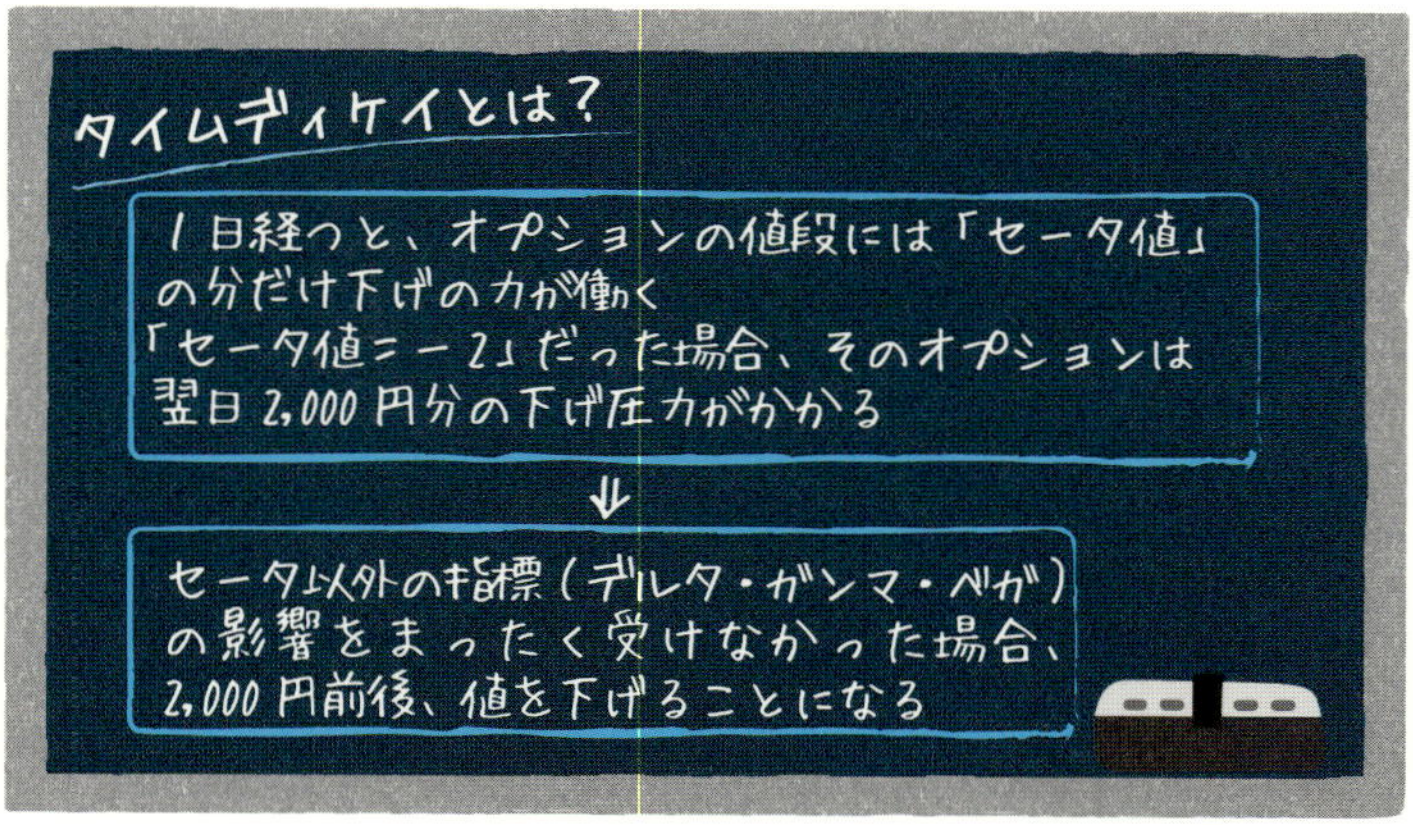
タイムディケイとは？
1日経つと、オプションの値段には「セータ値」の分だけ下げの力が働く
「セータ値＝－2」だった場合、そのオプションは翌日2,000円分の下げ圧力がかかる
セータ以外の指標（デルタ・ガンマ・ベガ）の影響をまったく受けなかった場合、2,000円前後、値を下げることになる

近いものを「期近」、期限が遠いものを「期先」という）のほうが「セータ値」が小さいことから日々の減価幅が小さくなります。加えて期先のほうが「ベガ値」が大きいので、ＩＶ値が上がった場合にプレミアムが値上がりしやすいということもいえます。こう考えると、当戦略で買うのにふさわしいのは「**期先のプットオプション**」ということになります。

2 ニアプット買い戦略のキーポイント

さてそれでは具体的な戦略の策定に入っていきましょう。これまでの流れから、売買ルールの基本線がある程度絞り込まれているので、まずはそれを整理してみます。

❶ 期先の40～60円のプットオプションを買う
❷ 有利なタイミングを見計らって買いエントリー
❸ 20円値上がりしたら利益確定
❹ 逆に20円値下がりをしたらロスカット

❶～❹のうち、❷の「有利なタイミング」というところが漠然としていますが、ここが具体的になればトレード

40～60円のプットオプションを買って20円上がったら利確、20円下がったら損切り。シンプルでわかりやすい戦略です。

ルールが完成しそうな感じです。このエントリーのタイミングを、私がどのように詰めていったのか、次節でお話ししていきます。

オプションであれ株であれ、買いから入って利益を出すには、まず割安なところで買っていくことが大事です。そして次には、買ったあとに値上がりしやすいシチュエーションでなければなりません。

「プットオプションが割安になるのはどんなときか？」

この問いにあなたは答えられますか？「オプションのプレミアムが何の要因で変化するのか」、思い出してください。

日経平均株価が高くなればプットオプションは安くなりますが、この相関関係を表したのはギリシャ指標の「デルタ」でした。それに加えてもうひとつ、同じくプレミアムに影響を与える「ベガ」の存在を思い出してほしいのです。

ベガの影響というのは、つぎのようなものでした。

ＩＶ（93頁参照）が高くなれば、ＩＶの上昇分にベガを掛け算した分だけオプションのプレミアムは値上がりをする

逆にＩＶが低くなるとオプションは安くなるのです。ということは、このデルタとベガの切り口をあわせて考えれば、**「プットオプションのプレミアムが割安なタイミング」**を見つけることができるはずです。

■ **プットオプションが割安なタイミング**

ファクター❶ 日経平均株価が上昇して、それが頭打ちになったとき

ファクター❷ IVが低いとき

まずはこれをエントリーの条件とすれば、比較的割安なところでプットオプションを買うことができそうです。

「日経平均株価が上昇して頭打ちになったところ」を特定するには、とりあえずテクニカル指標を使うのがいいでしょう。

私が日経平均株価や個別株のトレンドを見る場合によく使うのは、MACD（マックディー）とRSIで、その双方を併用することが多いのですが、いろいろやってみたところ、「ニアプット買い戦略」では**「RSI（次頁参照）を単独で用いて頭打ちのシグナルを特定」**したほうがいい結果が出ることがわかりました。

日経平均株価が頭打ちのタイミングがポイントです。
上昇の頭打ちを確認するのが「RSI」です！

RSIとは？

株価などを分析するテクニカル指標のひとつで、「相対力指数」と訳される。

過去の（あらかじめ決めた）日数の間に、上昇であっても下落であっても、株価が動いた値幅をすべて合計したものを分母とし、その中の上げ幅だけを合計したものを分子とし、上げ幅の率を%表示にしたもの。

RSIが70%を超えていれば「買われすぎ」とみなされる

RSIシグナルとは？

簡単にいってしまうと「RSIの移動平均」のこと。

日経平均株価のトレンドを見る場合に、一般的に（25日、75日などの）移動平均線を使うが、これと同じようにRSIも、移動平均線を表示してみることで、RSIのトレンドを確認できる。

シグナルとのゴールデンクロス、デッドクロスをシグナルポイントとすることもできる

※ 本書のRSIの設定期間は11日、シグナルは5日移動平均としている

また225オプションは夜間も売買をするので、日経平均株価ではなく、225先物のチャートを用いて、エントリータイミングを特定しました。

■225先物チャートにおけるエントリータイミングの候補
❶「RSI」が70％以上のゾーンにおいて「RSIシグナル」とデッドクロスしたとき
❷「RSI」が70％以上のゾーンから、70％ラインを割り込んだとき

3 日経225先物のチャートでエントリータイミングを確認してみよう

バックテスト期間は2012年の1年間と、2014年夏から2015年夏までの1年間です。

2012年12月26日からの第2次安倍政権下で繰り広げられた、いわゆる「アベノミクス相場」は「異次元金融緩和」などの影響で、相場の動きがその名のとおり「異次元」な上昇相場でした。その期間はバックテスト期間としては不適切なので、まずはアベノミクス相場がはじまるまでの1年間を選びました。

そして後半の1年間は、アベノミクス相場で一貫して上昇トレンドを継続した期間をあえて選んでいます。その期間は、1万5000円前後の日経平均株価が2万1000円近くまで上昇す

るというすさまじい上昇相場です。そんな劣悪な環境下で、相場の急上昇に弱いプット買い戦略が、はたして通用するのかどうかをチェックしたというわけです。

下のチャート資料は、その2012年7月から年末にかけてのバックテスト期間の後半部分です。資料の下側に、「RSI」と「RSIシグナル」のチャートが表示されています。

ちなみに矢印で指し示した個所（A～G）が、エントリールール（❶および❷）に合致したタイミングです。2012年は、7月から年末にかけてエントリータイミングが7回訪れたことになります。

このように、「**買い戦略のエントリータイミングは、まずはこの日経225先物チャートのRSIによって、候補日を絞り込みます**」。

これは、189頁にある「プットオプションが割安なタイミング」の2つの要因のうちのファクター❶で絞り込んだことになります。

次はいよいよ、実際にどのプットオプションを買い建

● ニアプット買い戦略のエントリーポイント（2012年）

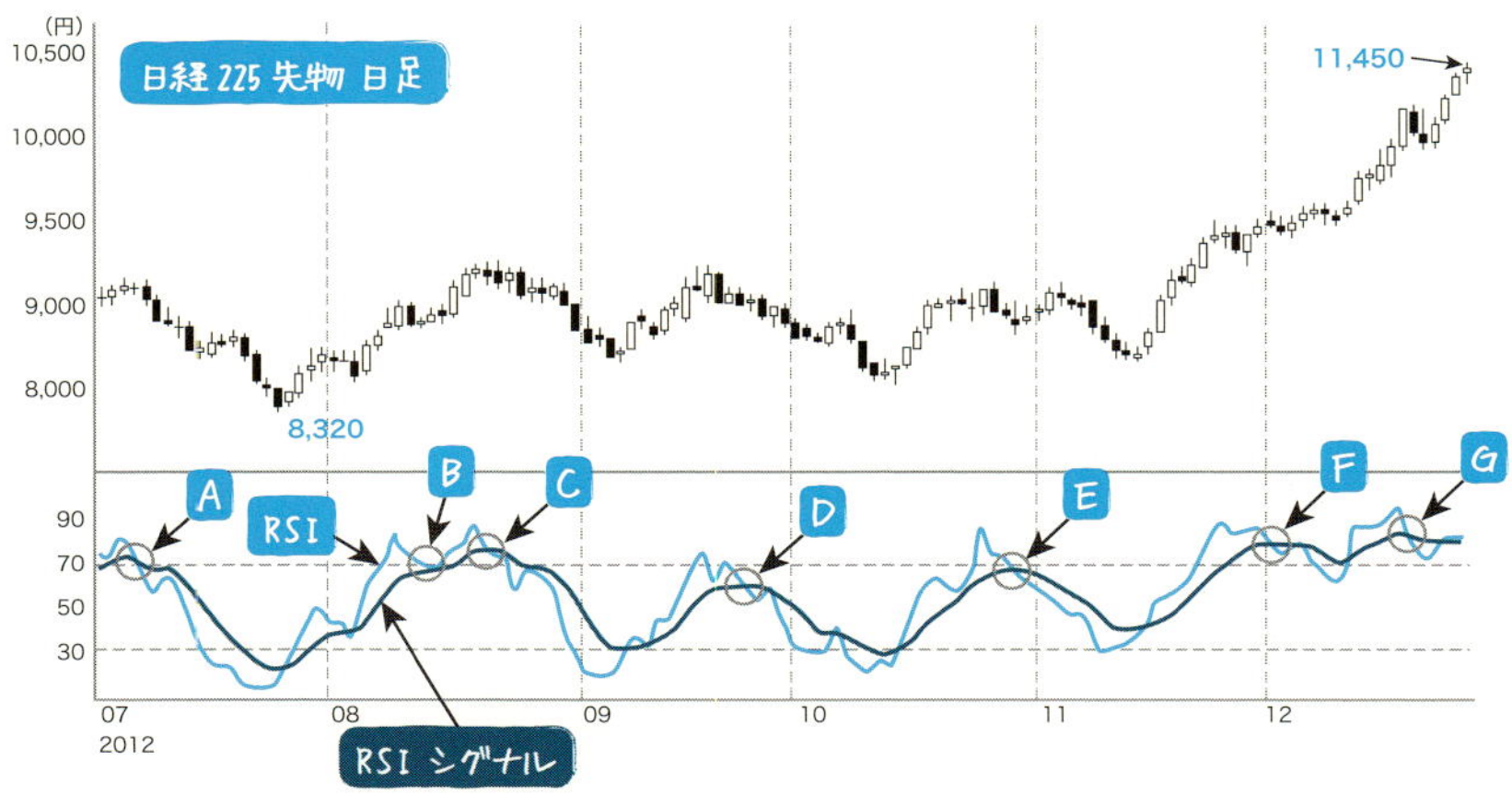

てるのかを検討することになります。

ファクター❶によって新規買いタイミングとなったときに、プレミアムが40円から60円の間にあるプットオプションで、**ファクター❷**に合致しているものを探すことになります。

ファクター❷とは「ＩＶが低いこと」でしたね。ここでは、買い候補のプットオプションのＩＶが25％以内というのを条件にしました。

さあ、これでひとつのトレードルールが確立しました。整理して書き出してみましょう。

4 まとめ ニアプット買い戦略のエントリールール

■エントリールール

・日経225先物日足チャートにおいて、❶、❷のいずれかのタイミングで、❸～❺の条件に合致したプットオプションを買い建てる

❶「RSI」が70％以上のゾーンにおいて、「RSIシグナル」とデッドクロス

❷「RSI」が70％以上のゾーンから、70％ラインを割り込む

■プットオプションの条件
❸残日数が40～60日（対象銘柄が見つからない場合は60日をさらに拡大可）
❹プレミアムが40～60円
❺ＩＶが25％以下（状況により30％以下を可とする）

5 ニアプット買い戦略を見送る際のルール

■エントリー見送り
・前日の日経225が200円以上急落している場合

少し補足説明をしておきます。

まず、「ニアプット買い戦略のエントリールール」の「❸残日数が40～60日」というところですが、単に「期先のプット」といっても、期先には来月もあれば、3カ月後のもの、5カ月後のものもあります。ここで大切なのは残日数ということです。必ず残日数を意識してエントリーするようにしてください。

また、「**エントリー見送り**」については、「**前日に日経225先物が急落した状態だと、すでに**

プットオプションが割高になっていることが多いので、エントリー条件に合致したプットオプションであっても、見送ったほうがいい」と判断するようにしてください。

6 ニアプット買い戦略のクロージングルールを覚えよう！

トレードルールというのは、エントリールールとクロージングルールがそろってはじめて成り立ちます。

このニアプット買い戦略では、エントリールールには神経を使って綿密な絞り込みを行いましたが、クロージングルールは極めてシンプルです。「**買ったプレミアムから20円上がれば利益確定、20円下がればロスカット**」ということですから、業界トップクラスのわかりやすいルールといってもいいかもしれません。

「**利確もロスカットも同じ20円幅としているのも、ほかではあまり見られない大きな特徴**」です。エントリー価格から、上にも下にも20円ということだと、勝率5割気分になります（厳密にはセータの働きで、若干勝ち目のほうが薄くなります）。

しかし、ここでエントリールールを振り返ってみてください。これでもかというほど、有利な（勝ちやすい）ところでエントリーをしたではないですか。どれだけ優位なポジションでエントリーするかで、総合的に利益確定の比率を高めようとしているわけです。

「**このシンプルなクロージングルールだと、OCO注文を出しておけば、自動的に〝利益確定〟**

〝ロスカット〟が行われるので便利」です。

ちなみにOCO注文というのは、どちらかが約定すればもう片方が取り消される注文方法です。

たとえば50円で買いエントリーした場合はこのような注文になります。

●70円で売り指値注文（利益確定）
●30円で逆指値売り注文（ロスカット）

ただ、この注文方法には留意すべき点があります。万能ではないということです。そのあたりを生徒さんたちにアドバイスしたメルマガがあるので、ここに転載しておきます（次頁参照）。

二アプット買い戦略を手じまう際のルール

■手じまいのルール
・利益20円で利益確定
・損失20円でロスカット

さて、それではいよいよバックテストの結果を見ていきましょう。

ニアプット買い戦略の利益確定時の落とし穴

現在、ニアプット買い戦略が遂行中です。

買値（エントリー値）から20円上がったら利確、20円下がったら損切りというシンプルな戦略。

皆さんの中には、OCO注文を出している人もいらっしゃるかもしれませんね。

OCOというのは、どちらかが約定したら、もう片方の注文が自動的に取り消しになる注文です。

20円上がったところで利確の指値注文。

20円下がったところで損切りの逆指値注文です。

すごく便利な注文方法に見えます。

しかし、2カ月も期先のオプションをやっているわけで、特に夜になると板が閑散としてしまいます。

たとえば70円に、利益確定の指値売り注文。

30円にロスカットのための逆指値（成行で売り）注文を入れていたとしましょう。

夜中の板には、30円に1枚の買い注文、10円に1枚の買い注文しか入っていなかったとします。

夜中に、酔っぱらったトレーダーがボタンを押し間違えて、成行で売り注文を出したとすると、30円で値がついてしまいます。

すると、あなたの逆指値注文にスイッチが入り、成行注文が発注されてしまいます。

あなたは翌朝、自分のポジションが、10円で損切りされている現実に直面します。

こういう事態を避けるには、まず「逆指値の成行注文」ではなく、「**逆指値の30円指値売り注文**」にしておかなくてはなりません。

しかし、夜中は板が閑散なうえに、酔っている人も多いので、利確の指値注文はよしとしても、損切りの自動注文はやめておくほうがいいと思います。

03 バックテストの結果はこうなった

1 2012年のバックテストの結果を見てみよう

バックテストの結果を公開するにあたって、最初にお話ししておかなければならないことがあります。バックテストには過去のオプションのデータを使うわけですが、過去データというのは、いわゆる「**始値**」「**高値**」「**安値**」「**終値**」の4本値にかぎられています。日中（ザラバ）の細かいデータは一切残っていないので、**「1日の中でどのような値動きをしたかについては不問」**としています。またＩＶのデータも大引け段階でのデータが残っているだけなので、「何時何分にエントリーの要件がそろったから、そのときのプレミアムで買い建てた」という、リアルなシミュレーションにはなっていません。よって、エントリー要件については前日の終値のものを使ったり、また買い建てたプレミアムは当日の始値を代用したりしています。

そのため、少々アバウトな部分があります。「**いざ実際にトレードしてみるとバックテストと同**

じ結果にならない可能性がある」ことをご理解のうえ、読み進めてください。

さて、それでは2012年のバックテストを確認してみましょう。

次頁の表を見てみると、8月21日以降、11月1日以降は日経平均株価に見事に下落トレンドが発生しています。このような明らかなトレンドが発生したケースでは、非常に勝ちやすい状態になっているといえるので、少し貪欲に行ってみましょう。

要するにこういうことです。初日にエントリーしたプットをまだ保有していたとしても、「**2日目にも〝残日数、プレミアム、IV〟のエントリー条件をクリアするプットが存在していれば、積極的に買いエントリー**」してみましょう（もちろん資金の余裕と相談しながらです）。バックテストでは積極的にそれを行っているので、ある程度のトレード回数も確保できているわけです。

まず勝敗数は、37回のトレードに対して29勝8敗でした。「**勝率に直すと76％**」ということになります。想像していたよりもかなり良好な結果でした。たとえば、毎回1枚ずつ買いエントリーしていたとすると、1回あたりの利益は2万円（売買手数料などは除外）ですから、利益の合計が年間で58万円、損失の合計が年間で16万円、手元に残った利益が年間で42万円ということになります。

それぞれのトレードでは「**平均5万円程度の資金投入**」なので、手元に2万～30万円もあれば回していけることになります。「**30万円からはじめたとして、1年で42万円増えた**」とすれば、これはできすぎぐらいの結果ですね。

比較的平穏な相場におけるニアアプット買い戦略

RSI シグナル出現日	しかけ日	残日数	銘柄	IV	買値	結果
1月30日	1月30日	55	4p7500	25.5	45	×
2月2日	2月2日	52	4p7750	23.3	50	×
2月29日	2月29日	53	5p8500	25	55	○
3月23日	3月23日	56	6p8750	23.6	55	×
3月29日	3月29日	52	6p9000	22.2	50	○
	3月30日	51	6p9000	22.4	55	○
	4月2日	49	6p9000	22.3	47	○
	4月3日	48	6p9000	21.9	48	○
	4月4日	47	6p9000	21.7	47	○
	4月5日	46	6p8750	23.3	60	○
	4月6日	45	6p8750	22.9	60	○
	4月9日	42	6p8500	24.3	50	○
7月5日	7月5日	52	9p8000	23.2	55	○
	7月6日	51	9p8000	23.4	50	○
	7月9日	48	9p8000	23.3	55	○
	7月10日	47	9p7750	24.7	45	×
8月13日	8月13日	45	10p8000	20	47	○
8月21日	8月21日	59	11p8250	19.7	60	○
	8月22日	58	11p8250	21.3	60	○
	8月23日	57	11p8000	19.8	45	○
	8月24日	56	11p8250	20.1	60	○
	8月27日	53	11p8000	21.6	55	○
	8月28日	52	11p8000	21.7	46	○
	8月29日	51	11p8000	21.7	50	○
	8月30日	50	11p8000	21.9	47	○
	9月3日	46	11p7750	23.8	55	×
9月20日	9月20日	37	11p7750	19	49	○
	9月21日	60	12p8250	19.5	55	×
10月29日	11月1日	52	1p8000	20.2	60	○
	11月5日	48	1p8000	20.9	45	○
	11月6日	47	1p8000	20.9	49	○
	11月7日	46	1p8000	21.1	50	○
	11月8日	45	1p8000	20.4	44	○
12月4日	12月4日	49	2p8750	19	60	×
12月20日	12月20日	57	3p8000	21.4	47	○
	12月21日	56	3p8000	21.1	55	○
	12月25日	53	3p8750	24	50	×

見事に下落トレンドが発生！

2日目以降もエントリーできる

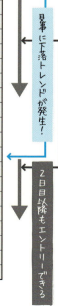

あまり過度な期待を抱かせてしまってはいけないのでお話ししておきますが、最初にお伝えしたとおり、「買い建値」には、その日の始値をあてています。しかし実際には相場が閑散としていて、買いたくても売り手がいないこともありますし、寄付き時の注文が少なかったために安い値段で始値がついてしまったなどというケースもあるでしょう。また利益確定の売り注文を出すときも同様です。うまく20円の利益を確保しながら売却するためには、ある程度のトレード技術がいりますし、運もかかわってきます。よってこのバックテスト結果は「すべてがうまく働いたことが前提」となっているわけです。

資金が1年で2倍以上になる投資法は、世の中にそうありません。このバックテストの成績は、心を落ち着けて濃いめのサングラスをかけるか、眉間にしわを寄せて薄目で見るようにしてください。

2 2014年のバックテストの結果を見てみよう

それでは、同様に2014年のテスト結果を公開します。先述したように、この2014年夏からの1年間はアベノミクス相場の佳境ともいえる時期でした。当然、**「相場が上がると厳しくなる〝プットの買い戦略〟ですから、苦戦すると思いきや、こちらも良好な結**

エントリールールに凝りに凝ったのは本当に有利な場面にだけトレードするためです。トレードの勝者になるためには待つことも大事ですよ！

果が出ました」。

前回同様に成績表示をすると、30戦27勝3敗となりました。勝率に直すと、なんと90％！ どうしてこんなに良好な結果が出たのかというと、結局、**「有利な場面でしかエントリーしていない」**ということに尽きます。

たとえば、「日経225先物が急落したあとはエントリーしない」というルールのおかげで、何度もロスカットを免れています。加えて、**「RSIのエントリーシグナルは、多くの場面で相場の頭打ちのタイミングをとらえています」**。よって、エントリーしたあとに日経225先物が下落する場面が多かったのです。「相場が下落をするならばプットオプションは、デルタとベガの働きでプレミアムが上昇するため勝ちやすい」のです。

このテスト期間には「日銀バズーカ」などの影響でIVが高止まりして、なかなかエントリーの条件が整わない時期がありました。そこでひとつ実験をしました。基本ルールは「IVが25％以下」ですが、あえて7回ほどルール違反をしてみました（2014年11月～翌年4月

● ニアプット買い戦略のエントリーポイント（2014年11月～2015年7月）

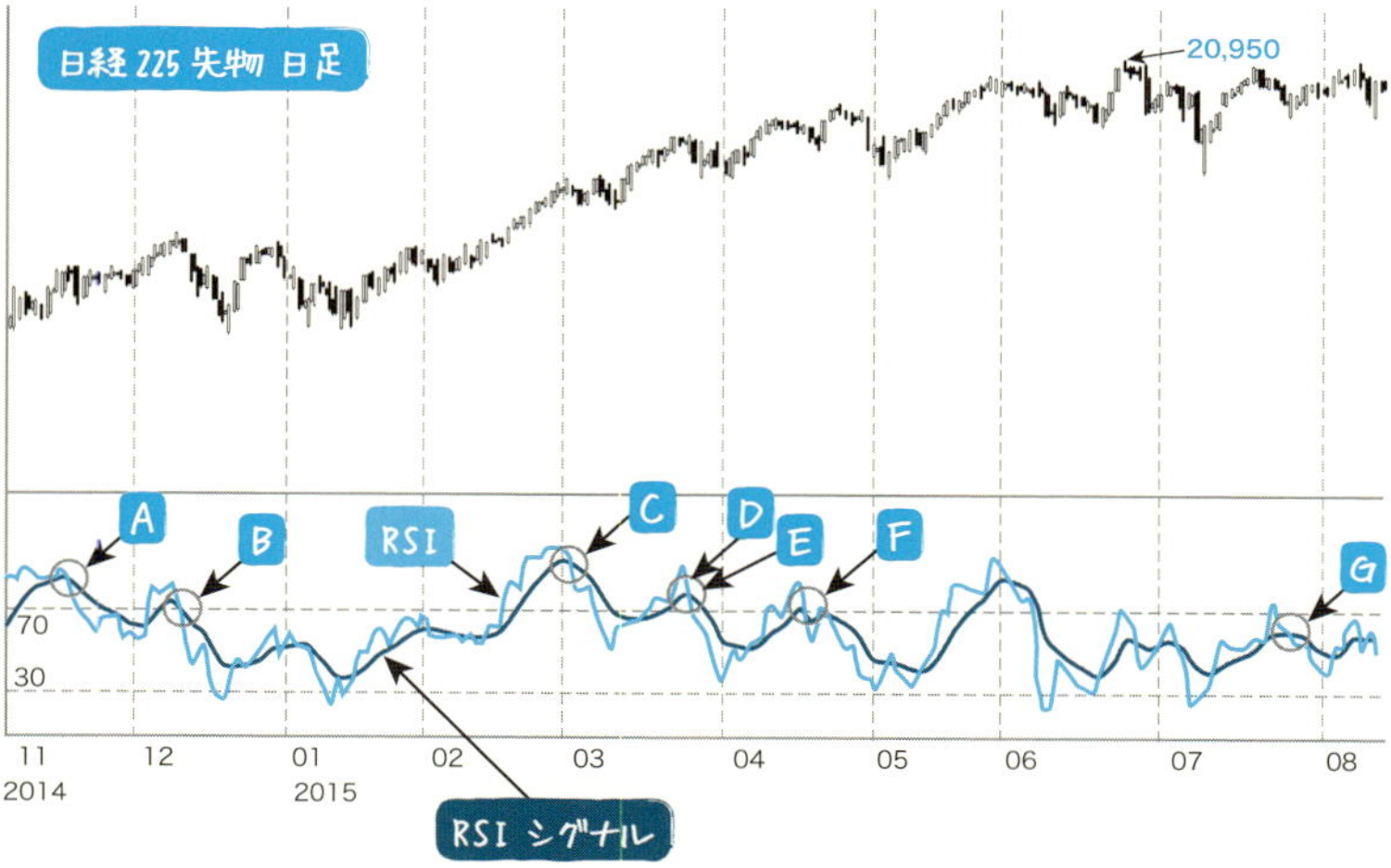

プット買いには不利な相場での意外な結果

RSI シグナル出現日	しかけ日	残日数	銘柄	IV	買値	結果
7月30日	7月30日	53	10p3750	19.8	60	○
	7月31日	52	10p3750	20.7	37	○
	8月1日	51	10p3500	20.9	50	○
	8月4日	48	10p3500	21.2	50	○
	8月5日	47	10p3500	20.7	48	○
	8月6日	46	10p3500	20.5	55	○
	8月7日	45	10p3250	21.7	50	○
	8月8日	44	10p3250	21.4	60	○
9月29日	9月29日	55	12p4000	21.4	45	○
	9月30日	54	12p4000	21.7	50	○
	10月1日	53	12p4000	22	50	○
	10月2日	52	12p4000	22.2	55	○
11月17日	11月17日	40	1p4000	31.5	40	○
12月9日	12月9日	49	2p4000	37	60	○
3月3日	3月4日	45	5p6000	25.6	50	○
3月25日	3月25日	55	6p6000	26.7	50	○
	3月26日	54	6p6000	26.8	45	○
4月16日	4月16日	59	7p6000	27.6	50	×
6月2日	6月2日	53	8p7500	23.2	50	○
	6月3日	52	8p7500	22.7	55	○
	6月4日	51	8p7500	23.2	60	○
	6月5日	50	8p7250	24	50	○
	6月8日	47	8p7500	23.6	50	○
	6月9日	46	8p7250	23.5	45	○
7月24日	7月24日	56	10p7000	24.7	44	○
	7月28日		10p7000	24.8	60	○
	7月29日		10p6750	26	50	×
8月11日	8月11日	44	10p8000	23	55	○
	8月12日		10p7750	23.5	50	○
	8月13日		10p7500	25.3	55	×

の全期間と7月29日のエントリー）。すると7回のうち2回ロスカットが生まれたのです。やはりルールを守ることは大事だということです。

7回ルール違反して2回負け。勝率は悪くなる

04

ニアプット買い戦略

ニアプットオプションの銘柄選びと売買のしかた

1 銘柄選択の実際

A タイミングをじっと待つ

買いのターゲットとなるプットオプションを決めるまでの手順「エントリールール」をおさらいしておきましょう。

❶「RSI」が70%以上のゾーンにおいて、「RSIシグナル」とデッドクロス
❷「RSI」が70%以上のゾーンから、70%ラインを割り込む
❸残日数が40～60日（対象銘柄が見つからない場合は60日をさらに拡大可）
❹プレミアムが40～60円

エントリーには2つのステップがあります。

まずは、日経225先物（ラージ）のチャートを監視し、プット買いに有利なタイミングをじっと待つのが最初の作業となります。タイミングが来なければ何もはじまりません。待つといっても、渋谷のハチ公の前で恋人を待つときのように、テンションを上げっぱなしでいる必要はありません。日に1度か2度、日経平均株価の動きをチェックする……そんなゆるい感じでかまいません。

エントリールールの❶と❷を見ると、「RSIが高くなって頭打ちになるタイミング」を待つことになっています。RSIが高くなるのは、要するに日経平均株価が高くなりすぎたときです。

日々、目にしたり耳にしたりするニュースで「日経平均株価が何連騰」とか「株価が急騰」のようなメッセージを見つけたら、日経225先物のチャートやRSIをチェックするというルールにしてもいいですね。

では、私が実際にトレードした実例を紹介します。

● エントリーのタイミング実例 日経225先物日足チャート

前頁のチャートは、2017年5月に実際に出現した、ニアアップット買い戦略のエントリータイミングです。4月に入って、北朝鮮の地政学リスクが顕在化したことで、日経225先物はいったん下落しました。しかし、地政学リスクへの懸念が遠ざかるとともにフランス大統領選で「EU残留派」のマクロン候補が当選したことで、一気に株価上昇が起こったのです。4月の最安値は1万8190円でしたが、5月に入っての最高値は2万30円まで上がったので、その上昇幅は1840円にもなりました。

「これだけの急騰が起こると、間違いなく〝ニアアップット買い戦略〟のエントリーチャンス」が訪れます。

そうなれば、「**RSI**」と「**RSIシグナル**」の監視をはじめます。ちなみに、エントリールールは次のようになっていました。

> **❶ RSIが70%以上のゾーンで、RSIシグナルとデッドクロス**
> **❷ RSIが70%以上のゾーンから70%ラインを割り込む**

B 限月を特定する

前頁のチャートではわかりにくいですが、5月12日に見事に❶の条件が成立しました。さあ、買い出動です。迷わずに買いです。

さて、たくさんあるプットオプションの中から、どれを買えばいいのでしょうか？　エントリールールではこうなっていました。

③ 残日数が40～60日（対象銘柄が見つからない場合は60日をさらに拡大可）
④ プレミアムが40～60円
⑤ IVが25％以下

これに合致したプットオプションを探してみましょう。まず最初に行うのは、③の残日数（40～60日）に合致する限月を特定することです。現在は5月12日ですから、7月限か8月限に目星をつけて、SQまでの日数を確認します。

7月のSQ日は7月14日。市場の稼働日のみカウントすると、残日数は45日です。

8月のSQ日は8月10日。残日数は63日ですから、ルールの40～60日から外れています。

ということで、7月限のプットに決定です。7月限のプットを買うことにします。

C 銘柄を決定する

7月限のプットを買うことは決まったので、次に、たくさんある7月限プットの中からどの銘柄を買うのかを決める作業に入ります。本書ではSBI証券を例に挙げてお話ししますが、大方の証券会社はインターフェイスが違うだけで、設定する項目は大体同じなので、口座を持っている証券会社で実践してみてください。

STEP 1 オプション一覧から買う銘柄を絞り込む

ＳＢＩ証券の画面から「投資情報」、そして「オプション一覧」を選択します（次頁下図参照）。「２０１７年07月限」を選択し、プット側（右側）の銘柄情報を見ていきます。

エントリーの条件で残っているのは、「**❹プレミアム（40～60円）**」と、「**❺ＩＶが25％以下**」でした。

プットの「買い気配」や「売り気配」の列や「現在値」の列を見て、40～60円あたりの銘柄を探していきます。

権利行使価格が１万７７５０円のプットの「買い気配」「売り気配」のプレミアムが60円になっています。また、権利行使価格１万７６２５円のプットの「買い気配」のプレミアムは50円となっています。

50円と60円……さて、どちらにしましょうか？

ここは迷わず、60円の**7P17750**を選択します。理由は、「１万７６２５円という１２５円刻みの権利行使価格のオプションは、出来高が少ないので選択しない」からです。出来高が少ないということは、注文が少ない銘柄だということになり、ねらった値段で約定させにくいという判断をします。買いたいのに売り注文が入ってなかったり、売りたいのに誰も買ってくれなかったら困りますよね。

ニアプット買い戦略にかぎらず、ほかの戦略においても、**「どちらか迷ったら、250円刻みの権利行使価格を選ぶ」**ここ、覚えておいてください。

残る銘柄選定の要件は、⑤IVが25%以下だけとなりました。IVはどこでチェックするかというと、同じ画面の中にちゃんと表示されています。

7P17750のIVは、19・19%となっているので、条件に合致していますね。完璧です。要件の全部をクリアしました。さあ、これでいよいよ買い注文を入れていきます。

STEP 1 オプション一覧から買う銘柄を絞り込む

❶「投資情報」タブを選択する

❷「オプション一覧」をクリックする

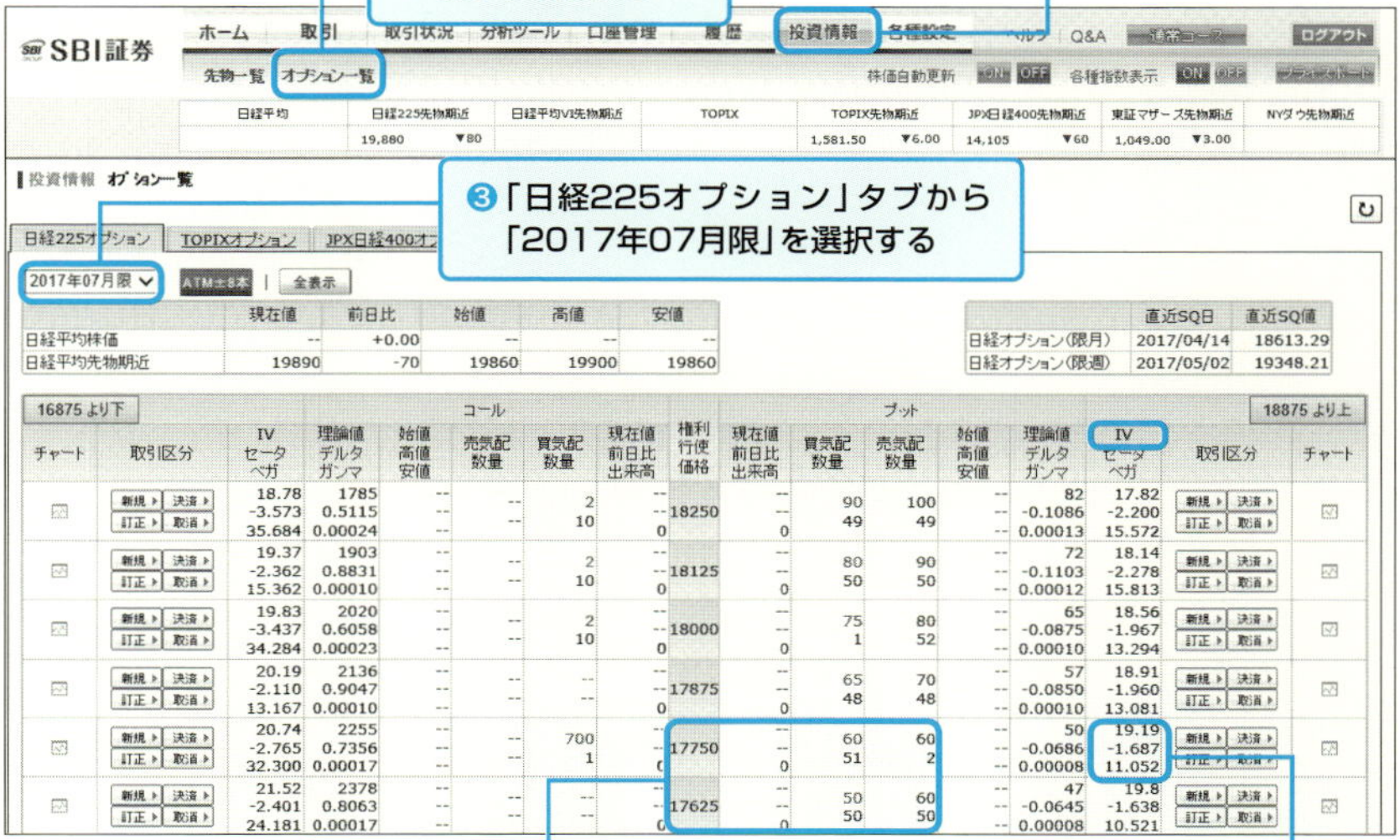

❸「日経225オプション」タブから「2017年07月限」を選択する

❹プレミアムが40～60円の銘柄を探す

❺「IVが25%以下」かどうかを確認する

資料では「現在値」がゼロ円になっていますが、これは朝の寄り付き前の画面だったために値段がついていないのです。日中（ザラバ）の画面であれば「現在値」を見て銘柄を絞り込むようにします。

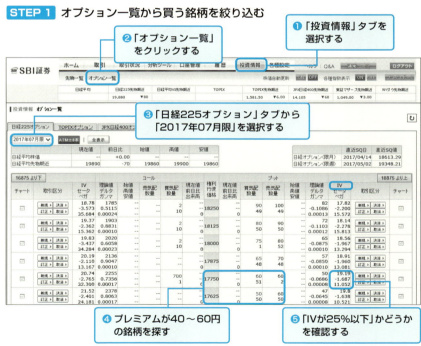

2 実際に買う 画面の指示にしたがってニアプットオプションを買ってみよう

まず、次頁の図の右側を見てください。ねらった**7P17750**の「立会気配」が表示されています。「**〝立会気配〟というのは、今現在入っている注文数**」のことで、この「何円に何枚注文が入っているのかを表した一覧表」を「板」と呼びます。

見ると60円の売り注文が２枚、同じ60円の買い注文が51枚入っています（寄り付き前なので「売り気配」と「買い気配」が同じ値段になっています）。この感じだと、60円で買い注文を入れて、少し約定を待つ感じになりますが、とにかく60円で指値注文を入れてみましょう。

3 注文の約定は必ず確認する

注文後すぐに５月12日のマーケットがスタートしましたが、１分も待たずに指値注文が約定しました。あまりに早くて驚きました。

約定をしたら、必ず画面上で「**約定したものが間違いないか**」を確認します。

STEP 2 プットオプションの新規買い注文

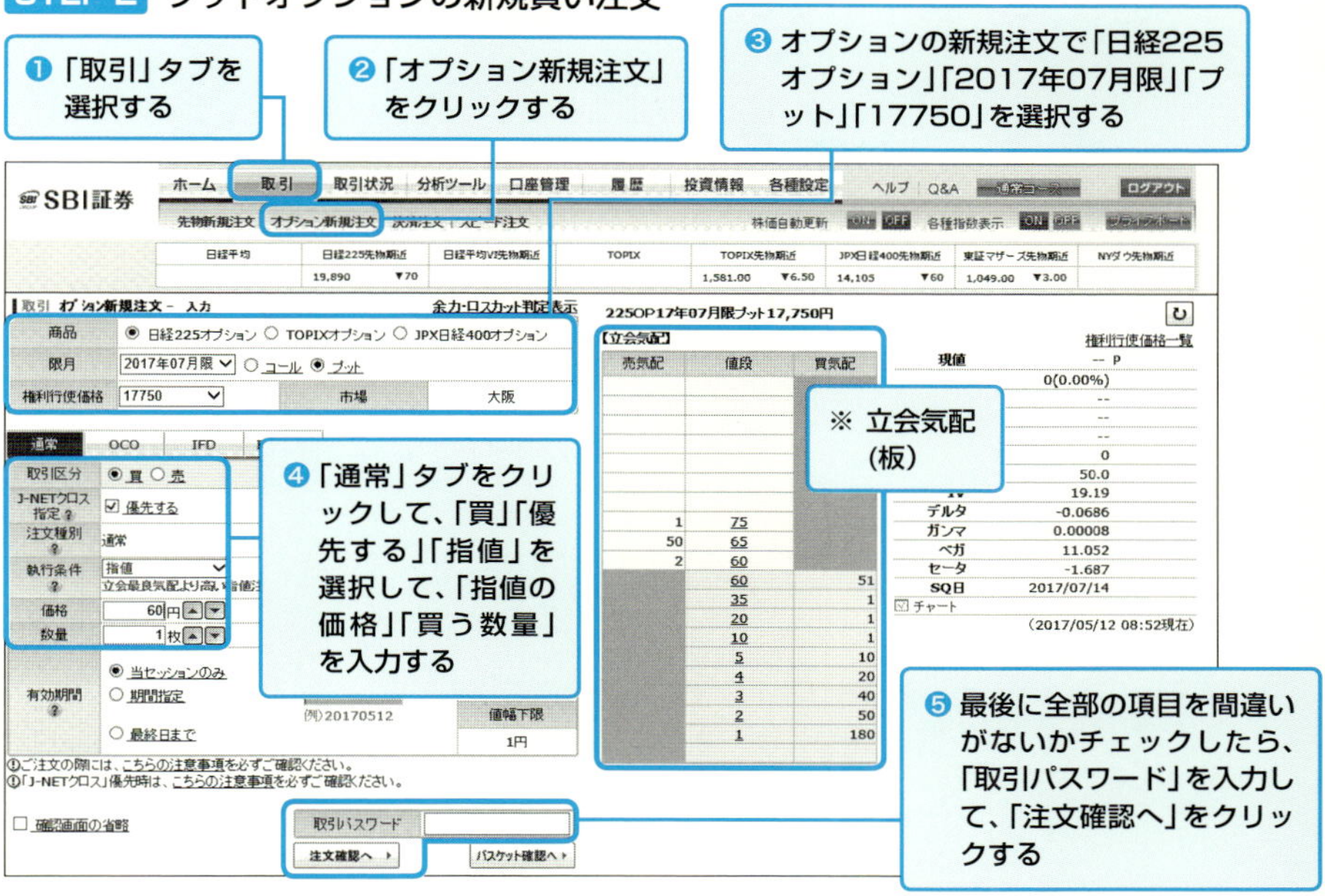

ここでは特に「限月」で“コール”と“プット”を間違えないこと、「取引区分」で“買”と“売”を間違えないようにします。「指差し声出し確認」をお忘れなく。注文確認画面で「注文する」をクリックすれば、注文作業が完了します。

STEP 3 約定したら、銘柄、取引区分を確認する

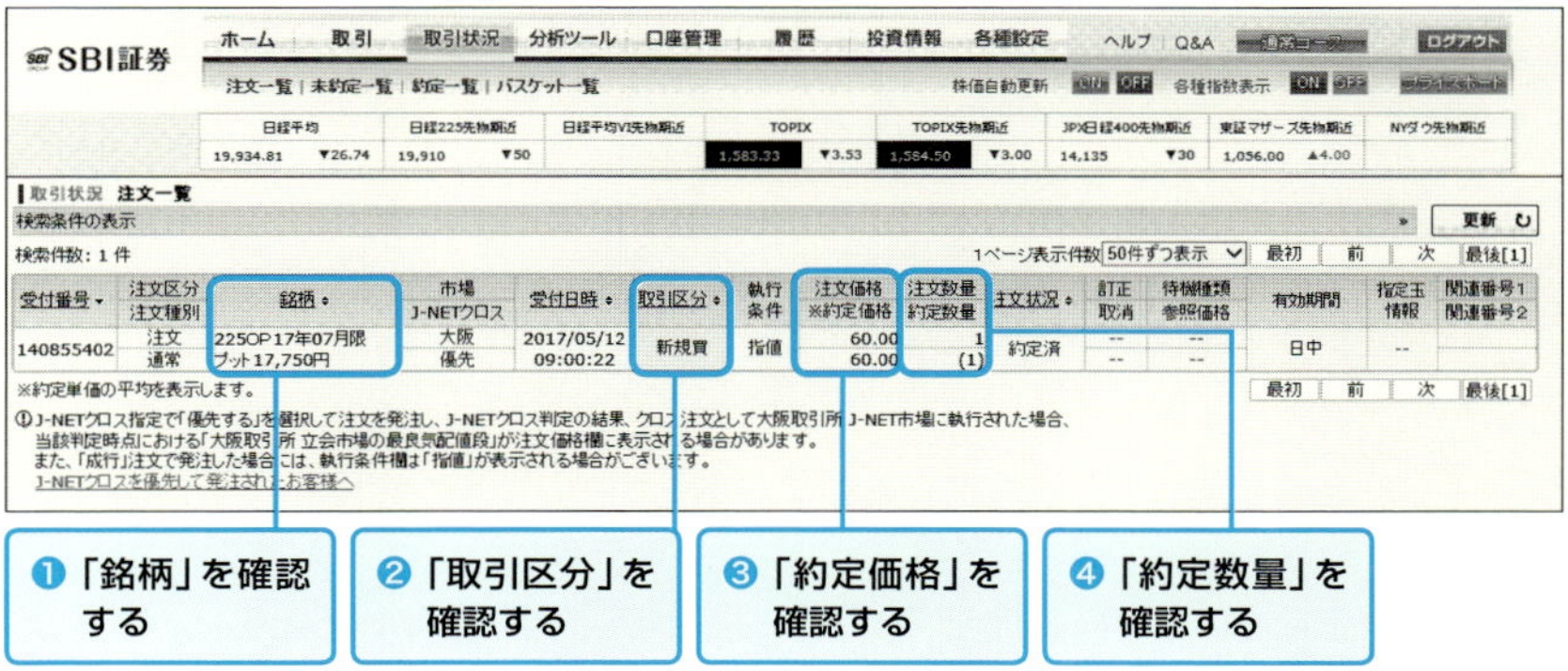

4 実際に返済売する ニアプットオプションを買戻してみよう 画面の指示にしたがって

さて、エントリーが終わりました。60円で買ったプットが、80円に達すれば利益確定とします。プットが40円まで値を下げてしまえば、ロスカットになります。

どちらかの決着がつくまで何日か要することもあるので、エントリーしたあとすぐに「自動売買」できるように、売り注文を出しておきます。出す注文はこんな感じです。

7P17750が80円にタッチしたら自動的に80円の指値で売る、逆に40円にタッチしたら自動的に40円の指値で売る

そんな便利な注文ができることを、あなたはもう知っているはずです。そうです。196頁でお話しした「**OCO注文**」です。注意事項も書いてあるので、できたらもう一度読み返してみてください。

このOCO注文を出しておけば、日経225先物が上がった下がったと一喜一憂しなくてもすみます。つまり、見ていなくてもいいということです。まあ、上げ下げを眺めてドキドキするのが楽しいという人も少なくないようですけれど。

ＯＣＯ注文を出したあとは、結果を待つだけです。バックテストの結果からは「朗報がやってくる確率のほうが高い」ので、期待して待っていましょう。

勝っても負けても、動くお金は2万円ですから、この「ニアアプット買い戦略」は、まさにオプション取引の入門です。

STEP 4 OCO注文を出す

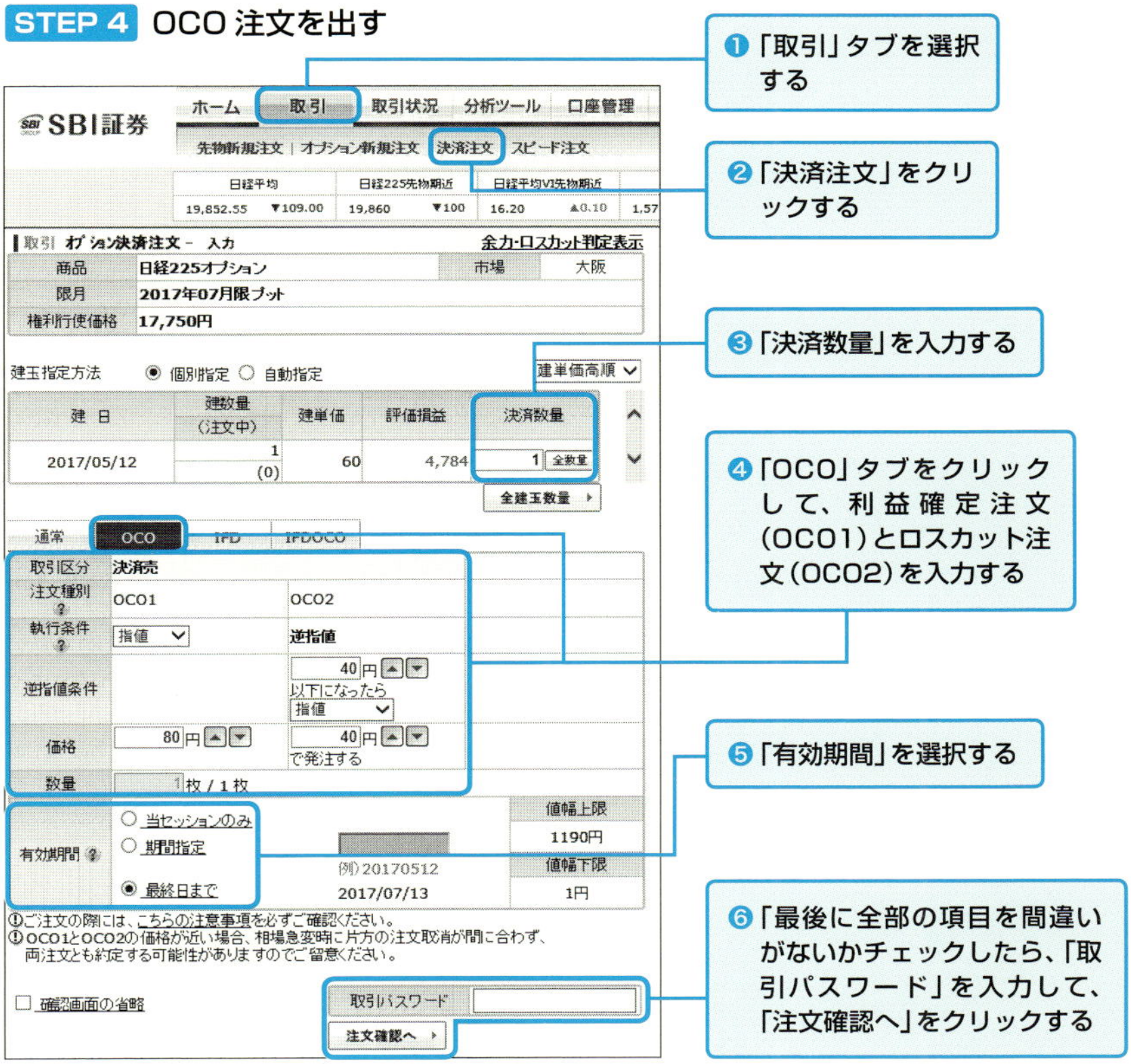

ここでは特に「価格」「逆指値条件」を間違えないようにします。「指差し声出し確認」をお忘れなく。注文確認画面で「注文する」をクリックすれば、注文作業が完了します。

ニアプット買い戦略は、入門編に
ぴったりの戦略です。
ただ投資環境によっては、
エントリーチャンスが少なくなる
場合があります。
その場合は「日足」ではなく
「時間足」で運用するなど、
いろいろ工夫をしてみてください。

4時限目

株の大暴落でひと財産つくるファープット買い戦略

オプション取引の醍醐味は、高い勝率だけではありません。
投下資金が100倍にも200倍にもなるその爆発力が魅力の戦略もあるんです。

01 大暴落は7年おきにやってくる

1 株の大暴落でひと財産つくる

いよいよ最後の投資戦略**「ファープット買い戦略」**です。この戦略のキャッチコピーは、タイトルにもあるとおり**「株の大暴落でひと財産つくる」**です。

株の大暴落といえば、多くの人がリーマンショックを思い出すと思いますが、まさにそれは世界規模の不幸な出来事でしたし、投資に失敗した人の中には自己破産を余儀なくされた人、さらには自ら死を選んだ人もいたといわれています。そんな局面で「ひと財産つくる」というのですから、中には「不謹慎だ」という印象を持たれた人もいるかもしれませんね。

しかし、世界規模での大暴落が起こるということは、誰にとっても「手持ち資産の大きな目減り」を意味するのです。そんな局面において、オプション口座の中で「ひと財産できる」ということは、とりもなおさず、ほかに大きく失われた損失をカバーすることになります。いってみれば「損害保険」のような立ち位置です。そう考えていただき、あなたの脳裏から「不謹慎」の文字を消し去ってください。そこにあるのは**「自分の身は自分で守る」**の精神です。

この世界にグローバル資本家が闊歩し、投機マネーが経済規模の何倍にも膨れ上がってからというもの、リーマンショックのようなバブル崩壊が非常に起こりやすくなりました。1990年の資産バブル崩壊以降の大暴落の歴史をひも解いてみると、その頻度の高さがよくわかります。

近年の歴史的な大暴落を時系列に思い返してみると、やはり下の黒板にある❶〜❸の3つが象徴的ではないかと思います。この四半世紀に起こった**「歴史的大暴落は、そのどれもが、計ったように（日経平均株価で）6割の暴落」**でした。

1990年から四半世紀の間に、この6割の大暴落（バブル崩壊）は3回起きています。バブル崩壊の発生タイミングを見ると、7〜10年の間隔で勃発していることがわかりますが、リーマンショック（サブプライム危機）がはじまった2007年から数えると、今年2017年は10年目にあたるので要注意です。

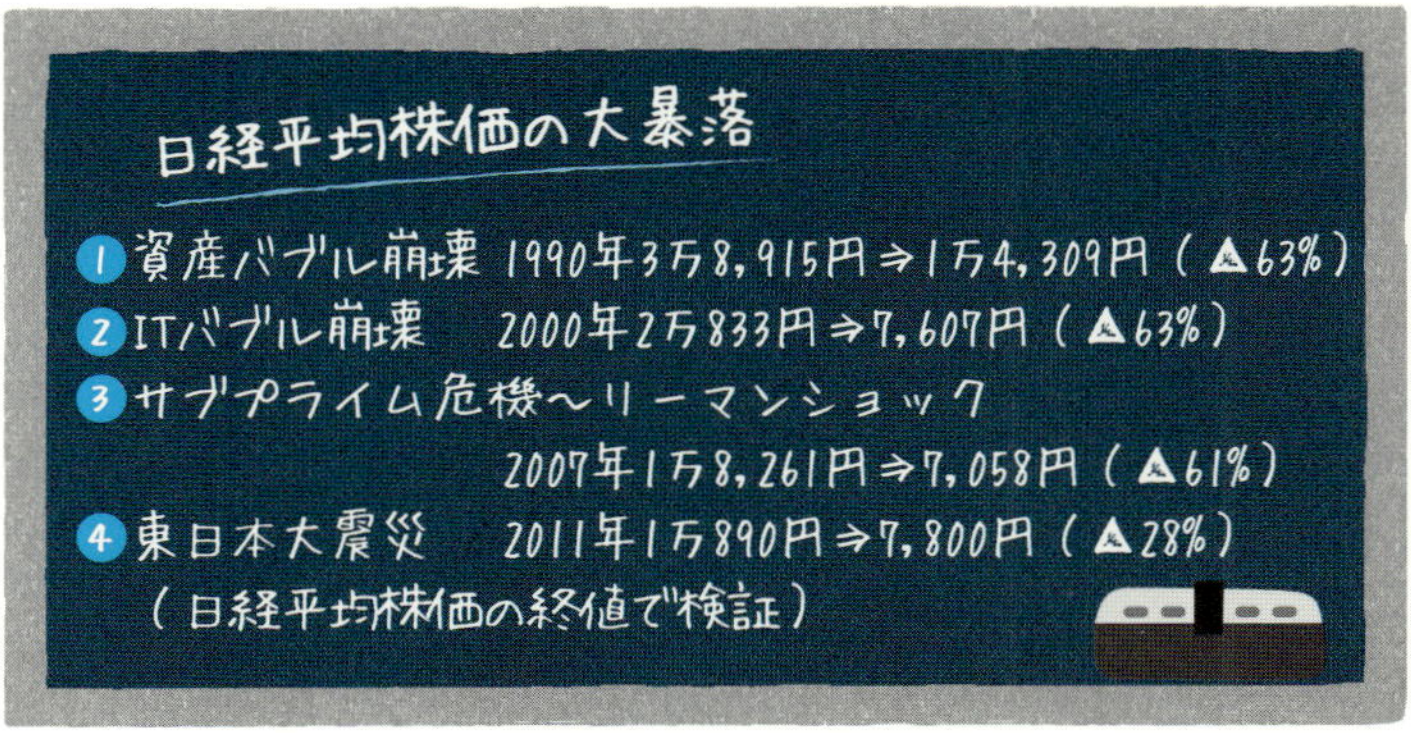
日経平均株価の大暴落
❶資産バブル崩壊 1990年3万8,915円⇒1万4,309円（▲63%）
❷ITバブル崩壊 2000年2万833円⇒7,607円（▲63%）
❸サブプライム危機〜リーマンショック
2007年1万8,261円⇒7,058円（▲61%）
❹東日本大震災 2011年1万890円⇒7,800円（▲28%）
（日経平均株価の終値で検証）

しかし、ほとんどの投資家はそれを意識していないように感じます。人間の脳は「嫌なことをすぐ忘れる」ようにできているそうですが、せっかく辛い経験をしたのですから、後々それを生かさないとつまらないです。

せっかく本書に出会ったあなたには、**「現在の株価がすでに巨大なバブルと化している」**ことを知ってほしいと思います。そのバブルの大きさは、リーマンショック前の水準をはるかに超えているのです。

投機マネーの規模（デリバティブ残高）は史上最高水準で、すでにリーマンショック前の3倍です（下図参照）。さらに2017年3月にはニューヨークダウも3倍に高騰し、史上最高値を更新中です。そして日本はというと、アベノミクスと日銀異次元金融緩和で日経平均株価が2・5倍に膨らんだ状態なのです。

最大の問題は、**「世界の先進国のGDPがまったく成長しない中、株価だけが金融緩和政策で2倍、3倍と上がってきたところ」**にあります。

いわば、今の株式市場は「砂上の楼閣」なのです。株価を上げてきたのがひとえに金融緩和策だとすると、金

● 市場デリバティブ取引高騰の推移

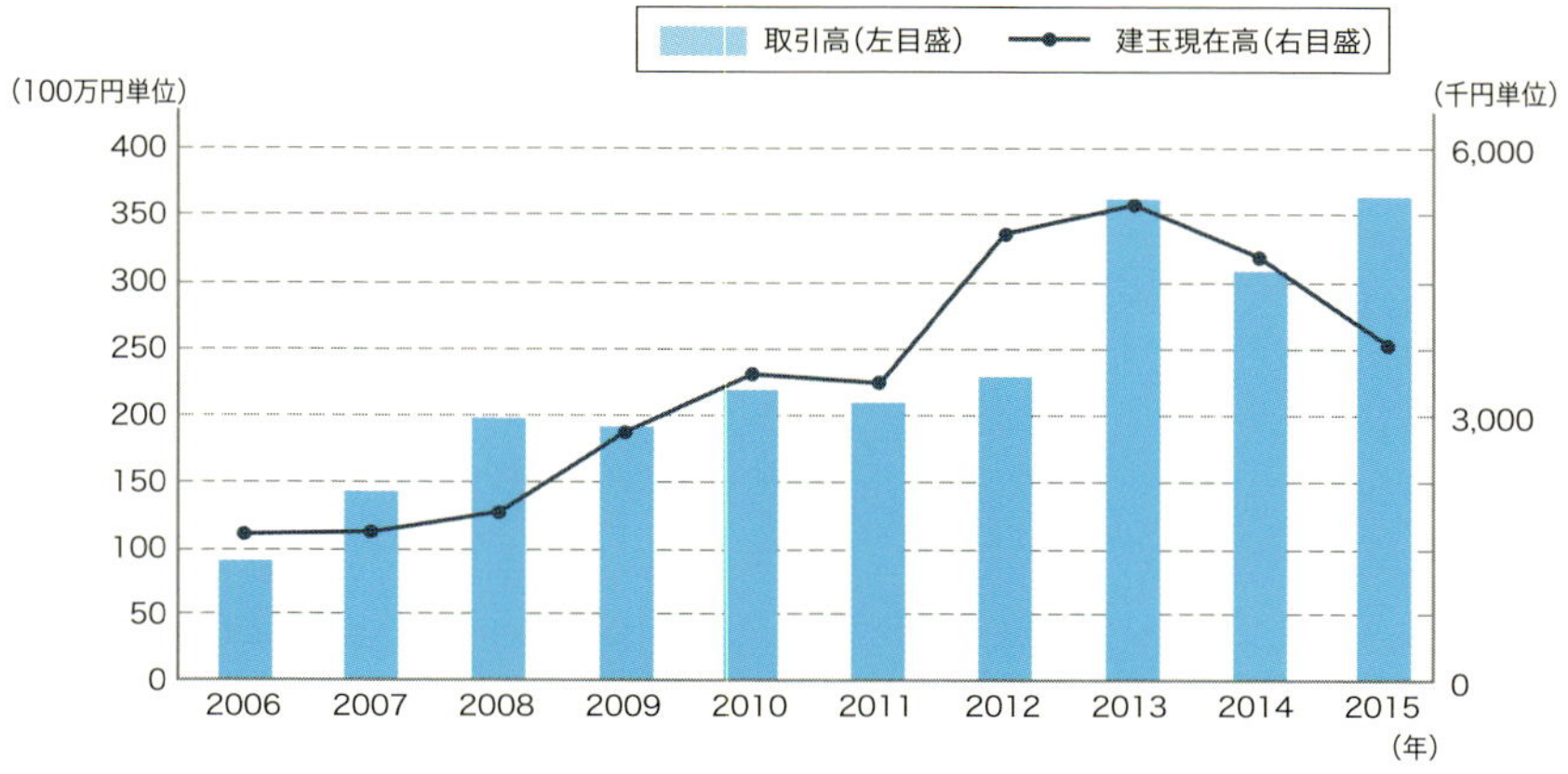

融緩和政策が終了したら元の株価水準に戻るのは自明の理です。

そして、バブルが大きければ大きいほど、その暴落時のパワーは増大します。私は次の大暴落はかなりの破壊力を持っていると思います。

しかし大丈夫です。あらかじめリスクを認識することができるわれわれは、その大暴落パワーを逆手にとってクレバーに立ち回ろうではありませんか。

ウォール街の投機筋の中には、これらの大惨事によって天文学的な数字の利益をあげたところもあったようです。しかし、日本の投資家たちはことごとく打ちのめされました。投資顧問である私のもとへも大勢の人が相談に来ましたが、中には私の前で、または電話口で、嗚咽をされる人が少なくなかったことを思い出します。

しかしオプショントレーダー（日本人）の中には、ウォール街の投機筋と同じように、莫大な利益をあげた人がいました。その利益額は数千万円から億に達していましたが、「**その利益をもたらしたのが、この〝ファープット買い戦略〟**」だったのです。

7〜10年に1度、大暴落が起きるとすると、いつ来てもおかしくない状況なんです。

2 過去の事例を検証する

それでは、過去のいくつかの大暴落局面で、ファープット買い戦略がどのようにひと財産をつくったのかを検証してみます。

2008年 リーマンショック

リーマンショックの本番は、2008年の秋にやってきました。夏の間も株価はジワジワと下げてはいたのですが、リーマンブラザーズが9月の半ばに倒産して以降、暴落が連日続くようになり、歯止めが効かなくなりました。

次頁の図にあるように、**10P9250**というファープットは、9月上旬あたりには1枚2円という値段がついていました。9月1日の日経平均株価の終値は1万2834円でしたから、9250円という権利行使価格まで3500円以上も離れた（インなどする可能性のほとんどない）ファープットだったのです。だから2円という値段しかつかなかったわけです。

この「**10月限のSQは10月10日でした。その前日の10月9日には、日経平均株価が9100円にまで暴落し、すなわち権利行使価格に〝イン〟したことで、2円でいくらでも買えたファープットに、460円というとんでもない値段がついた**」のです。

この日に、仮に400円という値段で利益確定注文が通ったとすると、掛け金が200倍になるミラクルが発生したわけです（下図参照）。しかしあくまでも仮の話で、これもバックテストの一環ですのであしからず。

ちなみに、このときの10月限のＳＱ値は、なんと７９９２円でした。前日の10月９日から、さらに１１００円も下だったのです。

もし、この50枚の**10P9250**をＳＱ清算に持ち込んでいれば、６３００万円近い利益を手にすることになりました。

2011年 東日本大震災

日本人にとっては決して忘れることはできない大惨事、東日本大震災のときもファープットが大暴騰しました。このときのことは誰もがよく覚えていると思いますが、津波によって尋常ではない死者が出てしまったことを除けば、人々が１番恐れたのは福島第一原発の大爆発による放射能汚

● リーマンショックのとき、ファープットはこんなに暴騰した！

日付	始値	高値	安値	終値
2008年8月28日	3	3	2	2
2008年8月29日	2	2	2	2
2008年9月1日	2	2	1	2
2008年9月2日	2	2	1	2
2008年9月3日	2	2	1	2
2008年9月4日	2	2	2	2
2008年9月5日	2	5	2	4
2008年9月8日	5	6	2	2
2008年9月9日	2	3	2	2
2008年9月10日	2	4	2	2
2008年9月11日	2	3	2	3
2008年9月12日	3	6	2	4
2008年9月16日	3	30	2	30
2008年9月17日	30	30	6	10
2008年9月18日	10	45	10	25
2008年9月19日	25	25	6	9
2008年9月22日	8	8	3	6
2008年9月24日	6	6	2	3
2008年9月25日	3	3	2	2
2008年9月26日	3	7	2	4
2008年9月29日	4	7	3	7
2008年9月30日	7	50	7	18
2008年10月1日	15	16	6	11
2008年10月2日	10	13	4	13
2008年10月3日	12	12	6	9
2008年10月6日	9	18	3	11
2008年10月7日	10	35	6	15
2008年10月8日	10	355	9	355
2008年10月9日	170	460	45	125

10P9250（2008年）
2円 ×50枚 ×1,000
= 10万円
高値じゃなくても200倍！
400円 ×50枚 ×1,000
= 2,000万円

染が広がることだったと思います。そのことが、下図の数字の動きに如実に表れています。

大震災が起き、津波が猛威を振るったのは3月11日の金曜日でした。ところが、ファープットが大暴騰をして最高値をつけたのは、翌週の火曜日でした。このとき何があったのか。そうです。「**フクイチ第3号機が大爆発をした**」のです。

あたかも核爆弾で爆破でもされたかのような、あのキノコ雲の映像を見た日本の民は、一気に恐怖心をあおられました。恐怖心はオプションのプレミアムを高騰させます。この日の**4P6500**の最高値はなんと475円でした（下図参照）。

この東日本大震災のときも、リーマンショックと同様、ファープットは200倍を超える値上がりをしたことになります。

● **東日本大震災のとき、ファープットはこんなに暴騰した！**

日付	始値	高値	安値	終値
2011年1月24日	3	3	1	2
2011年1月25日	2	2	2	2
2011年1月26日	1	2	1	2
2011年1月27日	2	2	2	2
2011年1月28日	2	2	2	2
2011年1月31日	2	2	2	2
2011年2月1日	2	3	2	2
2011年2月2日	2	2	1	1
2011年2月3日	2	2	1	1
2011年2月4日	1	1	1	1
2011年2月7日	1	1	1	1
2011年2月8日	1	1	1	1
2011年2月15日	1	1	1	1
2011年2月22日	1	1	1	1
2011年2月23日	1	1	1	1
2011年2月24日	1	1	1	1
2011年2月25日	1	1	1	1
2011年2月28日	1	1	1	1
2011年3月1日	1	1	1	1
2011年3月2日	1	1	1	1
2011年3月11日	1	1	1	1
2011年3月14日	1	35	1	13
2011年3月15日	15	475	12	140
2011年3月16日	140	220	80	130
2011年3月17日	140	225	100	120
2011年3月18日	135	175	38	38
2011年3月22日	40	50	7	7
2011年3月23日	8	19	8	13
2011年3月24日	14	18	9	10

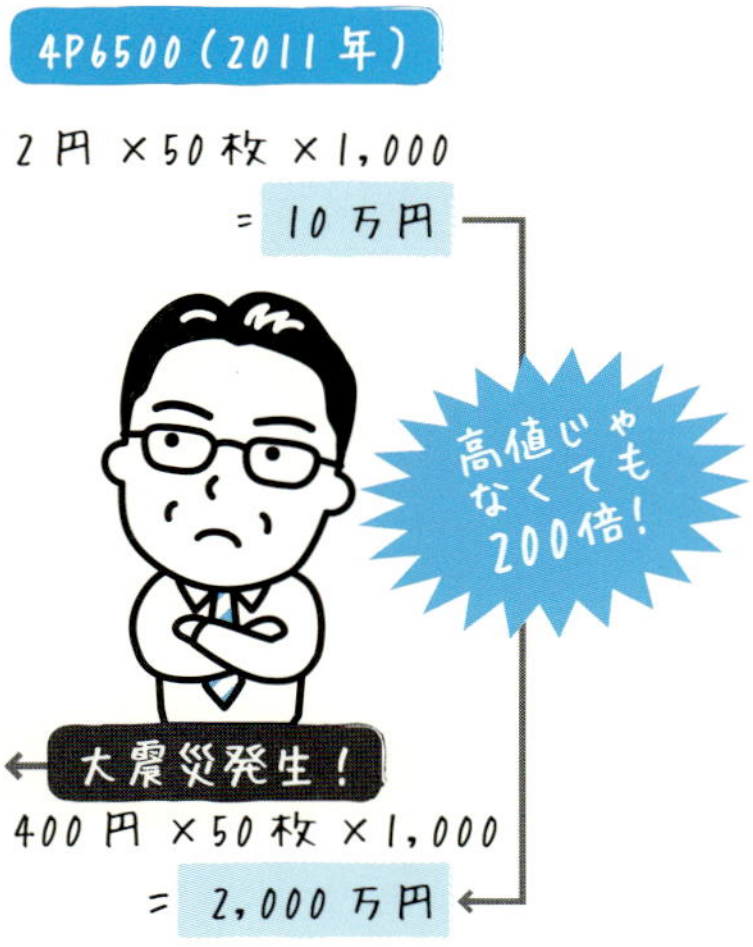
4P6500（2011年）
2円×50枚×1,000
＝10万円
高値じゃなくても200倍！
大震災発生！
400円×50枚×1,000
＝2,000万円

2015年 上海株ショック

それでは次に、最初に掲げた「**1990年以降の歴史的大暴落には該当しない、もう少し発生確率が高い暴落が起こったときに、ファープットがどれくらい値上がりをするのか**」確認してみましょう。

2015年の夏、上海株（上海株総合指数）が2段階にわたる大暴落を起こしました。1段階目の下落幅は32%。3週間かけてのことです。2段階目も同規模の29%でしたが、要した期間がわずか7営業日。ものすごいスピードの大暴落になりました。

それに引っ張られて日経平均株価も大暴落となりましたが、その下落幅もすさまじいものがありました。8月18日の高値は2万663円でしたが、8月25日の安値は1万7747円。なんと6日間で2916円の値幅を記録したのです。このときのファープットの暴騰は、リーマンショックや東日本大震災のときにはおよばないものの、100倍を記録することになりまし

● 上海株ショックのとき、ファープットはこんなに暴騰した！

日付	始値	高値	安値	終値
2015年6月26日	10	10	10	10
2015年7月8日	14	14	14	14
2015年7月9日	19	19	19	19
2015年7月14日	9	9	8	8
2015年7月23日	5	5	5	5
2015年7月27日	5	5	5	5
2015年7月28日	5	6	5	6
2015年7月30日	5	5	5	5
2015年8月3日	3	3	3	3
2015年8月6日	3	3	3	3
2015年8月11日	2	3	2	3
2015年8月13日	5	5	5	5
2015年8月17日	3	3	3	3
2015年8月18日	2	2	2	2
2015年8月21日	3	7	3	7
2015年8月24日	5	40	5	38
2015年8月25日	55	220	29	90
2015年8月26日	60	130	40	42
2015年8月27日	50	55	25	41
2015年8月28日	33	34	19	19
2015年8月31日	25	34	23	31
2015年9月1日	30	60	29	60

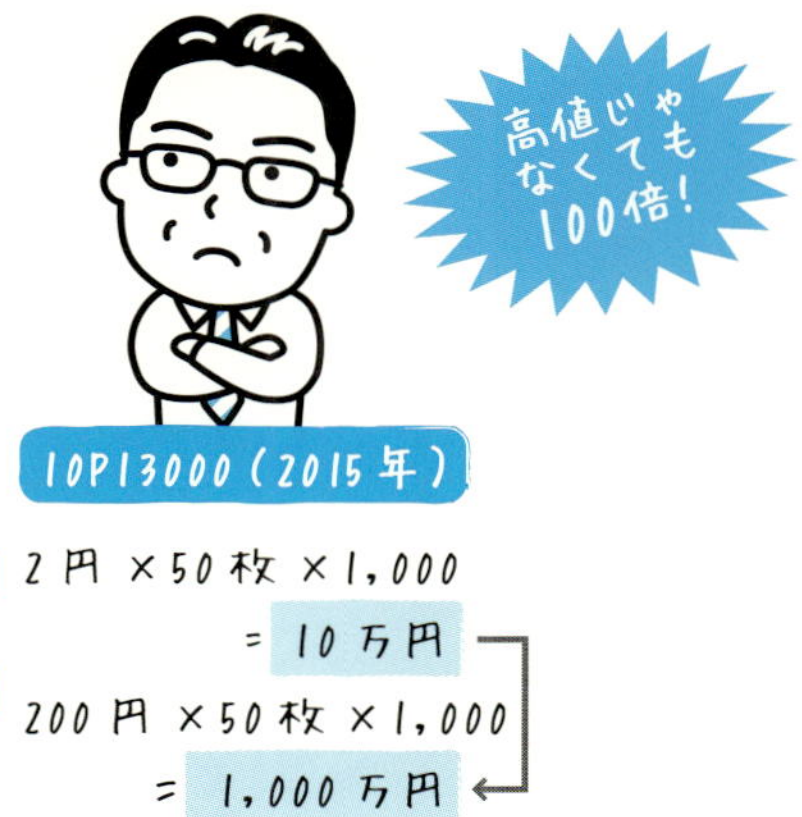
高値じゃなくても100倍！
10P13000（2015年）
2円×50枚×1,000
=10万円
200円×50枚×1,000
=1,000万円

た（前頁下図参照）。

現在のマーケットは、異次元金融緩和によってバブルが巨大化しており、ただでさえ乱高下しやすい環境になっていますが、さらにアルゴリズムトレード（超高速機械取引）が先物市場の出来高の多くを占有してしまったことで、それほど大きなイベントでなくても大きな値幅が出てしまいます。

この「**上海株ショック程度の大暴落は、この先もたびたび起こってくる**」と予想されます。

3 ひと財産ができてしまうメカニズムを知ろう

通常2円程度のファープットが、どういうメカニズムで100倍、200倍の値段をつけにいくのでしょうか。少しその理屈を探ってみたいと思います。オプションのプレミアムがいくらになるか予想する際に、これまで何度も登場してきたのが「**デルタ**」と「**ベガ**」でした。ここでもその2つが活躍します。たとえば、今現在手持ちのファープットが次のようだったとしましょう。

- **プレミアム：5円**
- **IV：40％**
- **デルタ：マイナス0・03**
- **ベガ：5**

そこで日経平均株価は次のような大暴落をしました。

- **暴落幅：2000円**
- **IVは大暴騰：80%にまで上昇**

さて、5円だったプレミアムはどこまで値上がりをするのでしょうか？　下の黒板を見てください。

5円だったプレミアムは53倍の265円まで値上がりをすることになります。

現実的にはなかなか難しいことですが、この最高値で利益確定をすることができれば、1枚あたり26万円の利益が出ます。50枚保有していれば1300万円になりますから、まさに「ひと財産」ですね。

さて、それではいよいよ次節で、ファープット買い戦略の売買ルールや成功の秘訣について掘り下げていきましょう。

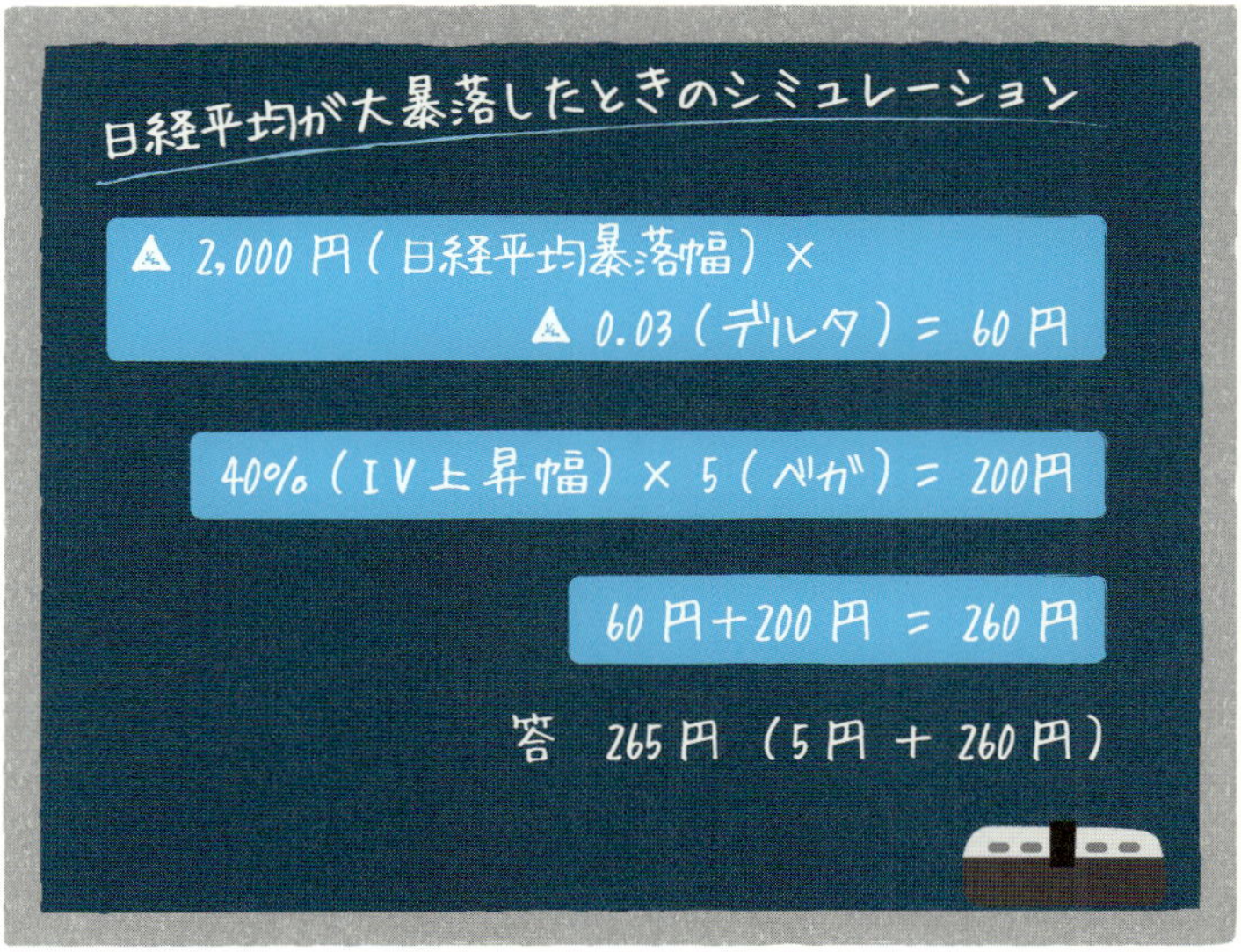
日経平均が大暴落したときのシミュレーション
▲2,000円（日経平均暴落幅）×
▲0.03（デルタ）＝60円
40%（IV上昇幅）×5（ベガ）＝200円
60円＋200円＝260円
答　265円（5円＋260円）

02 ファープット買い戦略トレードルール

さて、それでは実際に何をどうすればいいのかをお話ししていきます。

ファープットといってもたくさんあります。限月はどれを選ぶのか、権利行使価格はどれを選ぶのか、実にたくさんありすぎて、どれを買えばいいのか迷ってしまうと思います。しかし、「**たいてい買うべきファープットはひとつです。どれでもいいわけではありません。その時々にひとつだけ**」なのです。

そして、そのひとつを選べるかどうかは、この戦略の可否に大きくかかわってきます。選ぶにはノウハウが必要ですし、利益を確定するためにもある程度の技術が必要になります。生徒さんたちは、私のメルマガを見てファープットを仕込みます。「今ならこのファープットがいくらで仕込めますから買いましょう」というメルマガです。

しかし、言われたものを買っていてもいいのは、初心者のうちだけです。リアルタイムでメールチェックができなかったら、タイミングを外してしまうことも多いためです。

それではこれから、その基本的なノウハウを整理していきましょう。

1 どのファープットを買うか

この「どのファープットを買うか」というテーマは、意外と奥が深いです。まずはこんな切り口から考えてみましょう。

Aさんは、2円のプットを15枚買いました。Bさんは、30円のプットを1枚買いました。どちらも掛けたお金は3万円。どちらがより大きな利益を生むでしょう?

AさんBとさんがファープットを買ったのは、2008年の9月2日。そしてその1カ月後に、リーマンショックの大暴落がやってきたとします。先の資料（221頁の下図参照）にあったように、2円のプットはSQの前日に460円という高値をつけました。要するに、プレミアムは最大で230倍になったということです。

さて、問題は30円だったプットですが、さすがにこちらも同じSQの前日に、2070円という値がついています。すごい高値です。しかし倍率を計算すると、わずか69倍にしかなっていないのです。

もし460円で売れたとしたら、Aさんの3万円は690万円になります（もちろん最高値で売り抜けることなど無理な話ですが、今は重箱の隅をつつかないでください）。しかしBさんのほうは、最高値で売れたとしても２０７万円にしかなりません。

ここは極めて重要なポイントです。「**プレミアムが安いプットのほうが、暴騰したときの倍率が大きくなる**」のです。今回の例でも、２３０倍対69倍ですから、それを知っていると知らないとでは大変な違いだといえます。

どうですか？　これであなたは大事なノウハウを、ひとつ手に入れることができました。

理想は1円のプットです。前節でお話しした倍率を稼ぐためには、それが理想です。それに、何といっても1円のプットなら50枚買っても5万円。元手が安くすむのは安心感があるので最高ですね。

しかし、ただ安ければいいのかというと、そうでもありません。もうひとつ大事なポイントがあります。それは、ＳＱまでの「**残日数**」です。ＳＱが近くなると、普通であればファープットも安くなります。それは、ＳＱまで10日くらいになって、日経平均株価と権利行使価格が５０００円も離れていたら、ＳＱまでにイン

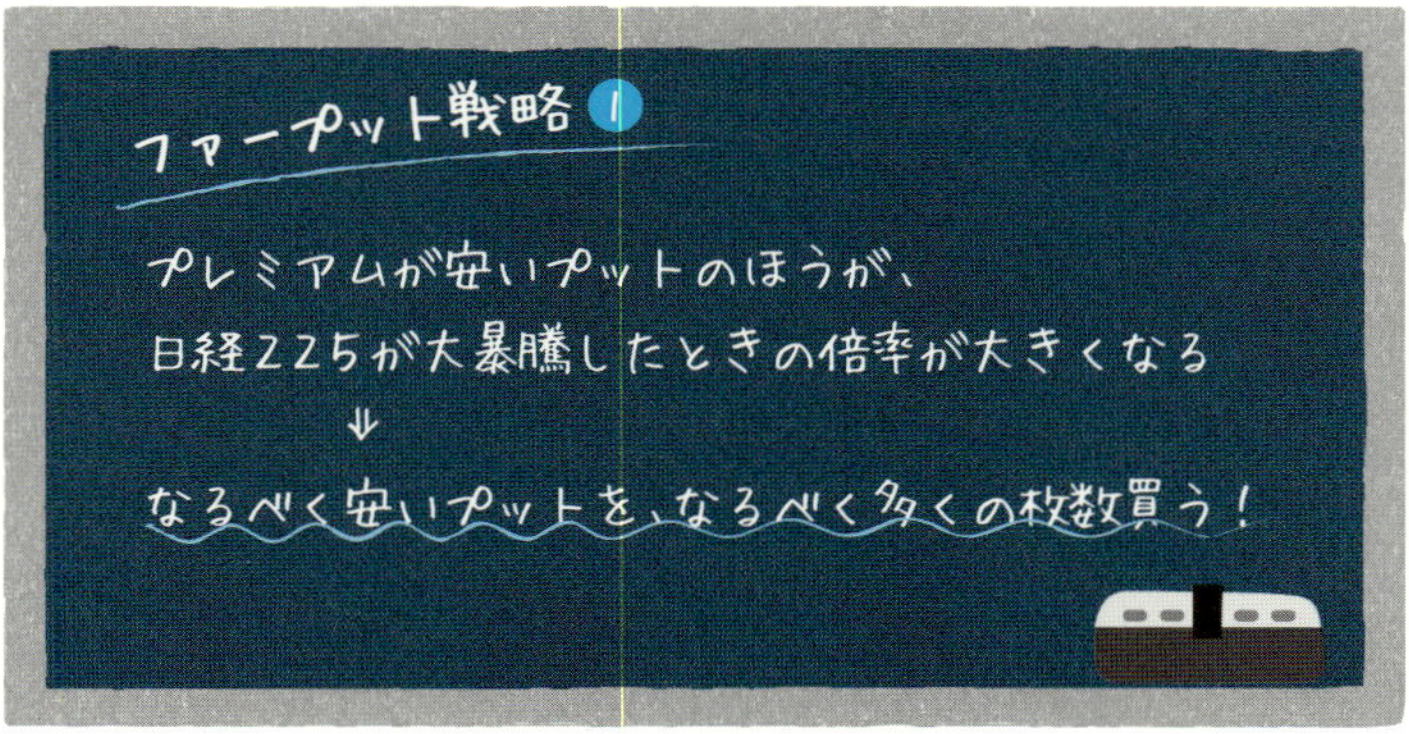

する確率などないに等しくなってプレミアムは1円にもなるでしょう。

しかし！　こんなファープットを買っても、わずか10日間の命ですし、仮に5日後に2000円クラスの大暴落が来ても、権利行使価格には遠くおよばないため、このプットはせいぜい2円か3円にしかならないと思われます。

残日数がたくさん残っているプットは、2000円級の大暴落が来たらおそらく、少なくとも10倍くらいになる可能性があるのです。よって、「**〝値段〟ばかり追いかけてファープットを探すのではなく、〝残日数〟のほうにウエイトを置いて探してほしい**」のです。

ここでは「60日」としていますが、これはその時々の投資環境によって前後します。ただ、「**残日数は多く残っているほうが有利**」なのは間違いありません。実際に買うファープットを決める過程では、「残日数」「値段」「投資環境」（イベントやIVのレベルなど）などを天秤にかけながら、柔軟に対応していくことになります。

たとえば2016年7月に生徒さんたちが保有していたファー

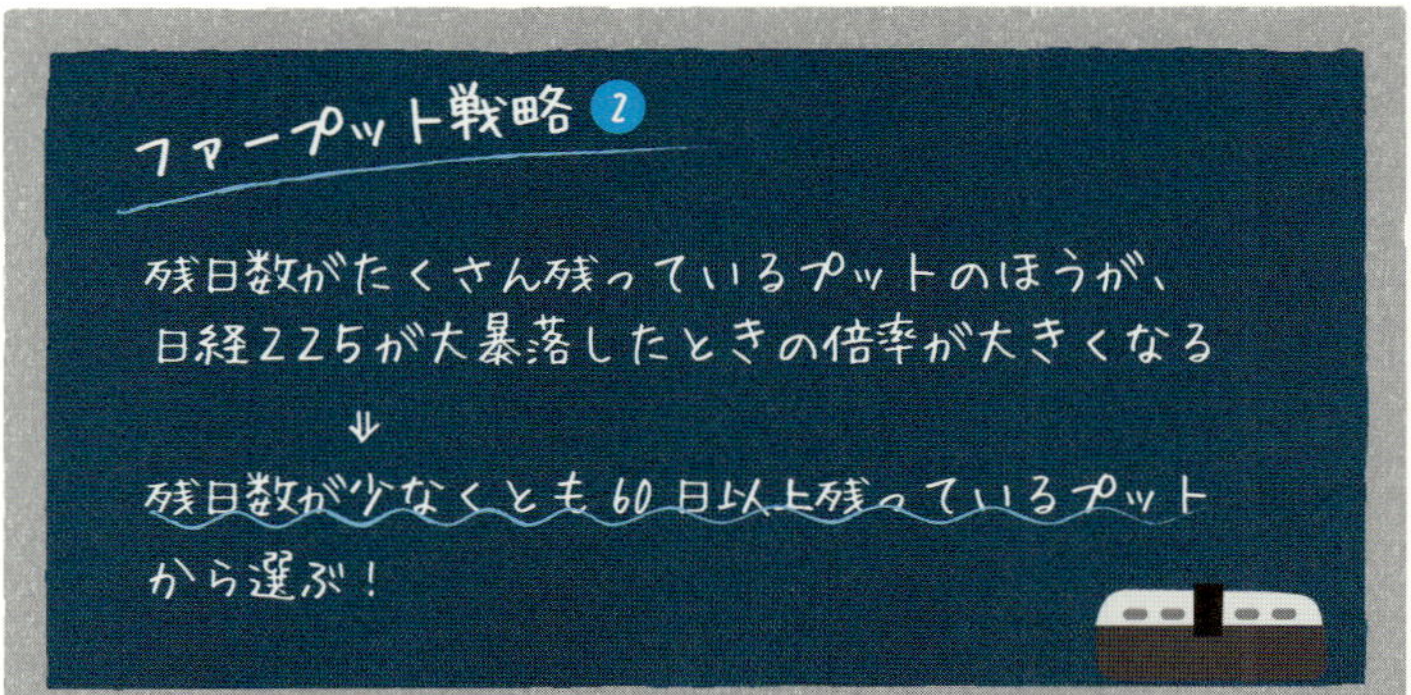
ファープット戦略 2
残日数がたくさん残っているプットのほうが、
日経225が大暴落したときの倍率が大きくなる
↓
残日数が少なくとも60日以上残っているプット
から選ぶ！

プットは、なんと12月限でした。具体的には **12P4500** なのですが、なぜそんなに先のプットを買ったかというと、単純に「**残日数がたんまり残っているのにプレミアムが安いから**」なのです。普通は、限月が遠いほどプレミアムは高くなります。しかし２０１６年の場合、12月限のプットは４５００円という、とんでもなく安い権利行使価格まで取引されていました。そのときの **12P4500** の値段は5円でした。

ちなみに、もっと手前の限月（期《き》近《ぢか》）の8月限は、権利行使価格が1万１０００円までしか取引できないので、プットの値段が11円もしています。９月限も1万１０００円の権利行使価格まででしかなく、プットの値段は34円です。こういうときは、何カ月も先まで安いプットを探しにいくのです。「**いくら権利行使価格が４５００円と現在の日経平均株価からかけ離れていても、残日数さえ十分なら日経平均株価が大暴落したときにはちゃんと値上がりします**」。

2 大暴落をしたとき、クロージングするタイミングは？

ファープットを買い持ちしていて、いよいよ大暴落が起こったときのことをお話ししていきましょう。

大暴落中というのは、とにかく値動きが半端ではありません。特に昨今の相場では、アルゴリズムトレード（超高速機械取引）のシェアが大きいので、値動きの幅も速度も尋常ではなく、トレードするにもそれなりの技術が求められるようになってきました。「**値上がりをしたファープッ**

トを利益確定（返済売り）するためには、事前に方針を確立し、トレーニングでもしておかなければうまくいかない」かもしれません。

自分の投資環境によって取るべき戦略も違ってくるので、まずは自分の立ち位置を整理してみてください。会社員で「お昼休みと夜にしかトレードできない」という場合には、激しく値動きをする「板」を監視して、一瞬のタイミングをとらえて注文を出すことはできません。

会社員の人は、「**ファープットを買って保有したらすぐに、それが大暴騰したときのために、指値売り注文を入れておく**」ことを必ずしてください。想定する大暴騰の大きさにもよりますが、買い建てた値段の50倍とか、１００倍とか、あるいは１５０倍というように決めて、売り返済の指値注文を入れておきます。買った値段が2円なら、１００倍で２００円です。

通常の指値注文は、その日に約定しないままセッションが終わると無効になってしまいますが、そのたびに注文を入れ直すのは非常に面倒です。しかし証券会社によっては注文時に、その注文の有効期限を選べるところがあります。

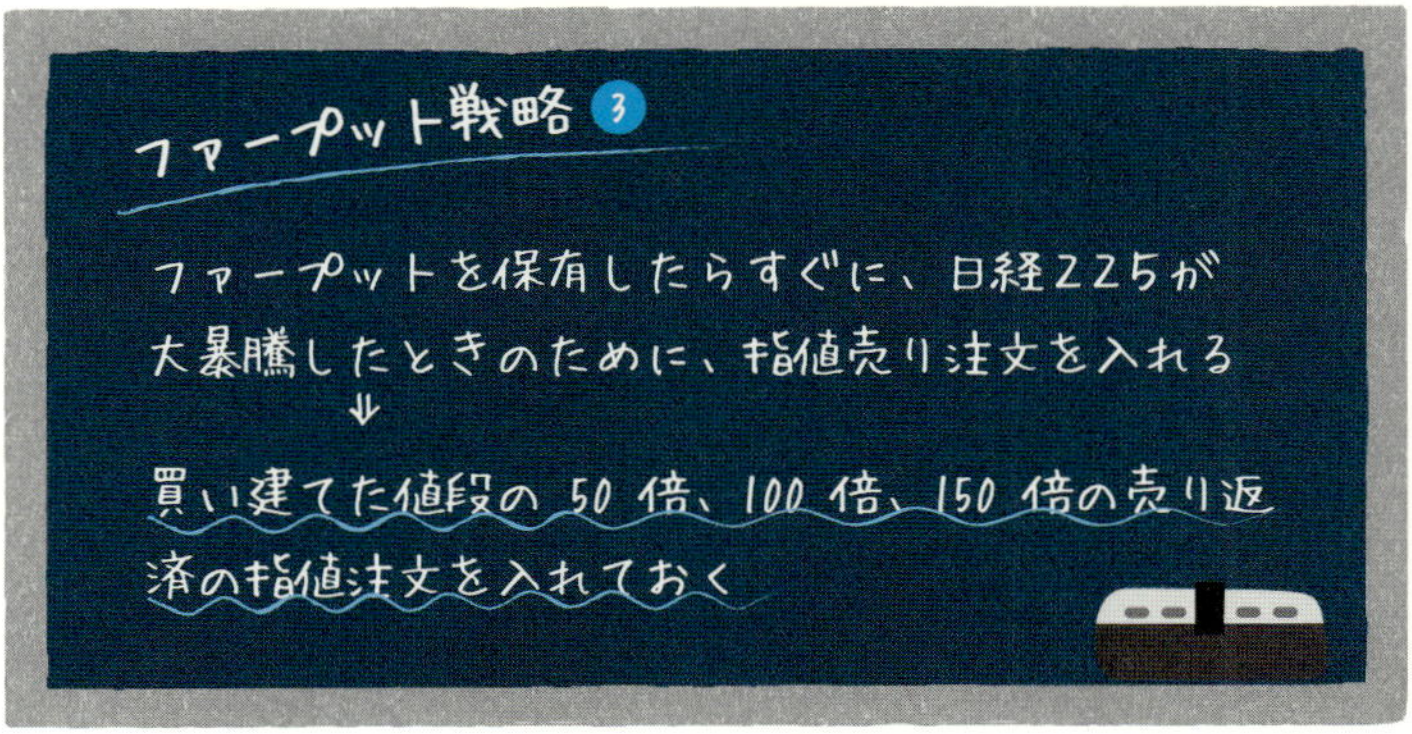
ファープット戦略 3
ファープットを保有したらすぐに、日経225が大暴騰したときのために、指値売り注文を入れる
↓
買い建てた値段の50倍、100倍、150倍の売り返済の指値注文を入れておく

たとえばＳＢＩ証券だと、注文を出す前に「当セッションのみ」「期間指定」「**最終日まで**」を選択できるようになっているので、非常に便利です。

このように指値注文を入れておけば、お昼の勤務中にファープットの大暴騰があったとしてもたいてい平気です。仕事が終わって証券口座を覗いてみると、口座残高が５倍になっていた……などということも起こり得るわけです。

日中も注文を出せる人は、さらに臨機応変に対応することができます。しかし、大荒れの中で「成り行きの売り注文」を出すのもなかなか大変です。まあ、プットには買い注文が殺到しているでしょうから、売れないことはないとは思いますが、大荒れのときは「不測の事態」に見舞われることがあります。

たとえば、「**サーキットブレーカー（黒板参照）が発動する**」こともあるでしょう。あるいは、証券会社のウェブページが、アクセスが集中することで画面がフリーズしてしまうこともあるでしょう。ですから、「**日中に取引できる人でも、指値注文を入れておくことをお勧め**」します。こうしておけば、証券口座にアクセスできなくても利益確定ができるチャンスが増えるのです。

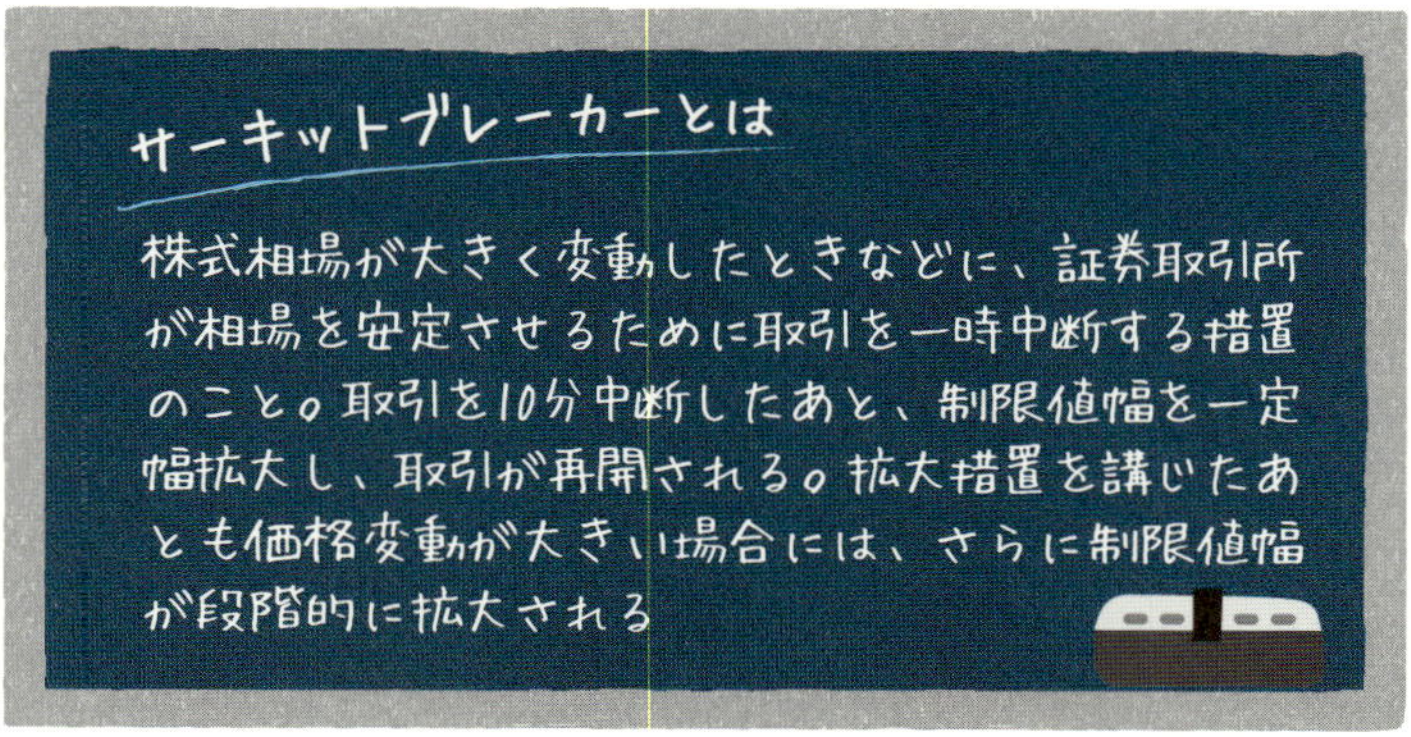
サーキットブレーカーとは
株式相場が大きく変動したときなどに、証券取引所が相場を安定させるために取引を一時中断する措置のこと。取引を10分中断したあと、制限値幅を一定幅拡大し、取引が再開される。拡大措置を講じたあとも価格変動が大きい場合には、さらに制限値幅が段階的に拡大される

大荒れの相場では、値動きの予想は難しいです。せっかく100倍になったプットも、しばらく100円前後で滞留をするケースもある一方、あっという間に値下がりしてしまって数時間後に20円まで値を下げてしまうこともあります。

こういった環境下でうまく立ち回れるようになるためには、知識だけでもダメで、やはり多くの経験を積むことが大事になってきます。

3 ファープット買い戦略は「保険」のように取り扱ってほしい

保険として機能させるためには、売ったり買ったりを繰り返してはダメです。**「買い建てたプレミアムは保険料（月々の掛け金）と考え、掛け捨てる」**と決めてください。

だから、**「2円で買ったものが10円になったからといってすぐ利益確定をするのではなく、あくまでも歴史的な大暴落に備えて放置する」**戦略をとるのが本来の手法です。目的は明確でなければなりません。目先でコロコロ目的を変更するのは得策ではないと考えます。

ただ、10円で利益確定をしたプットはまた2円に戻ることも多いです。中には、細かに利益を取りながら上手に回している人もいるようです。ただ10円に値上がりしたプットが、2円に戻ることなく200円にまで大暴騰をしたときには、しばらく、強烈な後悔の念と戦うことになるのでしょう。

03 ファープットの買い方

1 銘柄選択の実際

それでは、いよいよ実践編です。一緒に、ファープット買いエントリーのバーチャル体験をしてみましょう。

前節（227頁）で「どのファープットを買うか」について詳しくお話しをしていますが、簡単におさらいをすると、銘柄選択のポイントは次の2つでした。

優先順位❶　残日数がたくさん残っているプット
優先順位❷　なるべくプレミアムが安いプット

もちろん両方大事ですが、どちらかというと「**〝プレミアム〟より〝残日数〟のほうを優先**」してください。なぜなら、**「権利行使価格が気が遠くなるくらい遠くても（超ファー）、残日数がしっかり残っていれば、日経平均株価大暴落ともなればプレミアムがちゃんと上昇する」**からです。

実際にSBI証券の先物オプションの口座画面でやってみる

ではSBI証券の先物オプションの口座画面に、候補となるファープットを並べて、銘柄選択のプロセスを見ていきましょう。

次頁の下図は2017年3月中旬の例です。期近の限月は4月限になります。遠く12月限（メジャーSQ）のファープットまで、毎限月の**「最も権利価格の遠い（プレミアムの安い）プット」**を表示してみました。

4月限で取引が可能な、最も遠い（ファーな）権利行使価格は8500円です。5月限は1万2250円、6月限は4500円と、最低権利行使価格は限月によってまちまちです。6月と12月に（とても）遠い権利行使価格が用意されていることを確認してください。**「権利行使価格が遠いということは、プレミアムが安い」**ということ。**「ねらい目」**ということになります。

では「気配」のところを見ていきましょう。すぐ買えそうなものはあるでしょうか？　4月限～6月限までは、いずれも**「売り気配」**が入っています。しかもすべて「1円で売りたい人がいる」わけですから、買おうと思えば、最安値の1円ですぐに買えてしまう状態です。

しかし、残日数が少ないために、日々どんどん「賞味期限」に近づいていきます。1円というのは非常に魅力的なのですが、できれば「**もっと期先の限月で、なるべく安く買えるプットがほしい**」ところです。そうです。最優先順位は「**残日数がたくさん残っているプット**」でした。「残日数」を優先すべきなのです。

では、もっと期先のほうを見ていきましょう。7月限は、「売り気配」が9円。「買い気配」が5円になっています。ちょっと高いですね。「**この限月は権利行使価格が1万2250円までしか取引できないので、プレミアムが高すぎ**」ます。次の8月も、実は9月限~11月限も似たような状況です。権利行使価格が最低でも1万円なので、1円や2円で買えるプットは存在しません。

最後の行の12月限を見てください。この「**メジャーSQの12月限なら、権利行使価格が5500円まで設定**」されています。これもまさに「超ファー」なプットといえます。そして売り気配がなんと2円！ 16枚の売り気配ですから、たくさんの枚数は買えませんが、少ない枚数ならすぐにも2円で買えることになります。

● ファープット買いのターゲット銘柄の選び方

プライスボード priceboard 非表示 フレーム高 10

銘柄	現在値	出来高	始値	高値	安値	建玉	気配	売	売	売	買	買	買
日経225オプション 2017/04月限 プット 8500						108	値段	3	2	1			
							数量	54	329	1,116			
日経225オプション 2017/05月限 プット 12250						683	値段	3	2	1			
							数量	206	422	340			
日経225オプション 2017/06月限 プット 4500						3,290	値段	3	2	1			
							数量	16	206	276			
日経225オプション 2017/07月限 プット 12250						4	値段	20	19	9	5	3	2
							数量	1	1	1	1	1	65
日経225オプション 2017/08月限 プット 13250						3	値段				4	3	2
							数量				10	11	15
日経225オプション 2017/09月限 プット 10000						1,003	値段	9	8	7	4	3	2
							数量	50	60	13	10	61	105
日経225オプション 2017/10月限 プット 14750						0	値段				3	2	1
							数量				12	3	82
日経225オプション 2017/11月限 プット 15000						0	値段				3	2	1
							数量				12	4	85
日経225オプション 2017/12月限 プット 5500				2 (11:24)	2 (11:24)	3,627	値段	4	3	2	1		
							数量	60	160	16	610		

1円で売りが出ているので、すぐにでも買えるが、残日数が少なすぎる

権利行使価格が高いので、プレミアムが高い

半年以上の残日数があり、2円なので買い

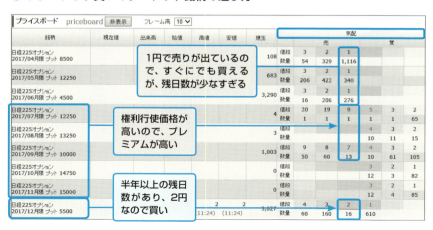

この4月限～12月限の中で、あなたならどの限月を買いますか？

ここまでの説明から、6月限の1円か、12月限の2円か……というのはおおよそ想像がついたと思います。たしかに、6月限の1円は魅力です。なんといっても1円。2円を買うのに比べて、倍の枚数が買えるわけです。

しかし、権利行使価格があまりに遠いですね。4500円という権利行使価格は、現在の日経平均株価1万9500円から、1万5000円も離れています。

前節で「**残日数がしっかり残っていれば、権利行使価格が〝超ファー〟でもプレミアムは急騰する**」とお話ししました。しかし、6月限では少々近すぎます。あと1カ月もしないうちに賞味期限が切れてしまうからです。

一方、12月限の賞味期限はとても長いです。半年間以上は「保険」として働き続けるでしょう。私なら迷わず12月限を買っていきます。売り気配は16枚なので、すぐに買える枚数は16枚です。16枚全部買った場合のプレミアムの支払いは3万2000円。半年の掛け金（一時払い）3万2000円の生命保険と考えると、1か月分の掛け金は5333円というわけです。

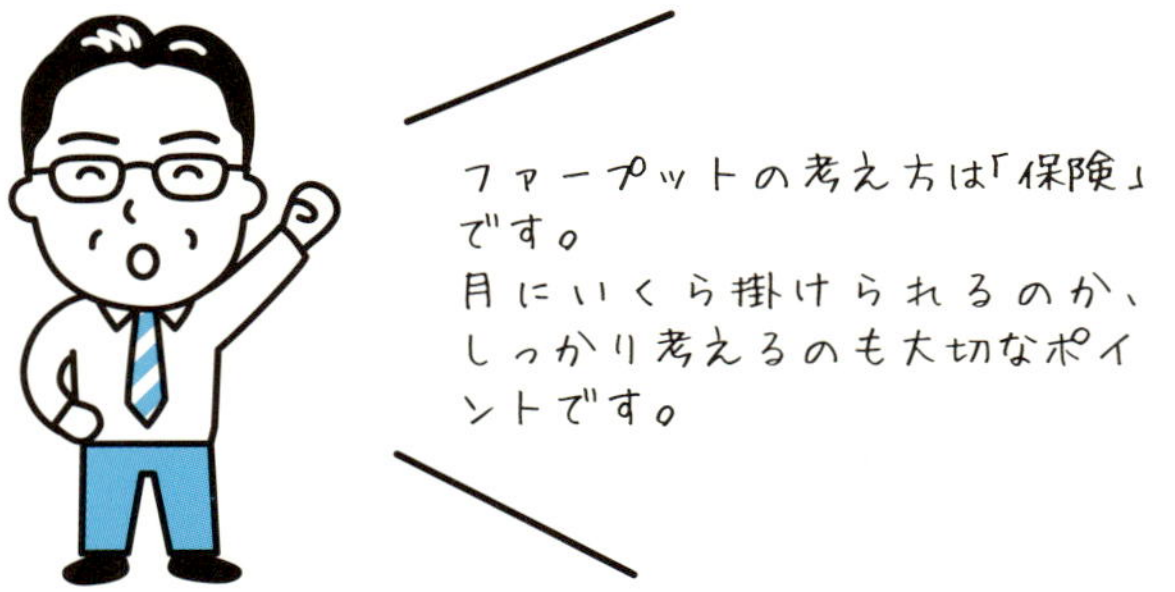
ファープットの考え方は「保険」です。
月にいくら掛けられるのか、しっかり考えるのも大切なポイントです。

「月にいくらの掛け金を掛けられるか?」というところから買い枚数を決めていくといいでしょう。証拠金が豊富で、もっとたくさんの枚数が必要な人は、2円の指値注文を入れっぱなしにしておけばいいのです。

例として、**「50枚の2円買い指値注文をしたとすると、16枚はすぐに約定し、買い気配として34枚が残る」**はずです。指値注文を入れたまま、気長に約定を待つようにします。忘れたころにきっと買えているのではないでしょうか。

以上が銘柄選択のノウハウでした。最初のうちは探し当てるのに時間がかかるでしょうが、慣れてくればいちいちプレミアムを確かめなくても、ターゲット銘柄が頭に浮かぶようになります。

2 実際に買う 画面の指示にしたがってファープットオプションを買ってみよう

買う銘柄は決まりました。**12P5500**です。それではこれから、一緒に10枚買ってみましょう。コール売り戦略でエントリーしたときは「プライスボード」の新規売りボタンから注文画面に飛びました。ここでは、口座画面上部の「取引」という「タブボタン」をクリックして注文画面に入ってみましょう。

プライスボードの板で気配の入り方を最終確認します。次頁の画面では、2円に11枚の売り注文が入っています。上部の「取引」タブ、「オプション新規注文」とクリックしていき、下方に現れた注文画面に、間違いなく注文内容を入力します。今回は「売り気配に買いをぶつける」ため、注文する10枚は瞬間に約定するはずです。

もしあなたが30枚の買い注文を入れた場合は、「売り気配中の11枚」を超える「**19枚の注文が"買い気配"**」として残ります。その日のうちに約定するとはかぎらないので、多めの枚数を買いたい場合は、「有効期間」のところで「**最終日まで**」を選んで発注するようにします。

そうすれば、買い指値注文を入れ直す作業が不要になります。

● ファープット買いエントリーの発注画面

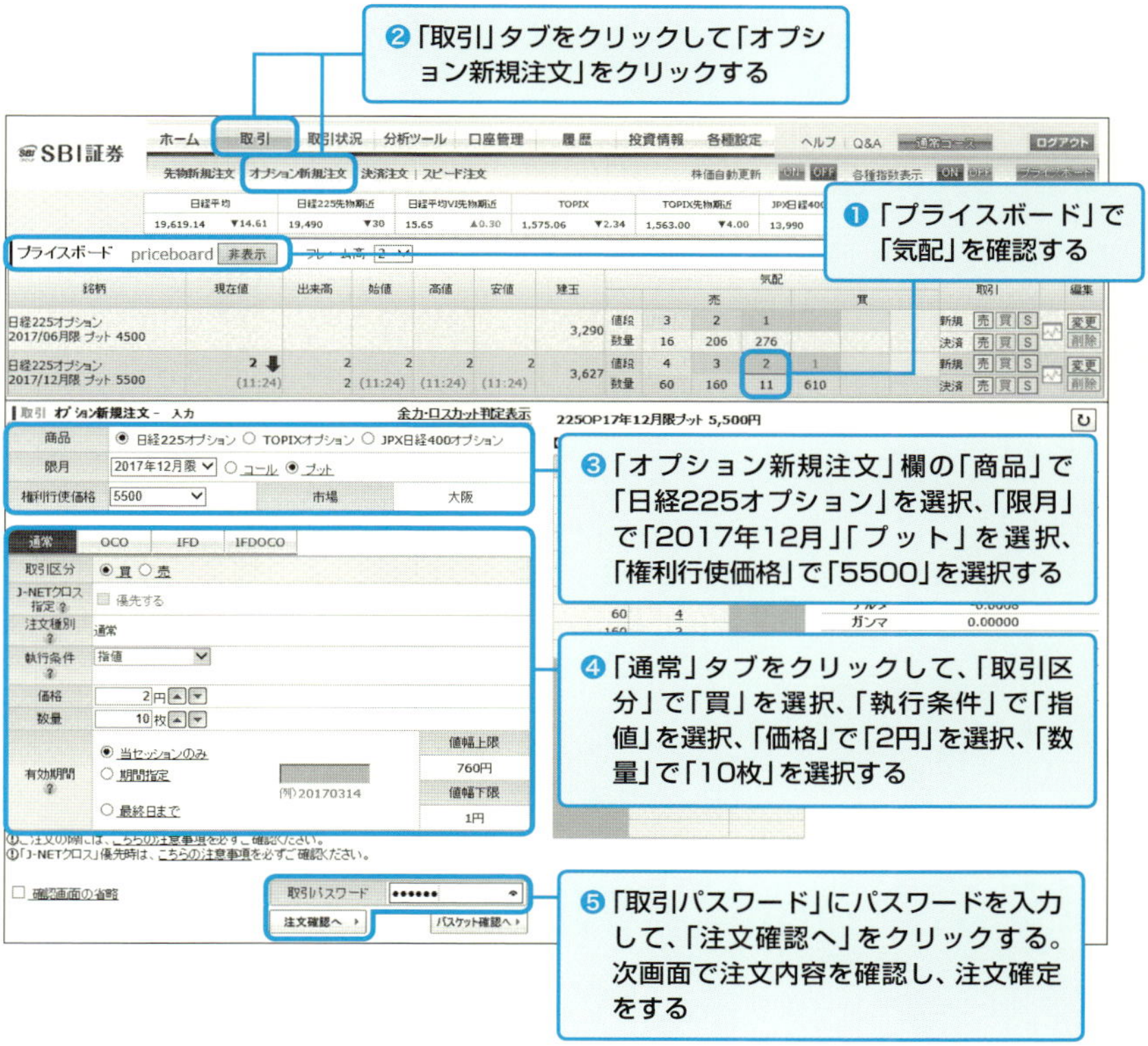

3 実際に返済売する 画面の指示にしたがってファープットオプションを売ってみよう

さあ、これでいよいよファープット**12P5500**の仕込みが完了しました。これであなたも私も、心の片隅で金融クラッシュを待ち望む「ちょいワルトレーダー」というわけです。

さて、ファープットを持ったなら、231頁でお話ししたように、すぐに「指値売り注文」を入れておく必要があります。

ここで考えたりチェックしたりすることは2つです。

> **❶ 買値の何倍の値段で注文を入れておくかを決める**
> **❷ 注文の有効期間は「最終日まで」を選ぶ**

次頁の注文画面を参考にしてください。

ここでは、指値の価格は200円としてあります。買値が2円なので100倍ですね。リーマンショックのときは200倍以上になりました。だから100倍というのは、割と控えめな選択です。でも、次なる金融クラッシュが巨大になる予想もあるので、ここは200倍の「400円指値」というのもありです。

またたくさんの枚数を保有しているのであれば、こういうこともできます。たとえば保有している50枚のうち、25枚を200円で、残りの25枚を400円で指しておいてもいいですね。そこは自分で楽しみながら注文してみましょう。

ファープット買い戦略の説明も以上で終了です。

お話ししたとおり、この戦略は保険のようなもので、掛け金はたいてい掛け捨てになります。つい欲をかいて掛けすぎてしまうと、コール売り戦略の利益の多くを喰ってしまうこともあるので、**「月平均でいくらの掛け金を掛け捨てるのか」**をよく検討してからチャレンジしてください。

● ファープット売り注文

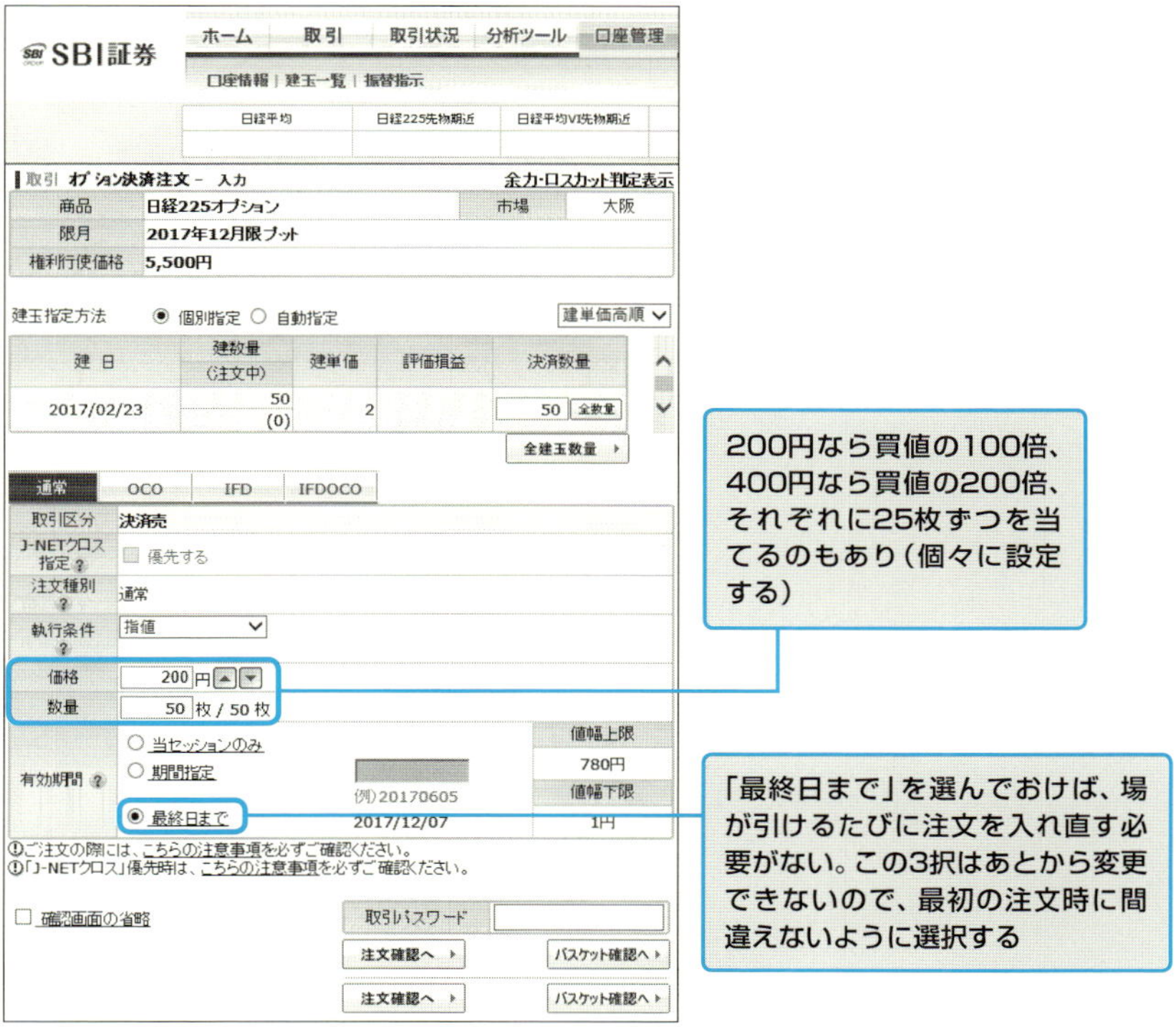

東日本大震災のとき、2億円の利益
をあげた日本のトレーダーがいて、
儲けの1割、2,000万円を東北に寄
付した人がいたっけ………。
きっとこういう人だから利益があ
がったんでしょうね。

5時限目

成功への道しるべ

この本を手に取っ
てもらったからに
はあなたに成功し
てもらいたい！
そのためには、ま
だ伝えなければな
らないことがあり
ます。

01 オプション取引で成功するのに必要なこと

1 株やFXとオプション取引では成功するのに必要なものが違う

株やFXと、日経225オプションはまったく別の世界です。そして日経225オプション取引で成功するためには、株やFXとは違う、ある「特性」が求められると思います。

たとえば、「投資で成功するために必要なもの」というと、何が脳裏に浮かびますか？「知識」や「経験」「潤沢な軍資金」というものはあたりまえすぎるので、ここでは除外しましょう。そのほかには何が浮かびますか？

オプショントレードで成功するために絶対に外せないものとして、ここで紹介したいのは、「**投資戦略**」と「**メンタル**」です。もちろん「投資戦略」と「メンタル」は、どちらも大事です。特に株やFXであればその重要度は同じくらいで、両方ともすごく大切です。しかし「**オプション取引では、より〝メンタル〟のほうが重要に**」なります。それは、なぜでしょうか？

2 オプション取引の勝ちパターンを確認しておこう

日経225オプションのトレードにおいて、私が利益の柱としているのは「コール売り戦略」です。

コール売り戦略のトレードルールについては、2時限目で詳しくお話ししました。このトレードルールは、戦略としては完成度の高いものですが、**「実はこのトレードルールを知っているというだけでは、安定して勝ち続けることは難しい」**のです。

「トレードルールを紹介しておいて、そりゃないだろう?」

そんな苦情が空耳のように聞こえた気がしますが、あなたが失敗をしないために、私はあえてそう言っているのです。

コール売り戦略の特徴は、**「地味に、チマチマ、少しずつ稼いでいく戦略」**です。勝率はやたらと高いのですが、1回の利益が大きくなく地味にチマチマと利益確定が続くため、躍動感に欠けるところがあります。コール売りで勝ち続けるためには、**「このチマチマ感を楽しめる心のゆとりが何よりも必要」**なのです。

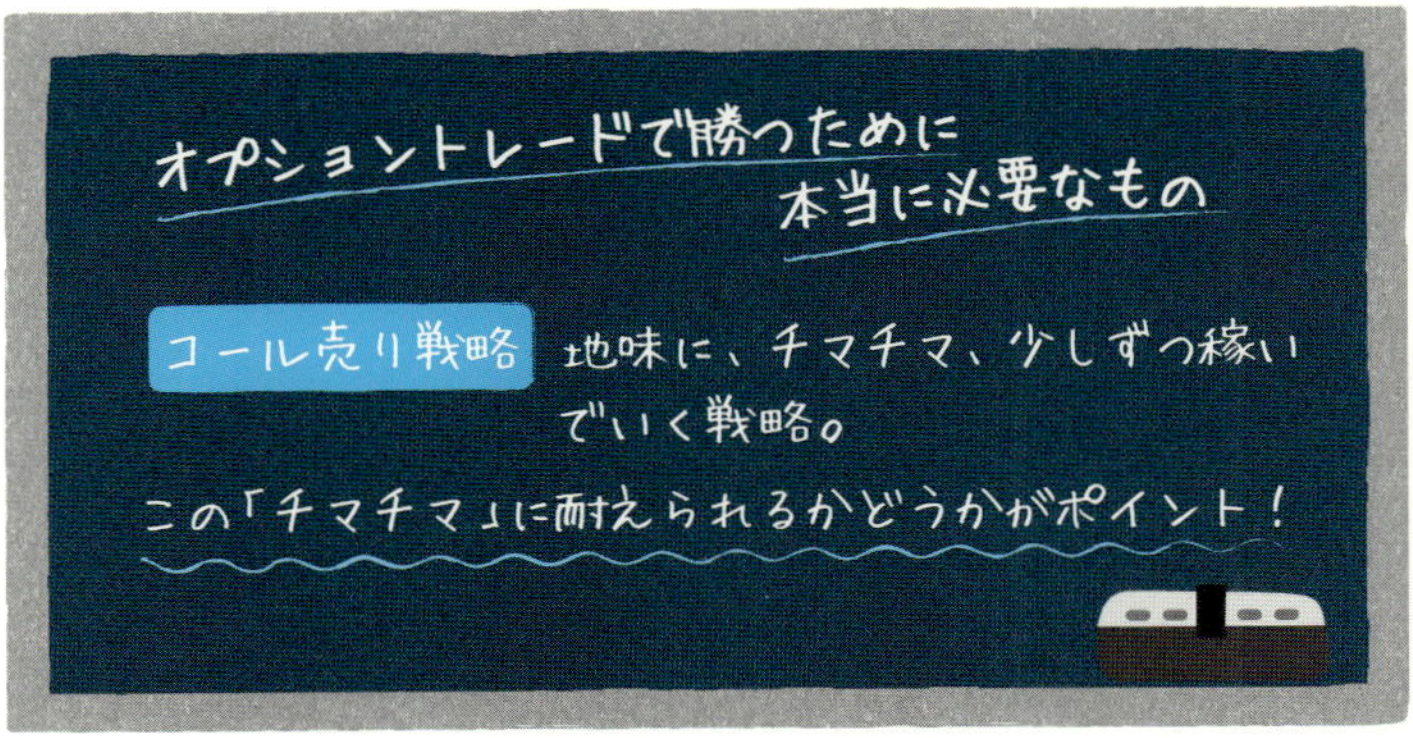

02 オプション取引に向く人、向かない人

1 こんな人は、最終的に退場してしまう

最終的に失敗をして「退場」してしまう人はどういう人かというと、それはもう明らかです。「**連戦連勝に慣れてしまい、自分に力がついたと勘違いをして、気がついたら〝派手に、ドカンと一発ねらい〟をやらかしてしまう人**」です。

たとえば、「手持ち証拠金の3分の1以上を使ってはいけない」とか、「今はリスクが高いからさらに半分しか売り建ててはいけない」と言われても、「**こっそり、目先の大きな利益をねらうタイプの人**」がいます。こういう人が危ないのです。

オプションの売りは、一歩間違うと、取り返しがつかない損失を被ることがあります。半年かけて地道に稼いできたものを吐き出すくらいならまだいいのですが、あまりに無茶をしてしまった場合には、退場を強いられたうえに借金まで背負ってしまうこともあり得ます。

残念ながら、生徒さんの中にもそんな退場者が出ることがあります。その多くは、私が「してはいけない」と言ったことをしてしまった人です。いよいよ追いつめられて助言を求めてくるのが、そんなギャンブルチックな人です。

しかしそのゾーンまで追いつめられてしまったあとでは、もう打つ手がないのです。さらに一発大逆転の「起死回生の大ギャンブル」を勧めるわけにもいきません。残念ながらそこには、「**いったん清算して再度出直す道しか残されていない**」のです。

特にこのコール売り戦略で成功する秘訣は、やはり「**チマチマ**」であり、「**徹底した安全管理**」です。むしろ臆病な人のほうが成功します。臆病な人というと少し語弊があるので言い直します。コール売り戦略で成功する人とは、「**きちんとメンタルを管理できる人**」「**きちんと証拠金管理をできる人**」です。オプション取引に向いているのは「**きちんとできる人**」なんです。

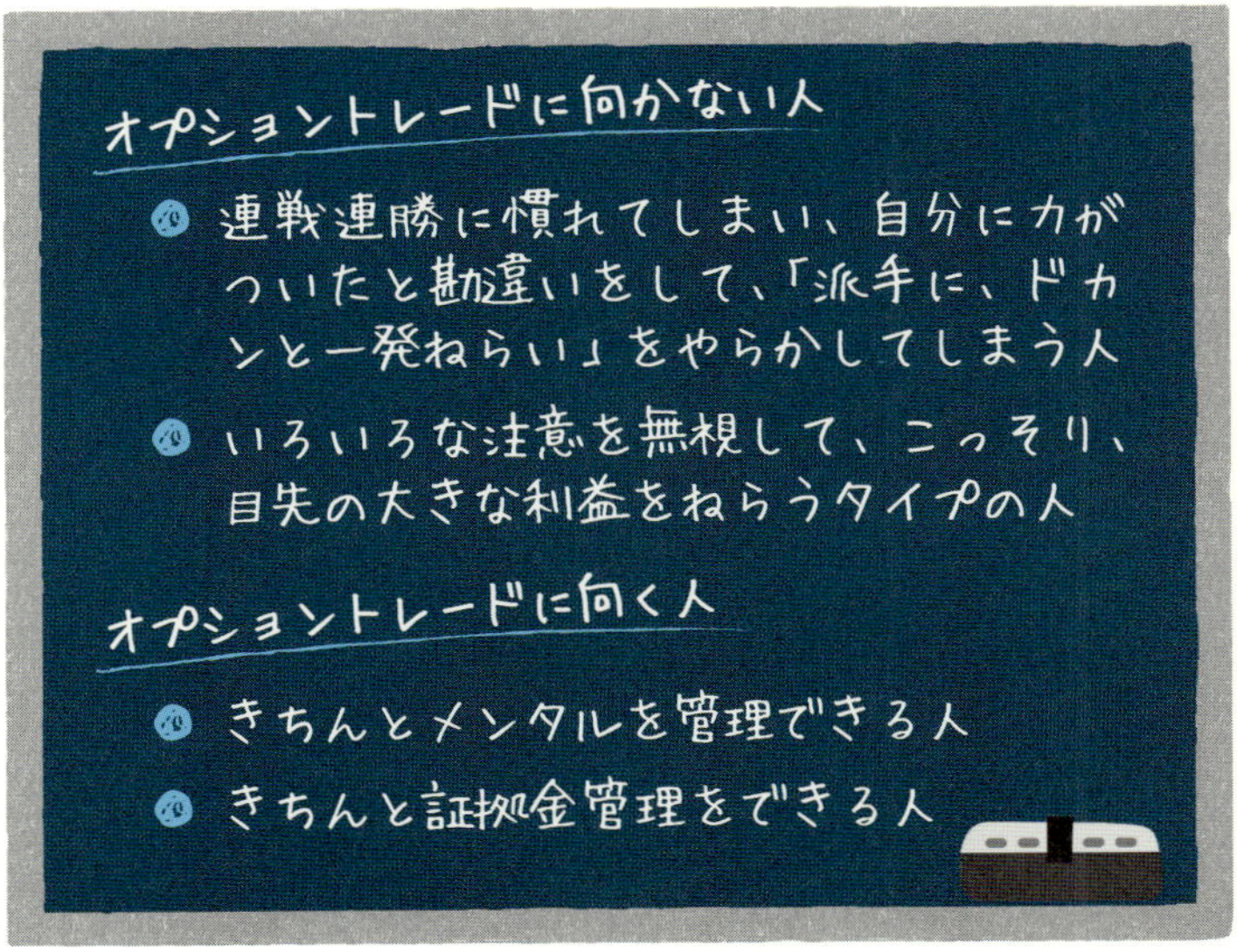
オプショントレードに向かない人
連戦連勝に慣れてしまい、自分に力がついたと勘違いをして、「派手に、ドカンと一発ねらい」をやらかしてしまう人
いろいろな注意を無視して、こっそり、目先の大きな利益をねらうタイプの人
オプショントレードに向く人
きちんとメンタルを管理できる人
きちんと証拠金管理をできる人

03 オプション取引はみんなで楽しもう

1 個人投資家は、基本一匹狼になる

個人投資家には「孤高のトレーダー」が少なくありません。時代環境のなせる業でしょうか。パソコンひとつでプロと同じタイミングでトレードができるわけですから、世間とは高い壁で隔てておきたい人でも、努力次第でトレーダーとしての地位を確立することができるでしょう。私もご多聞にもれずで、トレーダーとしては「一匹狼」でした。

私は投資顧問でもあるので、方々でセミナーを開催してきましたし、以前は金融商品を取り扱っていたこともあって、広範囲な人的ネットワークに恵まれていました。しかし、いざトレードとなると独りで部

私も昔は独りで「一匹狼」を気取ってましたが、独りでは本当に効率が悪いんです。

屋に閉じこもることが多く、特に投資戦略を開発するときなどは、ひと月くらい部屋に引きこもったこともありました。「**トレードはそうして〝独りきりで取り組むもの〟という〝男の美学〟を誇らしげに掲げていました**」し、みんなでワイワイ投資をしている人たちを見ると、うらやましいというより、ナナメからの視線（上から目線）を浴びせかけていたように思います。

2 オプション取引は一匹狼では効率が悪い

オプション取引に出会ってからも、基本的にそのスタイルが変わることはなく、独りで考え、独りで試し、独りで失敗し、独りで解決の道を見つけて……といった具合でしたが、そんな自分の体験から今、はっきりといえることがあります。

「**オプション取引において、一匹狼は得策ではありません**」。

まず、独学一本槍で（必要な知識が欠落した状態で）トレードをはじめてしまうのは少々危険です。そしてさらに、上達をしていく過程においても、大変非効率的だといえます。

資金が潤沢で、少々の失敗を重ねてもびくともしない人ならそれもいいでしょう。しかしお話ししてきたように、オプションの売りで知識や経験が足りないばかりに大きな失敗をしてしまうと、その授業料は株やFXの比ではありません。

「**オプション取引は、きちんとした戦略をもってすれば滅多に負けることはない**」というのはウソではありません。しかし、知識も経験もない状態で負ける場合は、その負け方がよろしくない。

「おそらくノウハウのある人に比べて、何倍かの余分な授業料を払う」ことになります。「証拠金管理の知識」や「追い込まれたときの対応ノウハウ」を、独学で身につけていくためには何倍も時間がかかるでしょうし、結果的に授業料が高くなりすぎるので、一人前になる前に精神的にも金銭的にも行き詰まってしまうことがあります。こんなに楽しいオプション取引のファンがあまり増えない理由のもうひとつには、以前の私と同じ「一匹狼」が多いからということもあるのではないでしょうか。

ネットでは答えが見つかりにくいのがオプション取引の歯がゆいところ

一匹狼を地で行っているトレーダーは、いちいち沸き起こってくる疑問をすぐに解決できません。疑問点にぶつかった一匹狼さんは、とりあえずネットサーフィンをしながら答えを探し回るでしょう。しかし、**「オプションの実践的なトレード技術を解説したウェブサイトは本当に少ない」**のです。証券会社のサイトで基礎知識をどれだけ読んでも、なんとなくしかわからないでしょう。ましてや、実践的なトレード技術やノウハウを知ることはおおよ

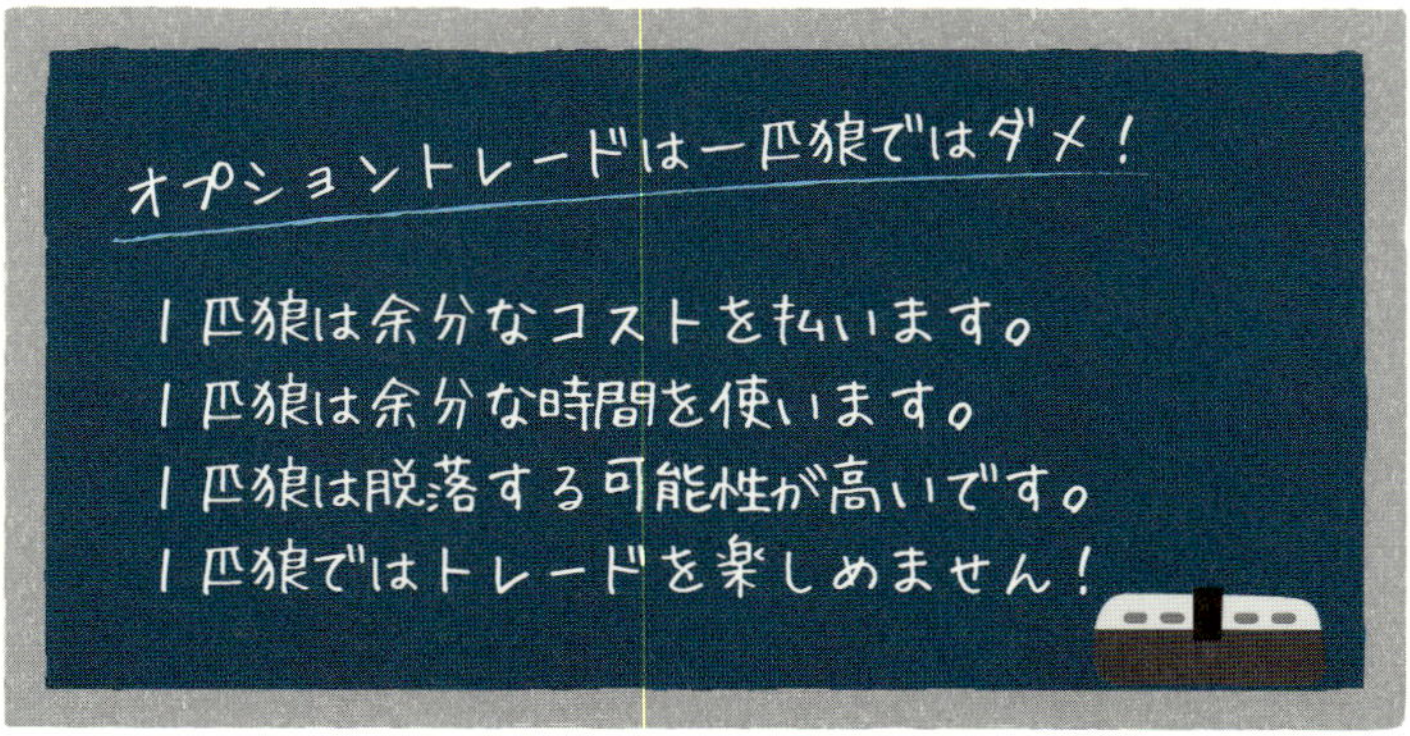

そできません。

古くからオプション取引を通じて交流している人たちのブログを読んでも、初心者の一匹狼さんにとって、そこに飛び交っている言葉はこの地球上のものとは思えないでしょう。

目の前の疑問点をクリアにできないという状態が続くうちは、次のステップへ進むことが妨げられます。そんな悶々とした状態が続くことは、精神的にもよくないですね。その点、**「仲間や先輩がいれば、自分の疑問をそのままぶつけることができます」**。そして立ち止まることなく、次なるステップを踏み出すことができるのです。自分の疑問に対して、その場でマンツーマンで解決をしてもらえる。特に初心者の人にとっては、その環境がベストなのです。

オプショントレードのコミュニティに参加するとか、有料であっても投資サイトの会員になるとか、どんな形でもいいので、**「ぜひ仲間をつくってください。そして時々仲間と意見交換をし、お互いにアドバイスしあえるような環境をつくる」**ようにしてください。

それが、日経225オプションのトレーダーとして成功するた

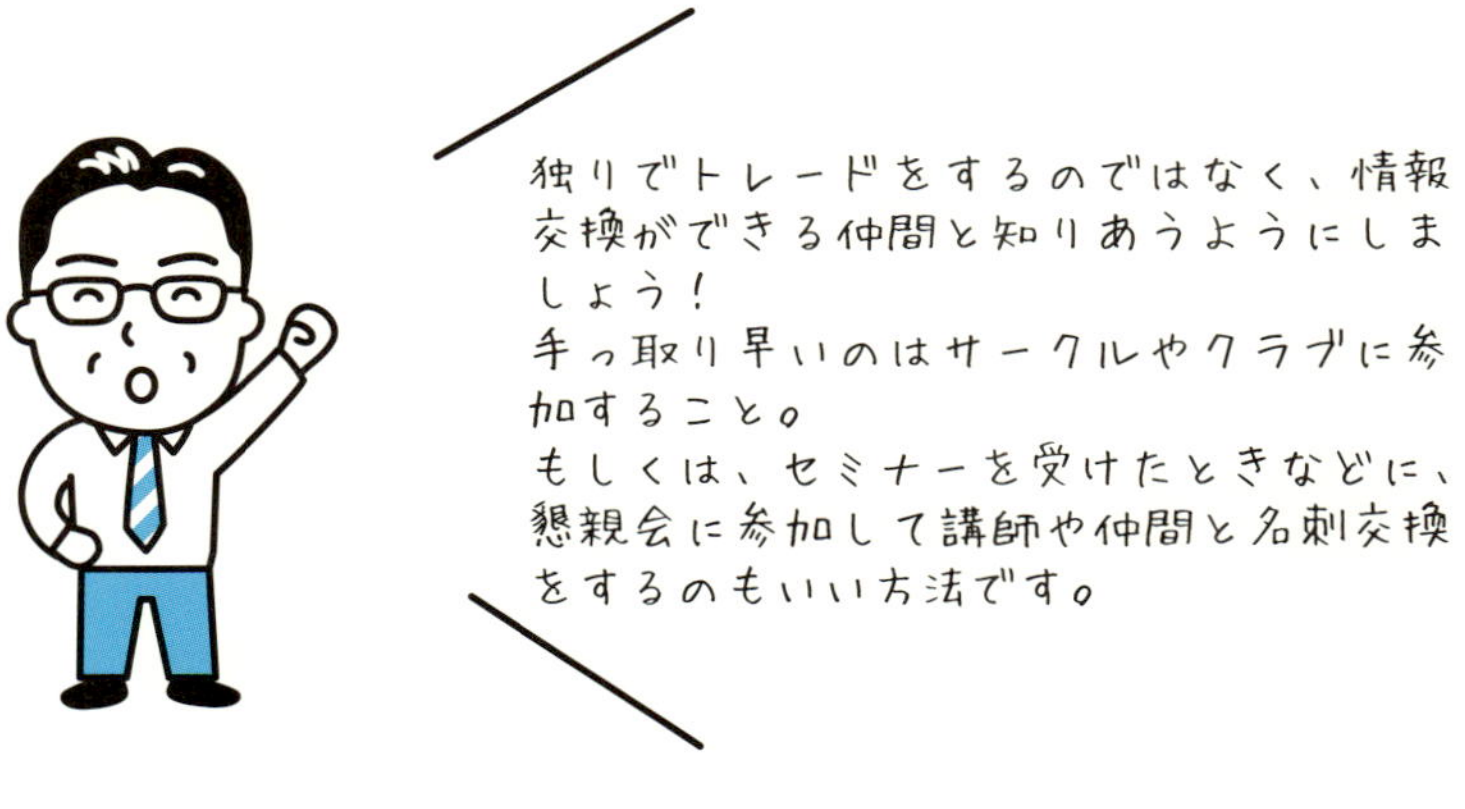
独りでトレードをするのではなく、情報交換ができる仲間と知りあうようにしましょう！
手っ取り早いのはサークルやクラブに参加すること。
もしくは、セミナーを受けたときなどに、懇親会に参加して講師や仲間と名刺交換をするのもいい方法です。

めの秘訣であり、近道なのです。

この本を手に取り、ついにここまで読み進んできたあなたであっても、まだまだ情報は不足しています。あなたには、今後次々に沸き起こる疑問に答えてくれて、困ったときに助けてくれるメンターが必要です。

もしあなたにメンターの当てがないのであれば、私が主宰する投資クラブも選択肢に加えてください。

本書の購入特典として、225オプション投資倶楽部「オプコアPRO」を1カ月間無料体験していただけます。

オプコアPROには、オプショントレードに関する膨大な情報が詰まっています。自由に質問ができる掲示板も用意されています。200本を超えるレクチャー動画もあります。わからないことがあれば自由に質問もできるので、オプショントレードの心強い支えになります。

もし1カ月試してみて「自分にあわない」と感じたら、金銭の負担なく退会できるので、気兼ねなく左記のサイトにアクセスしてみてください。

● 本書購入特典申し込みサイト

http://core-net.jp/b-member.html

あとがき

初版を世に出してから3年が過ぎました。第5刷を迎えるにあたって、この3年間の「相場環境の変化」によって余儀なくされた変更点等について整理いたします。

トレード回数が減っている

上昇相場では利益確定まで時間がかかるのですが、それに加え「安全性を重視」するようになったことでトレード回数が減少しました。

本文中（132頁）にもありますが、相場変動が予想される（選挙などの）大きなイベントの前には、我々は「手数を減らす」とか「ノーポジション」にするなどの安全策をとるようになりました。

証券会社が求める「必要証拠金」が増額されてしまった

本年2020年には先物・オプションの証拠金の引き上げが行われました。この「必要証拠金」の高騰は、異常な高値に駆け上がった株価、実体経済とかけ離れてしまった株価に対し、証券界全体が相場の大暴落を警戒した結果だと考えられます。

しかし相場環境は常に変化します。また平穏な相場環境が戻ってきた折には、オプションの売りに対して求められる証拠金も沈静化していくはずですので、そこに期待をかけたいところです。

２０２０年は全勝記録を打ち立てるチャンス

２０２０年は54勝０敗と全勝を誇っていますが、実は（この10年間で）最も危険な年だったのです。コロナ禍による大暴落からの急反発相場は、経験したことがない「異常暴騰相場」となりました。

しかし、こんな年に「コール売り戦略」は全勝記録を打ち立てようとしているのです。そんな芸当ができた理由のひとつは「リスクの高い場面でノーポジションを徹底した」ことです。秋の米国大統領選の前にもそれを徹底しました。それによって、投票日以降の大暴騰をかわすことができたのです。

もうひとつ理由があります。それは、踏みあげられた時の「ヘッジ」の考え方を少し変えたこと。

今年はなんと、5月～6月にも暴騰場面がありました。半月間に日経２２５が３０００円近くも暴騰しましたが、これとて、あごがはずれたり腰が抜けたりしそうなレベルの暴騰相場でした。去年までなら、20円で売り建てたコールオプションのプレミアムが１００円を超えた段階で、早々とロスカットに踏み切った可能性が高いでしょう。しかし今年は「容易にロスカットせずヘッジを駆使して勝ちを目指す」という考え方で暴騰相場に戦いを挑み、そして我々は勝利しました。

コール売り戦略はこうして進化を遂げることで実力の底上げを図っています。今後も「トレードルールの改訂」は随時行われることになります。読者の皆様にはぜひ、ブログサイトの「読者のページ」(http://coreism.blog.fc2.com/) 等で、時々は「トレード戦略改訂」の確認をしていただきたいです。

ニアプット買い戦略の休止

ニアプット戦略は、初版を書き上げる前に急遽作り上げた戦略でした。トレードルール開発時のバックテストは入念に行ったつもりですが、やはりこの相場の変化によって良い結果を出せなくなってきたため、一時的に運用を休止しています。ただ、今後の相場展開によっては復活させることもありえますので、第5刷においてもそのままページを残すことにいたしました。

柱となる「コール売り戦略」に匹敵する「新戦略」開発中

当倶楽部の柱ともなっている「コール売り戦略」は、我々にとって柱の戦略に違いありません。しかし、前述のとおり「証拠金の高騰」がネックになりつつあります。

そこで今年は、証拠金が非常に少なくて済み、加えてコール売り並みの成果を残せる新戦略の開発に着手しています。バックテスト（過去のデータを使ったバーチャルトレード）で良好なテスト結果が出たため、現在はフォワードテスト（リアルタイムでのバーチャルトレード）に取り組んでいるところです。あなたがこの本を手にした時には、本格運用に入っていると思われます。

さて、長々と書いて参りましたが、まずは最後までお読みいただいたことに感謝いたします。

たしかにオプショントレードは、株式投資よりは難解です。しかし現在の相場環境においては他の投資手法より優位性があると考えられますし、我々の今後の人生においても、少なからぬ希望を与えてくれるものだと確信しています。ぜひこの先も、この「オプショントレード」をご一緒に楽しんでいきましょう。

岩田　亮

ご意見・ご質問はこちらへ
[読者のページ] http://coreism.blog.fc2.com/

世界一《せかいいち》やさしい 日経《にっけい》225オプション取引《とりひき》の教科書《きょうかしょ》 1年生《ねんせい》

2017年8月15日　初版第1刷発行
2020年12月31日　初版第5刷発行

著　者　岩田亮
発行人　柳澤淳一
編集人　久保田賢二
発行所　株式会社　ソーテック社
〒102-0072 東京都千代田区飯田橋 4-9-5　スギタビル 4F
電話：注文専用　03-3262-5320
FAX：　03-3262-5326
印刷所　図書印刷株式会社

ISBN978-4-8007-2046-7